1

3

4

5

彩图1　借助材料和形态使声波均匀地扩散，以改善建筑的声学性能
彩图2　胶合板因其材料特性，将其用于外檐墙面自身会膨胀变形腐朽脱落，难以起到保护建筑的作用
彩图3　石材板饰面固然美观，但是选择石材板要考虑石材的致密度和厚度，并要做好防水密封处理，否则隐患较大（奥地利维也纳某商业街店面）
彩图4、彩图5　复合铝塑板用于外檐装修时，不应使用木制衬板，加之接缝处如果密封防水处理不严，必然会导致腐蚀脱落，危险很大

6

7

8

9

10

12

11

彩图6　香港新世界酒店大堂，采用直接在楼板下粘贴玻璃镜面的处理手法，减轻了因层高低矮造成的压迫感

彩图7　美国旧金山机场候机大厅的结构顶棚，突出了结构本身的艺术表现力

彩图8　这个钢结构顶棚巧妙地阻挡了阳光的直接照射，较好地运用了自然采光，使环境更为舒适

彩图9　结合环境和建筑形式采用索膜结构做顶棚更显出膜结构材料的轻盈、自然、和谐、优美

彩图10　采用木楔作为吊顶的锚固点，已构成极为严重的安全事故隐患，一旦木楔收缩松动后果不堪设想

彩图11、彩图12　采用轻钢龙骨与胶合板结合使用能创造出更富于变化的天花造型（参见图2–11带灯槽异型木龙骨架与轻钢龙骨连接构造示意）

彩图13　美国拉斯韦加斯百乐宫酒店装修，吊顶金属骨架全部采用U形和C形轻钢龙骨，通过剪、折、铆等手法连接固定

彩图14　剪切、折弯、铆接后，形成的轻钢龙骨造型骨架

彩图15　用多层板或细木工板与轻钢龙骨结合制作弧形天花骨架

13

14

15

16

17

18

19

20

21

22

23

彩图16、彩图17　木质龙骨制作异型吊顶骨架较为灵活简便，但此时应采取防火措施以满足防火要求

彩图18、彩图19　采用轻钢龙骨与木龙骨结合制作双层吊顶施工时较为方便且工效高，但对于不属于异型吊顶的普通天花造型应注意严格执行防火规范

彩图20　华盛顿某机场顶棚设计以金属压型板与张拉结构的完美结合，把普通材料运用到极致

彩图21　金属压型板顶棚造型细部

彩图22、彩图23　将单铝板（上图）按要求剪裁折弯然后焊接成型再将其单元铆接或拴接组合后，通过吊杆与楼板连接固定的单铝板异型吊顶

24

26

25

27

28

彩图24　用厚胶合板接合组装的手法做格栅吊顶
彩图 25、彩图 26　铝合金格栅（上图）及用铝合金格栅制作的发光顶棚
彩图 27　用木格栅与纸面石膏板组成的吊顶
彩图28　灯饰格栅与照明灯具结合在一起，使其变成一种装饰

29

31

32

33

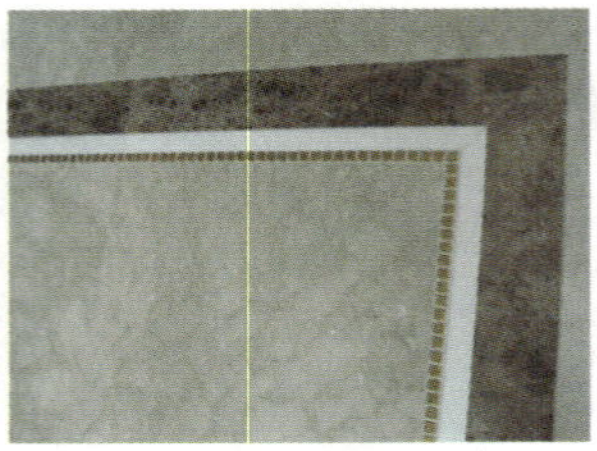

34

30

彩图29　用陶瓷锦砖（10mm×10mm）铺贴的中国书法图案的地面

彩图30　石材板不仅利用天然纹理和色彩拼出各种所需图案，也可以与LED灯及钢化玻璃等材料，创造出更丰富多彩的地面

彩图31～彩图34　石材地面铺贴过程

35

36

彩图35　采用处理过的整张的细木工板做毛地板使施工更为便捷
彩图36　楼梯地毯铺设的金属压杆及紧固件
彩图37　由不锈钢矩形管材作骨架同异型安全玻璃组成的小型表演台
彩图38　玻璃地面可以运用在古旧建筑的改建中，作为保留历史遗迹的方式，使历史文化得到充分的尊重；更多是在架空层内设计成各种灯光景观造型，供人们观赏（如新疆某饭店的玻璃地面，结合以丝绸之路为主题的微缩景观强调了地域风情）

37

38

39

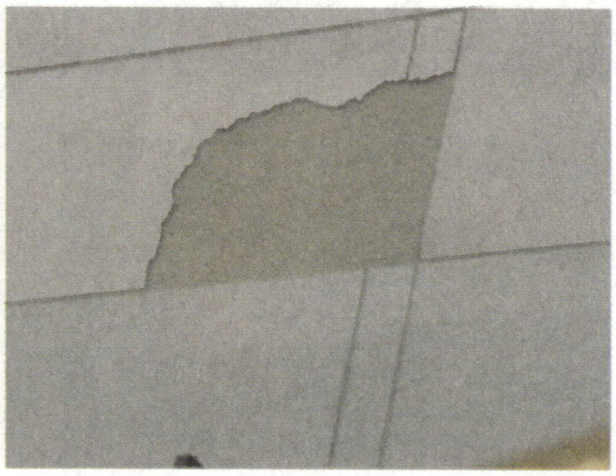
40

41

42

彩图39　在不同基层的交接面挂金属网，防止因基层材料不同而开裂
彩图40　抹灰设缝既可以使建筑表面造型丰富，同时也可以防止抹灰出现大面积裂缝脱落
彩图41　陶瓷锦砖壁画局部
彩图42　美国旧金山机场候机大厅用陶瓷锦砖（马赛克）制作的大型壁画

43

44

45

46

47

48

49

50

彩图 43　瓷砖铺贴找平层应平整并拉毛划出纹道

彩图 44　湿挂施工操作用铜丝绑扎石材板，用木楔调平（垂直）后再灌注水泥砂浆

彩图 45　对于室内体量不大的圆柱来说，这种直接式干挂石材的手法更能节省空间

彩图 46　干挂石材骨架（镀锌处理，焊接处均涂防锈漆）主框与墙体连接的锚固点必须固定在混凝土基底（墙、柱、梁）体上

彩图 47　圆柱上干挂石材骨架

彩图48　建筑幕墙经过热镀锌处理的金属型材骨架

彩图 49　墙面石材板干挂作业

彩图 50　方柱体的石材板干挂作业

51

52

53

54

彩图51、彩图52　T形不锈钢挂件悬吊使用吊挂石板
彩图53　小单元石材幕墙铝合金干挂件
彩图54　德国柏林波茨坦广场某建筑陶板干挂饰面

55

56

57

58

59

60

61

62

63

64

65

彩图 55　陶板干挂龙骨

彩图 56　借助木质板和铝型材横龙骨的自然弹性，使得陶瓷缸板能够实现快速、巧妙和安全地安装

彩图 57　陶瓷缸板的稳固及柔性连接是靠安装在横龙骨和陶瓷缸板之间的不锈钢弹簧实现的

彩图 58　木龙骨同木楔与墙体连接

彩图 59　防潮处理不好的木墙面完全影响了装饰效果

彩图 60　胶合板经过拼花处理进一步提高了墙面的品质

彩图 61　采用专用不锈钢紧固件连接圆柱弧形玻璃

彩图 62　外墙装饰应采用 4mm 以上氟碳涂层饰面的复合铝塑板，因其具有超一般涂料优异的抗紫外线照射及耐候性极佳等特点，加之正确的构造做法，从而保证了应有的品质，否则极易出现图中所示的变形脱色的现象

彩图 63　复合铝塑板饰面安装工艺，除预制加工成箱式板块时开槽、折边、加挂耳外，安装固定时还应用稍大于板缝宽度的泡沫填充棒（条）塞入缝中，并使其均匀后，满注耐候密封胶

彩图 64　主框（立柱）通过金属角码及螺栓与墙体连接固定

彩图 65　复合铝塑板边部折弯并在折弯处折出加工边或安装成型加工件（挂耳），如弯弧形时可根据弧度要求适当裁口后与骨架固定

66

67

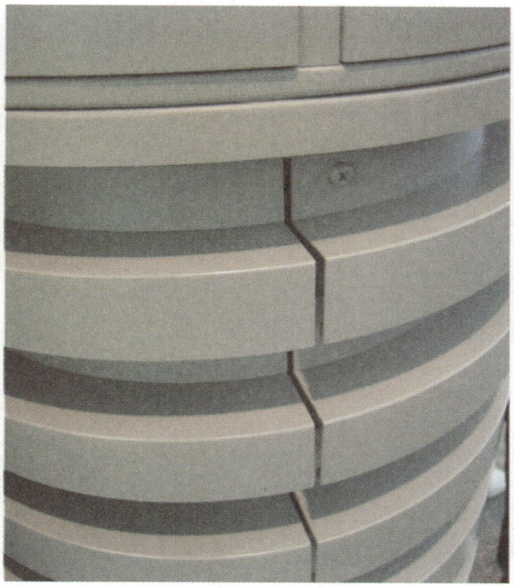

68

69

70

彩图 66　不应使用木板材作外檐衬板，加之防水处理及对接胶缝密封不严必然会影响使用寿命

彩图 67　圆柱的钢骨架与薄钢板底衬作为不锈钢饰面的基础

彩图 68　日本东京成田国际机场候机大厅的彩钢薄板圆柱接缝处理

彩图 69　美国旧金山机场用金属薄板制作的造型柱饰

彩图 70　彩钢薄板墙面的接缝处理

彩图 71　有许多模拟天然材料的壁纸十分逼真，为设计提供了更多的方便，如这个吧台立面“天然石墙”就是由壁纸裱糊成的

彩图 72　由木龙骨、胶合板（多层板或细木工板做水平龙骨）组成的异型骨架三层胶合板饰面的木墙面

71

72

73

74

75

76

77

彩图73　用双层木骨架与五合板或纸面石膏板做墙面造型（如壁龛等）较为方便易行

彩图74　轻钢龙骨纸面石膏板弧形墙面安装时石膏板应横向使用

彩图75　隔声墙空腔中填充岩棉可吸收声能从而提高墙的隔声性能

彩图76　玻璃砖还可与其他材料结合使用从而设计出更加丰富多彩的造型

彩图77　木基架玻璃隔断是现代办公空间用来划分空间的一种常见形式

彩图78　玻璃地段及两侧用氯丁橡胶卡点金属压条固定

彩图 79　无竖框金属框架通玻璃隔断

彩图 80　重型铝合金移动式隔断轨道

78

79

80

81

82

84

88

83

89

彩图81　移动隔断根据需要在单扇隔断上可安装小门以便使用

彩图82　直滑式无框玻璃隔断通透感极强，与固定玻璃隔断结合使用更能发挥玻璃在店中店的特点

彩图83　韩国某企业利用弧形活动隔断灵活利用空间

85

86

87

彩图84　通体玻璃弧形门斗

彩图85、彩图86　楼梯扶手视造型需要可分别将锚固点设置在上面和侧面

彩图87　这种楼梯扶手的安装固定方式既不美观又不安全更不符合国家规范

彩图88　这种富贵又极富现代感的楼梯栏板虽不常见，但其构造原理与半玻栏板的相同

彩图89　木制圆弧形接待台

90

91

92

93

94

95

96

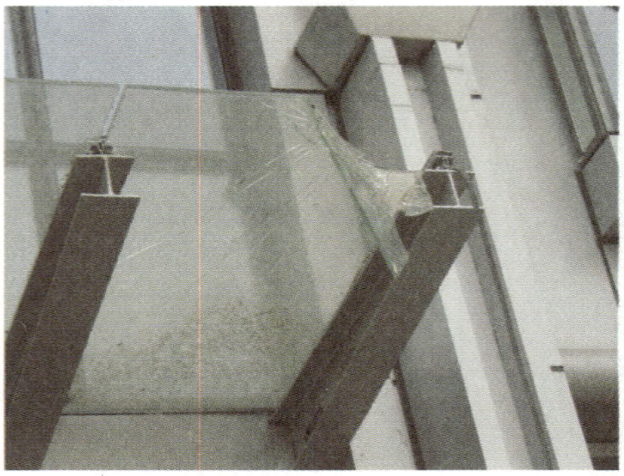

97

98

彩图 90　金属方柱与砖混骨架连接固定
彩图 91　带扶手和搁脚的吧台
彩图 92　通体发光柜台更加烘托了室内气氛
彩图 93　铝塑板雨篷弧形面与梁连接缝位置（收口）的处理合理巧妙，既牢固又美观，十分完整
彩图 94　钢骨架铝塑板雨篷包梁的细部构造做法
彩图 95、彩图 96　玻璃采光雨篷钢结构与建筑主体连接及锚固的基本形式
彩图 97　玻璃采光雨篷除钢构架牢固外，应注意必须采用钢化夹胶玻璃，以保证安全可靠
彩图 98　玻璃采光雨篷泛水槽应采用不锈钢制品

99

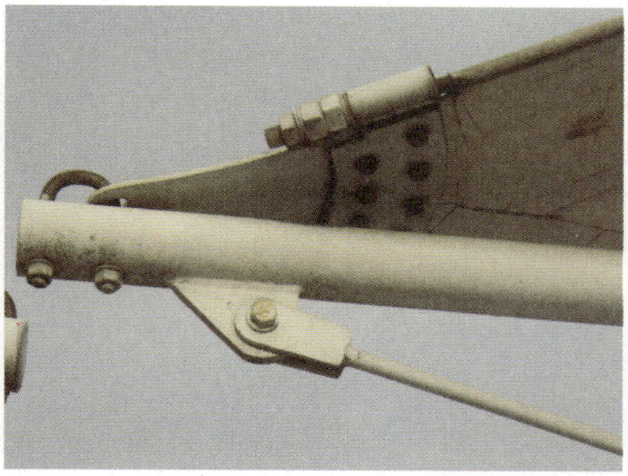

100

101

102

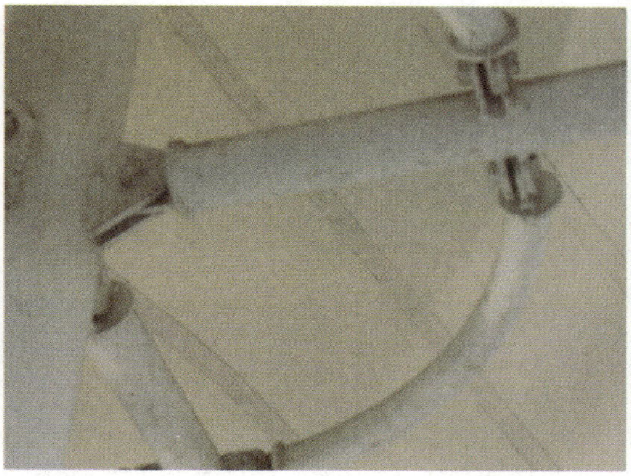

103

105

104

106

彩图 99～彩图 105 （正伞式）拉膜亭及细部实例

彩图 106 在设计中可巧妙利用透光软膜面料的颜色营造更独特的光环境效果

108

109

107

111

110

彩图107　软膜材料也可结合常规建筑装饰材料创造所需的空间气氛

彩图108～彩图111　利用软膜材料创造出的各种异形天花，在功能、质量、个性化装饰风格及安全上都达到了最新的标准

ENVIRONMENTAL ART DESIGN 建筑装饰构造

高等院校环境艺术设计专业规划教材

⊙ 张宗森 编著

中国建筑工业出版社

图书在版编目（CIP）数据

建筑装饰构造/ 张宗森编著．—北京：中国建筑工业出版社，2006（2022.2重印）
高等院校环境艺术设计专业规划教材
ISBN 978-7-112-08064-9

Ⅰ.建... Ⅱ.张... Ⅲ.工程装修－高等学校－教材 Ⅳ.TU767

中国版本图书馆 CIP 数据核字（2006）第 070798 号

本书作为高校环境艺术设计专业系列规划教材，是按照环境艺术设计专业基础教材的定位编写的。主要内容包括：建筑装饰构造概述、顶棚装饰构造、楼地面装饰构造、墙面的装饰构造、门窗装饰构造、隔墙及配件装饰构造、建筑外部环境装饰构造等。

本书可作为高等院校环境艺术设计、室内设计、建筑学等专业的教材，也可供建筑装饰与室内设计行业的设计师学习、培训、参考使用。

责任编辑：张　晶
责任设计：崔兰萍
责任校对：张景秋　关　健

高等院校环境艺术设计专业规划教材
建筑装饰构造
张宗森　编著
*
中国建筑工业出版社出版、发行(北京西郊百万庄)
各地新华书店、建筑书店经销
北京嘉泰利德公司制版
廊坊市海涛印刷有限公司印刷
*
开本：880×1230 毫米　1/16　印张：13¼　字数：322 千字
2006 年 9 月第一版　　2022 年 2 月第十三次印刷
定价：**35.00** 元
ISBN 978-7-112-08064-9
(14018)

本社网址：http://www.cabp.com.cn
网上书店：http://www.china-building.com.cn

序　言

近年来，高等教育不断发展，而其中艺术类专业的设置几乎遍及不同类型的高等院校，呈多元化局面，盛况空前。由于报考环境艺术设计专业的生源众多，社会市场需求很大，就业前景很好，因此环境艺术设计已成为热门的艺术类专业之一。

在学科发展中，设置环境艺术设计专业的艺术院校、建筑院校、农林院校由于自身原已具有相近专业的基础，又以相关学科优势背景为依托，因此构成了各具特色的环境艺术设计教学体系。但是，我国高校环境艺术设计专业的设置从中央工艺美术学院开始至今仅有约二十年的历史，由于其理论研究的滞后，当下教材的庞杂，导致广大学生甚至教师观念上的含混不清。因此只有以科学探索的精神，以客观理性的思考，才能相对全面地理解环境艺术设计的概念，才能相对科学地制订教学大纲，才能不误人子弟。

环境艺术设计专业的学科概念，广义的讲是环境的“艺术设计”。因此必须要清楚环境艺术设计与建筑学、城市规划、风景园林等相关专业是怎样的一种关系，因为上述相关专业的许多知识内容也同样是环境艺术设计专业所要掌握和应用的。另外，作为交叉学科的环境艺术设计又有自己的主要研究领域与设计方向。

目前，国内环境艺术设计专业在教学上基本分为室内设计与景观设计两大部分。环境的“艺术设计”，确切地说是以理性为基础，是理性与感性相统一的过程。在这个过程中存在着：功能、技术、艺术三种因素，三者之间的关系始终是一种不可分割的整体思考。其中功能问题是第一性的，技术问题是实现功能的必要基础，但是最后统统都要落实到具体的、实实在在的感知形态——艺术的形象。也就是说功能、技术在设计思考中一直处于显性状态，都可以找寻相对应的依据，因此也相对容易把握，但唯有艺术是最后的制高点，最不易把握。因此在环境艺术设计专业教育中强化艺术的基础训练是十分重要的一环，但这种艺术知识的强化绝不是靠素描、色彩就可以解决的问题。这种知识在理性与感性之间，在绘画与设计之间，在具体与抽象之间，是依托大脑的创造性，调动手的积极性，达到最优化的效果。

建立科学的教学体系，需要在教学中不断积累，逐步使教学大纲科学化。编写高水平的教材对我们来讲是一种社会职责，寄希望通过教学方面的深入思考，使教学内容更加充实，使这套教材更加完善。

天津大学建筑学院　董雅

2006 年 7 月

前 言

回顾多年的教学，无论是环境艺术设计专业还是建筑设计专业或其他工程设计专业的学生，由于对艺术与技术之间辩证关系的理解不同，常常会出现重艺术轻技术、重宏观轻细部的现象。这种现象的出现，会使学生逐渐将环境艺术设计单单看作是一种艺术表现而忽视了在实施过程中的技术措施的重要性，其结果常常是无论多好的设计方案也很难落到实处，因而只能“纸上谈兵”。这种现象如果得不到有效的解决，长期发展下去一定会影响环艺、室内等设计专业的进步与健康发展。为了使学生能够正确地建立装饰构造设计技术概念，决定编写《建筑装饰构造》一书。

虽然国内出版了许多有关建筑装饰构造的教材和专业书籍，但大多只介绍一些基本做法，因此本书的编写力求成为针对学生的教材，方便学生及初学设计者较为直观的学习，做到图文并茂，既有原理又有规范详图，通过大量正、反面的实例照片、图解将构造做法讲解清楚，进而帮助学生打好建筑装饰构造设计的理论基础。

建筑装饰构造是一门专业技术基础课程，本书的主旨在于深入浅出地向学生讲授建筑装饰构造技术的基本概念、作用、意义、特点和设计原则及建筑装饰工程设计中的具体处理方法。详实地介绍传统与现代材料的特性及在工程中的具体运用，使学生了解建筑装饰工程技术理论知识，掌握建筑装饰工程技术及构造原理和基本的设计手法。

建筑装饰构造是随着蓬勃发展的建筑装饰业而分离出来的一门学科，它是装饰设计的基础，是装饰设计的再创作，是装饰设计实施的保证，它对装饰设计的实现起着至关重要的作用，它的发展完善会进一步推动建筑装饰业的发展。

因限于水平，书中错漏必然不少，希望广大读者批评指正。

目 录

第一章

建筑装饰构造概述

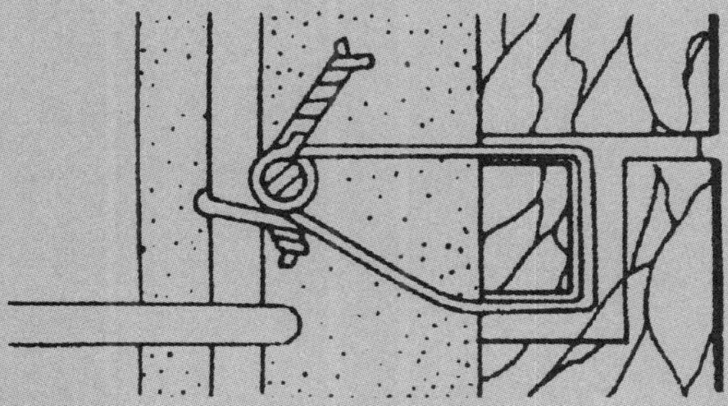

第一章　建筑装饰构造概述

装饰构造是指使用建筑装饰材料及其制品对建筑物内外表面部分进行装饰的构造做法。

1.1　建筑装饰构造的意义

建筑装饰构造是建筑装饰设计艺术的重要组成部分，是建筑装饰设计落到实处的具体细化处理，是将抽象概念转化为现实的过程和技术手段。在装饰工程实践中某一个部位的某一个饰面都可能有多种构造方法。这就要求设计师在设计中从工程的造价上、材料的特性上、工艺技术上、施工复杂程度上、机械加工的难易程度上及施工环境的可行性上多方面考虑比较，选择确定采用其中较优的一种构造做法，才能达到理想的装饰效果。一个工程的方案设计只是设计的一部分，如果方案没有继续深化，没有细部构造设计，施工便没有依据，会使施工产生很强的随意性，即使是工程监理人员也只能从基本标准和基本法规来监控，而不能体现个案设计的特殊性，造成对整体结果的控制失真，因而很难保证设计方案完美的落实到位。在装饰工程项目的设计中，若构造处理得不尽合理，不但会直接影响建筑物的使用和美观，而且还会造成维修困难，缩短使用寿命乃至不安全因素的产生，所以，建筑装饰设计虽然隶属于艺术设计的范畴，但与其他纯艺术有着较大的区别，其中之一就是在于它无法建立在想像的基础之上，它必须借助于技术的支撑，这就使得技术在建筑装饰艺术的实现过程中占据着非常重要的地位。

1.2　建筑装饰构造设计的原则

装饰构造不是单一的纯技术，也不只是解决把某种材料如何安装上，它不仅是满足不同类型建筑物使用功能的要求，同时更应考虑视觉效果。装饰构造既是工程问题，又有艺术处理。工程方面的设计是研究建筑装饰在各种使用条件要求下（包括人为条件和自然环境条件）如何使其构成部分的构造方式达到适用、坚固的目的，同时还要实现便于操作以提高施工速度、节约材料和降低工程造价以及日后控制运行和维修费用的总目标。装饰构造方式与材料、工艺、造价、使用要求等因素直接相关，其设计不仅要考虑合理性，更要关注可行性。与此同时色彩的强弱、材料的质感、形状的大小及比例和其相互间的衔接收口等艺术处理都要考虑，使设计成为工程技术和环境艺术的统一体。为此，装饰构造应遵循的基本原则如下：

1.2.1 功能性原则

(1) 保护建筑构件、提高耐久性

建筑物各种材料的构件由于受光照、冰冻、雨淋等自然条件的影响，以及磨擦、撞击等人为因素的影响，会产生不同程度的老化、风化、腐蚀或损坏（如钢铁制品由于氧化而锈蚀，水泥制品表面将会受大气侵蚀而疏松，大理石受大气侵蚀而失光、风化，竹木等有机纤维材料会受到微生物侵蚀而腐朽等）。为此，在建筑装饰工程中应充分考虑对建筑构件的保护，通过饰面装饰，如抹灰、贴面、涂漆、电镀、密封等措施，对建筑构件进行处理，可以提高其防锈、防腐、抗冲击的能力，使之延年耐久。

(2) 改善环境，方便生产生活

通过饰面装饰可以使建筑具有清新的外观，改善室内卫生条件，使其平整、美观、易于清洁。如厨房、卫生间采用瓷砖贴面处理不仅可以防潮防霉，且易保持清洁卫生，满足人们生活、工作的使用要求。

(3) 改善构件的围护性能

建筑围护性能的实现，除了主体结构的作用外，很大程度上依赖于装饰。例如用保温材料处理后的墙面、吊顶可改善其热工性能；利用饰面材料的色彩、光泽、肌理、透光率等可改变室内光亮度等光学性能；借助饰面的形态和饰面材料对声音的吸收和反射的特性，可以使室内声音具有一定的清晰度、丰满度，使声场分布均匀，具有特定的混响时间，改善建筑的声学性能（彩图1）。对于有特殊要求建筑，还可以通过一定材料的使用和构造技术的应用，达到诸如防潮、防水、防尘、防腐、防静电、防辐射等特殊的围护作用。

1.2.2 安全性原则

建筑装饰工程，无论是墙面、地面或顶棚，其构造都要求具有一定的强度和刚度，符合设计要求。尤其是许多装饰工程常常是二次装修（旧楼改造），就更应首先考虑建筑主体的荷载能力，应请有关部门对其进行勘察鉴定。对于要拆改的主体结构构件更要慎重考虑，严格按有关规范设计，对装饰构件新增的荷载及传力特点要认真考虑，并应与结构人员配合进行。在保证建筑主体结构满足要求不受损坏的同时，还应使装饰构件各部分之间相互连接的节点安全可靠。如果没有安全保障，建筑的其他功能就会荡然无存，如彩图2、彩图3、彩图4、彩图5所示。

值得指出的是，建筑装饰方案必须符合有关消防规范，尤其是隐蔽工程必须满足防火要求，如需要用木材做的异型部位，必须采取防火措施，达到防火标准。另外建筑内部消火栓的门被装饰物遮掩，消火栓门四周的装饰材料颜色与消火栓门的颜色没有明显的区别等，这些都会成为事故的隐患。

1.2.3 可行性原则

建筑装饰工程构造的选择，是要通过施工把设计变为现实，设计中的一切构想最终都要经过施工实际的检验。因此，构造选择还必须考虑施工的可行性，力求施工方便，易于制作，从施工季节、场地条件以及技术条件等的实际出发进行构造选择，这对工程质量的保证、工期的保证、造价的降低都有着重要的意义。

1.2.4 经济性原则

各类建筑装饰工程标准有很大的差异，不同性质、不同用途的建筑有不同的装饰标准，所用材料不同、构造方案不同，对装饰项目的造价又会产生很大的影响。因此建筑装饰设计，应在经济可行的前提下进行，同时还应该辨证地处理好两个问题：一是一次投资与建成后的运营维护费用之间的关系，二是设计与造价之间的关系。

（1）装饰工程的一次投资建成后，从使用寿命，日常维修的角度考虑，日常运行费用是不容忽视的问题。对于某些重要工程，虽然看上去一次性投资较大，但从长远看延长了使用寿命，维护费用也低，也许是经济的；反之在投入时只追求低造价忽视了使用中的维护费用的考虑，而在日常使用中却投入了大量资金用于维护，在总体费用上就形成了高付出。因此我们在构造的选择上既要反对片面提高设计材质等方面的标准，也要反对片面强调节约资金而忽略增大以后的维修费用支出。

（2）构造设计与造价之间的关系是一个非常重要的问题，好的设计并不一定就是多使用贵重材料；节约也并不等于单纯降低标准。建筑装饰构造设计不仅是解决不同材料的选择和做法，更重要的是通过艺术与技术规律的运用，在同样的造价标准下，通过巧妙的构造设计、合理利用搭配材料，达到高质低价的良好效果。

1.3 合理使用建筑装饰材料

建筑装饰设计的好坏不完全在于材料价格的高低，还在于设计师对材料的把握与开发。

装饰材料是装饰工程的物质基础。与土建工程相比较，装饰工程设计更注重选择材料。不同的装饰材料有其不同的构造形式，要达到理想的装饰效果，很大程度上取决于能否正确地选择材料和合理地使用材料。

从装饰工程设计的角度来讲，作为设计人员，不仅要知道比例与和谐是构成美的重要因素，还应该熟悉建筑装饰材料的种类、基本使用功能、属性、规格、加工性能及装饰特性和装饰材料的基本价格，善于根据不同使用要求、工程技术条件、经济造价等因素选择合理适用的材料，并巧妙地运用材料。构造设计是装饰设计的延伸，建筑装饰施工的过程也是装饰工程设计的检验与再创作过程。

1.3.1　装饰材料的分类

建筑装饰材料按不同的角度有不同的分类方法。按照材料的化学成分可分为无机材料（如石材、陶瓷、玻璃、铝合金、铜料、钢材等）和有机材料（如塑料、胶粘剂、有机高分子涂料等）。无机材料又可分为金属材料和非金属材料两大类。具体分类参见表 1—1。

建筑装饰材料分类　　**表 1-1**

<table>
<tr><td rowspan="4">饰面装饰材料</td><td colspan="2">外墙装饰材料</td><td>天然石材、人造石材、陶瓷类贴面砖、玻璃制品、金属板幕墙、铝塑复合板材、外墙涂料</td></tr>
<tr><td colspan="2">内墙装饰材料</td><td>砂浆抹灰、内墙涂料、墙纸、贴墙织物、皮革、玻璃制品、陶瓷釉面砖、人造石材、天然石材、木质板材、塑料板材（块状、卷材）、橡胶板材、复合板材</td></tr>
<tr><td colspan="2">地面装饰材料</td><td>天然石材、人造石材、木地板、竹地板、陶瓷地砖、地毯类（纯毛地毯、化纤地毯）、地面涂料、塑料地板（块状、卷材）、橡胶地板、抗静电活动地板、各种胶凝材料抹灰地面</td></tr>
<tr><td colspan="2">顶棚装饰材料</td><td>木板吊顶、金属板（铝合金板、铝复合板、薄钢板）吊顶、PVC 板吊顶、石膏板（装饰石膏板、纸面石膏板）、矿棉吸声板、玻璃棉吸声板、石装饰吸声板、抹灰饰面、涂料饰面、装饰纸（织物）饰面</td></tr>
<tr><td rowspan="13">配件装饰材料</td><td rowspan="4">卫生间设备</td><td>金属材料</td><td>铸铁搪瓷浴缸、冲压钢板搪瓷浴缸（普通型、带裙边型、按摩型、磁疗保健型）</td></tr>
<tr><td>陶瓷材料</td><td>陶瓷洗面盆［立柱式、挂墙式面盆（半柱式）、台上盆（碗盆）、落地台盆柜、台下盆、玻璃台盆］
陶瓷便器（蹲式、坐式、冲洗式、热风式、挂墙式小便器）、陶瓷妇洗器</td></tr>
<tr><td>有机—无机复合材料</td><td>玻璃钢浴缸、玻璃钢整体卫生间、亚克力浴缸、亚克力浴房、亚克力蒸汽浴房、铝合金钢化玻璃浴房</td></tr>
<tr><td>其他材料</td><td>木制桑拿浴房、木制浴桶</td></tr>
<tr><td rowspan="4">门窗</td><td>钢　材</td><td>金属彩板门窗、防火门、卷帘门</td></tr>
<tr><td>铝 合 金</td><td>铝合金门窗、铝合金隔断、百叶窗、遮阳板</td></tr>
<tr><td>有机材料</td><td>塑钢复合门窗</td></tr>
<tr><td>木　材</td><td>木复合门窗、百叶窗、装饰门</td></tr>
<tr><td rowspan="2">建筑五金</td><td>卫生间用</td><td>洗面器配件、浴缸配件、便器配件、淋浴器配件、衣杆、毛巾架、皂盒</td></tr>
<tr><td>其　他</td><td>锁具、插销、铰链、拉手、门定位器、自动闭门器、窗帘轨、成品窗帘盒、暖气罩</td></tr>
<tr><td rowspan="3">其他配件</td><td>金属材料</td><td>窗帘轨、成品窗帘盒、暖气罩、空调通风口、灯具、拆装式隔断、楼梯栏杆扶手、压毯条、挂毯条（倒刺板）、拆装式遮阳板、雨篷、花格</td></tr>
<tr><td>建筑胶粘剂</td><td>4115 多用胶粘剂、聚氨酯胶粘剂、环氧树脂胶粘剂、聚醋酸乙烯胶粘剂（乳胶）、108 胶（聚乙烯醇酸甲醛）、氯丁橡胶胶粘剂、石膏胶泥、聚氯乙烯管胶粘剂、壁纸胶、地板胶、瓷砖胶粘剂</td></tr>
<tr><td>紧固件</td><td>自攻螺栓、射钉、膨胀螺栓、拉铆钉</td></tr>
</table>

1.3.2 材料的装饰性

建筑既是物质产品，又是艺术创作。建筑艺术效果的实现，除了独特的建筑形态、巧妙的空间布局外，在很大程度上还取决于建筑的表面装饰，而装饰的物质基础就是具有恰当使用功能和装饰功能的装饰材料。

1.4 装饰构造的基本类型

装饰构造有饰面构造和配件构造两类。饰面构造指装饰层覆盖在建筑构件的表面，起到保护构件、改善使用功能和取得一定艺术效果的作用；配件构造通过组装形成各种制品或设备，既有装饰作用，又兼有使用功能，如固定台柜、博古架等。

1.4.1 饰面构造

饰面构造是指装饰面层与和它相连的基层的连接构造做法。如木墙板与墙连接、复合铝塑板与混凝土墙面的连接等。

1.饰面构造与部位的关系

不同部位的饰面，其构造做法不同。墙面、顶棚的饰面，在构造上须防止连接不牢而下落砸人；楼、地面饰面的构造处理要求耐磨、易清洁等。另一方面，由于所处部位的不同，虽然选用相同的饰面材料，构造处理方法也会不一样。比如同样采用石材面材，墙面要求采用钩挂加粘贴的构造方法，以保证连接牢固安全可靠；而石材地面，只要采用铺贴式的构造即可。因此，正确处理好饰面构造与其所处位置的关系是非常重要的（表1—2）。

2.饰面构造的基本要求

饰面构造需满足使用功能和装饰效果两方面的要求。

（1）使用功能方面

构造做法要满足防水、防冻、防潮、防火、保温、隔热、隔声等方面的要求；同时构造做法须牢固、安全可靠。

饰面层的牢固程度、耐久性，取决于面层材料的物理、化学性能，与基层连接的牢固性，基层的密实性等因素。对大理石、花岗石等饰面材料，一般情况下致密性高、厚度较大的其耐久性就较好。基层材料除有找平找直的作用外，更重要的是起与面层粘结牢固的作用，有些饰面材料须用钢筋网穿铜丝与面材钩挂再灌水泥砂浆才能达到粘接牢固耐久的目的。幕墙饰面对接胶缝处涂密封胶必须注意背衬，胶条置入的深度及密封胶涂抹的宽度和厚度对建筑的防水、防腐至关重要。有些饰面做法须考虑其含水量、空气湿度大小及环境温度的影响。

饰面部位和构造要求　　表 1-2

名称	部　位	构造要求	饰面作用和特性
顶棚	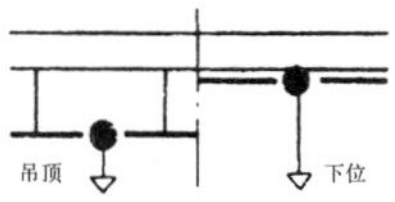	防止脱落	对一般室内照明起反射作用；大厅的顶棚对声音有反射和吸收作用；屋面下的顶棚有保温的作用；其他还有隐蔽设备管线作用
外墙面（柱面）	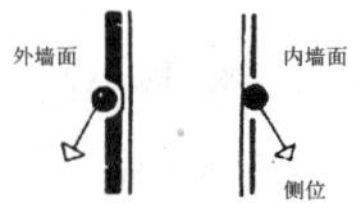	防止脱落	对外墙饰面起保护作用，要求具有耐风雨和大气侵蚀作用，要求有耐污染、易清洁的特性
内墙面（柱面）			要求不挂灰、易清洁，有良好的接触感和舒适感；对光有良好的反射；在湿度大的房间应具有防潮、收湿的功能
楼地面	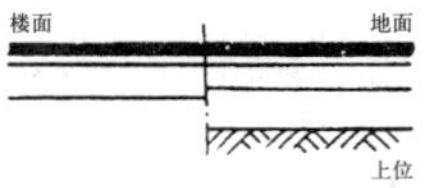	耐磨等	要求有一定的蓄热性能和行走的舒适感；有良好的消声性能；具有耐磨、不起尘、易清洁、耐冲击等特性

（2）装饰效果方面

饰面构造不仅需要满足使用功能要求，还须外表美观。比如采用什么方式将饰面的装饰材料或制品连接固定到装饰主体物上，较大面的装饰，由于温度冷热变化、材料本身的大小，往往为避免热胀冷缩而产生开裂，为满足设计中的尺寸要求，须进行分块设缝。材料的分块设缝既要达到避免变形、开裂等要求，还须满足感官上美的要求。因此，饰面互相之间的衔接、收口、饰边、填缝如何处理，都会对装饰效果产生很大影响。特别是室内，由于所设计的形态与观者的视距比较近，观察揣摩的时间相对较长，一些细部的装饰处理的缜密就更为重要了。

3.饰面构造的分类

按材料的加工性能、饰面部位的不同，饰面构造可分为罩面类、贴面类和钩挂类三种（表1–3）。在装饰施工中分别用于不同的部位，有时须贴面与钩挂同时使用。

1.4.2　配件构造

按材料的加工性能和成型方法，配件构造可分为塑造与铸造、加工与拼装、搁置与砌筑三类。

1.塑造与铸造

某些可塑的材料经过一定的物理、化学变化过程，制成具有一定形式的构件称

饰面构造的分类 **表 1-3**

构造分类		图形：墙面	图形：地面	说明
罩面	涂料			将液态粉末状涂料喷涂固着成膜于构件表面。常用涂料有油漆及白灰、大白浆等水性涂料。其他类似的覆盖层还有电镀、电化、搪瓷等
罩面	抹灰	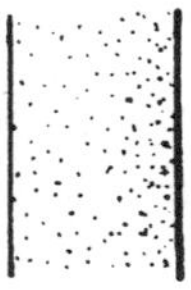		抹灰砂浆是由胶凝材料、细骨料和水（或其他溶液）拌合而成。常用胶凝材料有水泥、白灰石膏、镁质胶凝材料；骨料有砂、细炉渣、石屑、陶瓷碎粒、蛭石、木屑
贴面	铺贴	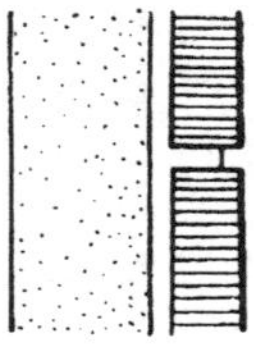	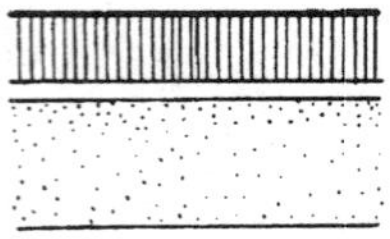	各种面砖、缸砖、瓷砖等陶土制品，超薄石板，厚度小于12mm。一般采用水泥砂浆铺贴构造。为了加强粘结力，人造铺贴材料的背面一般开槽处理，以复杂其断面
贴面	胶贴	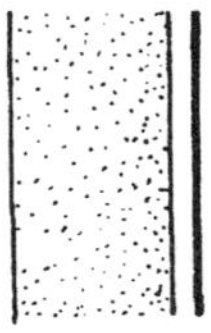	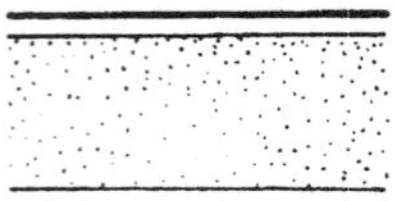	饰面材料呈薄片或卷材状，厚度在5mm以下，如粘贴在墙面的塑料壁纸、玻璃布、绸缎等；地面粘贴油毡、橡胶板和各种塑料板，可直接粘贴在找平层上
贴面	钉嵌	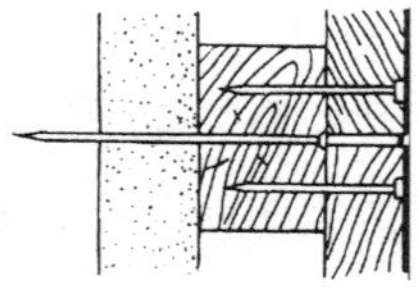	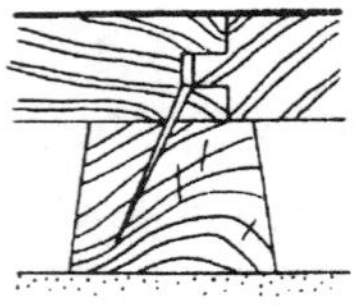	自重轻、厚度小、面积大的饰面材料如木制品、石棉板、矿棉板、金属板、玻璃等可借助于螺钉、压条、嵌条等固定，也可借助于胶粘剂粘接
钩挂	系	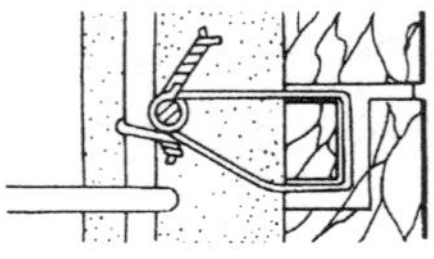	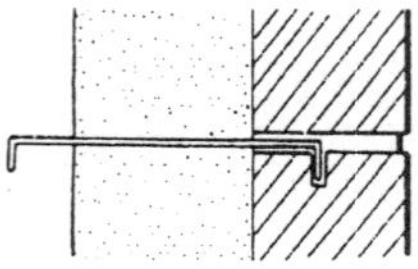	一般指厚度为20～30mm面积较大的饰面石材或人造石材，在板材背面钻孔，用金属丝穿过钻孔将板材系挂在结构层上的预埋金属件上，板与结构层间一般用砂浆固定
钩挂	钩			一般是指厚度为40～150mm的重型饰面材料，常在结构层包砌。饰面块材上留有槽口，用与结构固定的金属钩在槽内搭住。多见于花岗石、空心砖等饰面

塑造。建筑装饰工程中常用的可塑材料有水泥、石灰、石膏、树脂等。这一类材料取材方便，造价低廉，能在常温下进行物理、化学变化，还可与砂、石等骨料胶凝成整体，预制成各种不同强度、不同色彩、不同性能的构件，如古典式柱头、顶棚及墙面的石膏花饰、大型图案雕饰等。钢铁、铜、铝等可熔性金属常采用铸造工艺，在工厂预制成各种花饰、零件和人物等，然后到现场进行安装。

塑造与铸造的基本程序：先做模胎，后制阴模（或砂型），再用阴膜或砂型复制花饰和构件。

2.加工与拼装

某些具有粘、钉、锯、刨、焊、卷、铆等加工性能的预制材料，可通过加工与拼装制造成配件（表1—4）。例如木材具有可锯、刨、削、凿等加工性能，可以通过粘、钉、开榫等方法拼装成各种构件。一些人造材料如石膏板、矿棉板等具有与木材相似的加工性能和拼装性能。金属薄板（铝板、镀锌钢板等）具有剪、切、割的加工性能，并具有焊、钉、卷、铆的拼装性能。

常用的结合构造方法 **表1-4**

类别	名称	图形		附注
粘结	高分子胶	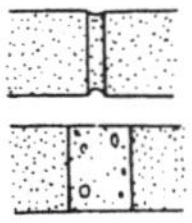	常用高分子胶有环氧树脂、聚氨酯、聚乙烯醇缩乙醛、聚醋酸乙烯等	水泥、白灰等胶凝材料价格便宜，做成砂浆应用广泛。各种黏土、水泥制品多采用砂浆结合。有防水要求时可用沥青、水玻璃结合。高分子胶价格相对较高只在特殊情况下应用
	动物胶		如皮胶、骨胶、血胶	
	植物胶		如橡胶、淀粉胶、叶胶	
	其　他		如沥青、水玻璃、水泥、白灰、石膏等	
钉合	钉	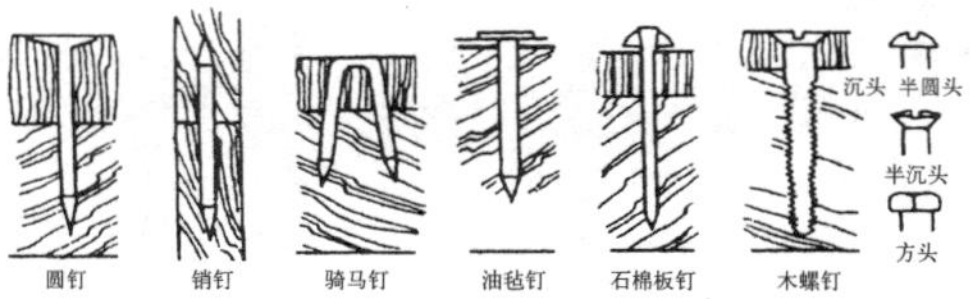		钉结合多用于木制品、金属板等，以及石棉制品、石膏、白灰或塑料制品
	螺栓	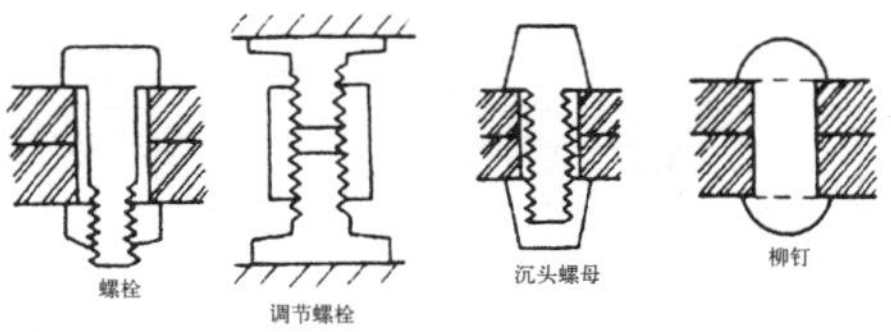		螺栓常用于建筑结构及装饰装修构造，可用来固定、调节距离、松紧，其形式、规格、品种繁多
	膨胀螺栓	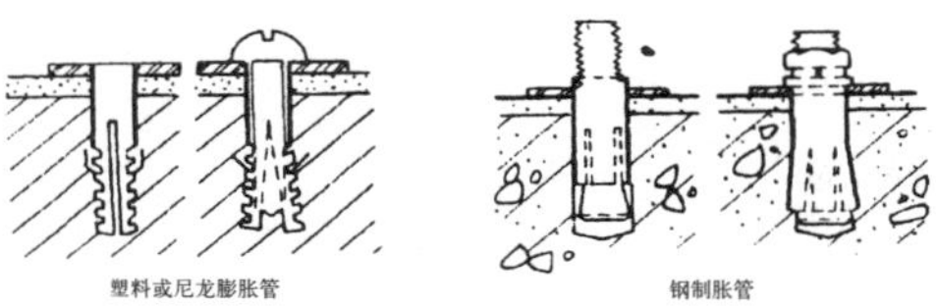		膨胀螺栓可以用来代替预埋件，构件上先打孔，放入膨胀螺栓，旋紧时膨胀固定

续表

类别	名　称	图　　形	附　　注
榫接	平对接	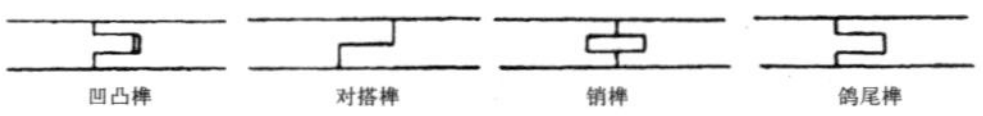	榫接多用于木制品，但其他装饰装修材料如塑料、碳化板、石膏板也具有木材的可锯、可凿、可削、可钉的性能，也可适当采用
	转角顶接	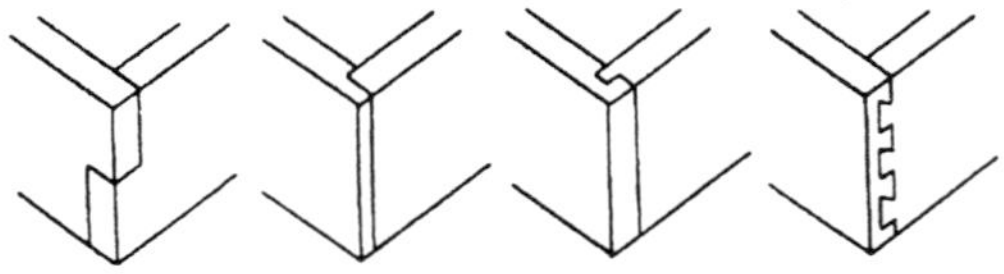	
其他	焊接	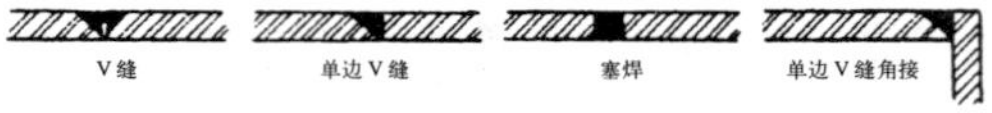	用于金属、塑料等可融材料的结合
	卷口	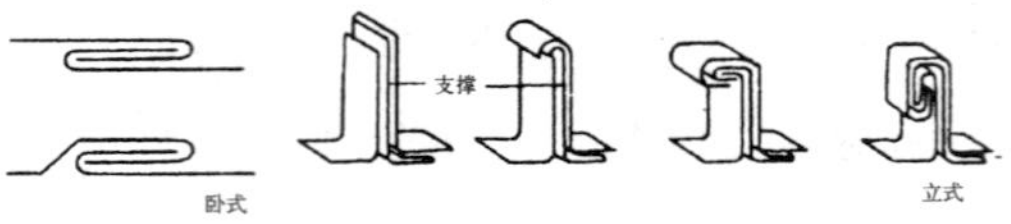	用于薄钢板、铅皮、铜皮等的结合

3.搁置与砌筑

这种构造多用于水泥、陶土、玻璃等预制块材，通过一些胶凝粘结材料叠砌组合成各种砌体及图案。

复习思考题

1.装饰的概念是什么？

2.建筑装饰构造设计应遵循哪些原则？

第二章
顶 棚 装 饰 构 造

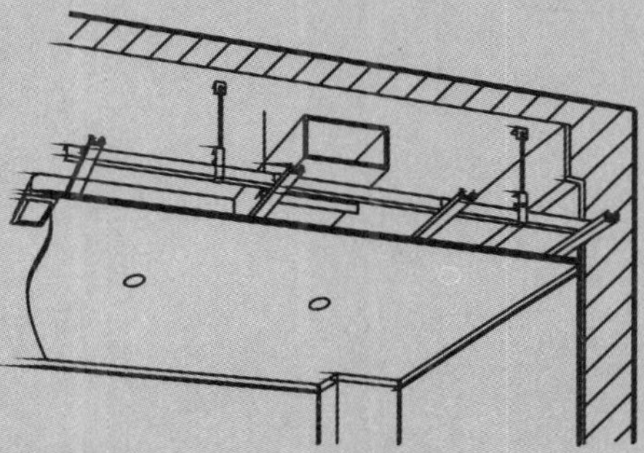

第二章　顶棚装饰构造

顶棚又称天花、天棚，一般是在建筑空间顶部，通过采用各种材料及形式组合，形成具有一定使用功能与装饰效果的建筑装饰构件。顶棚是建筑空间的顶界面，顶棚装饰是建筑装饰工程的重要组成部分，它直接影响整个建筑空间的装饰效果。由于建筑功能舒适要求的提高，室内管网随之复杂，为了安装检修方便，一般将管网设于顶棚之内，这样顶棚既起到美观作用，又可以改善室内光环境、热环境及声环境，因此顶棚的构造设计与材料的选择应从建筑功能、建筑照明、建筑声学、建筑热工、设备安装、管线敷设、维护检修、防火安全等多方面综合考虑。

2.1　顶棚装饰的设计原则及形式

2.1.1　顶棚装饰的设计原则

顶棚是建筑装饰的重要组成部分，它是除墙面、楼地面之外，用以围合建筑空间的另一大面。其基本要求是满足一定的使用功能和达到一定的装饰效果。

（1）基本使用功能要求：顶棚装饰可以整洁、保护建筑顶界面的结构层，通过吊顶棚还可以遮掩管线设备，以保证建筑空间的卫生条件和使结构件延年耐久。

（2）建筑物理要求：顶棚装饰可以改善顶棚界面的热工、声学、光学性能，这对于形成恰当的建筑室内物理环境是非常重要的。例如通过顶棚抹保温灰、做保温吊顶可以增大顶层的热阻；通过特定的顶棚形式及饰面材料可以吸收或反射声波，调整室内的声强、声分布和混响时间；通过顶棚的色彩对光、热的反射和吸收创造特定的室内光环境等。

（3）安全性要求：由于顶棚位于室内空间上部，顶棚上要安装灯具、烟感器、喷淋等设施，顶棚内要安装空调、通风等设备，有时还要满足上人检修的要求，所以顶棚的安全、牢固、稳定十分重要。

（4）与设备配合的要求：顶棚装饰设计，还要周密考虑顶棚的风口位置、消防喷水孔的位置、灯位的摆放、音响设备的设置，以及防火、监控设施的摆放、通风等诸多具体方面的关系。

（5）建筑装饰效果要求：顶棚的形式、吊顶的高度色彩、质地设计，应与建筑室内空间的环境总体气氛相协调，形成特定的风格与效果，从而最大满足在其中活动的人的生理上的要求，要使人感到舒适和惬意。

作为设计师尤其关注的是设计的特殊性及施工的可行性，只有把材料的使用、设计方法以及建筑中细部所具有重要性与复杂性作为一个整体来加以考虑，才能创作出优秀的作品。

2.1.2　顶棚装饰的形式

目前室内顶棚装饰的材料及形式有多种多样，但按结构类型可归纳为直接式顶棚和悬吊式顶棚两种。

1. 直接式顶棚

如图 2–1 所示，直接式顶棚是在楼板结构层底面直接喷涂涂料、抹灰或粘贴其他装饰材料的顶棚形式。其特点是在建筑上几乎不占净空高度，构造简单，造价低、效果好，但也存在由于受楼板结构形式的限制而不易变化，不能遮盖明设管网等不足。一般用于装饰要求不高的一般性建筑，如普通办公用房、住宅及其他民用建筑。

2. 悬吊式顶棚

如图 2–2 所示，悬吊式顶棚是通过一定的吊挂件将顶棚骨架与面层悬吊在楼板或屋顶结构物之下的一种顶棚形式，是室内装饰工程的一个重要组成部分。吊顶具有整洁顶棚、隐藏管线和改善建筑顶界面物理性能的作用。悬吊式顶棚还可以利用空间高度的变化做成各种不同形式、不同层次的立体造型，这种顶棚常用于室内重点、局部空间的装饰。

2.2　顶棚装饰的组成及构造

2.2.1　吊顶的基本组成

通常吊顶在构造上由悬吊部分、顶棚骨架和饰面层三部分组成。

（1）悬吊：悬吊主要由吊杆或吊筋（钢筋、型钢、木方等）制成，它上部与屋面板或楼板结构层连接，下部与龙骨骨架连接。

（2）骨架：龙骨骨架是吊顶中承上启下的构件，它与吊杆连接，并为面层板提供安装节点。

（3）饰面层：即吊顶的饰面层，其使用的材料有纸面石膏板、金属板等。

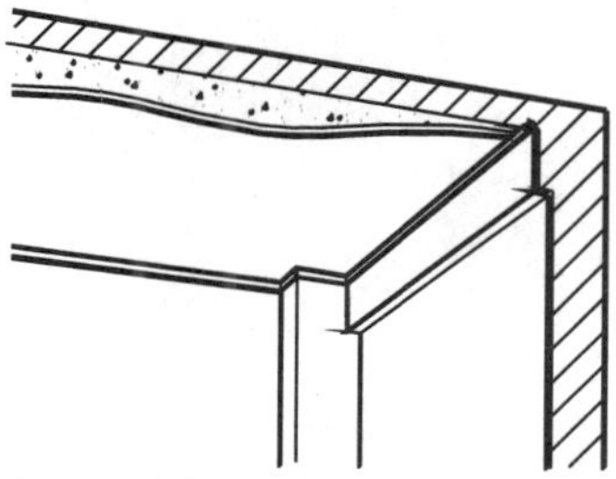
图 2-1　直接式顶棚

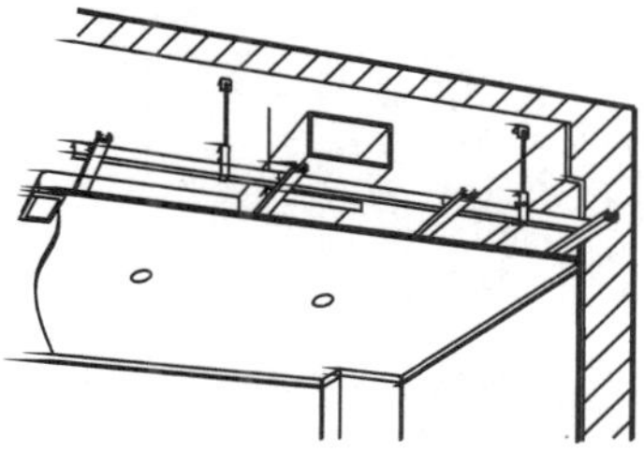
图 2-2　悬吊式顶棚

2.2.2　顶棚的装饰构造

1. 直接式顶棚

直接式顶棚的装饰是在上部的屋面或楼面的结构底部直接做饰面处理，其构造比较简单。直接式顶棚一般分为直接抹灰顶棚和直接粘贴式顶棚。

（1）直接抹灰顶棚

直接抹灰顶棚即为在屋面或楼板底部直接抹灰。

(2) 直接粘贴式顶棚

直接粘贴式顶棚做法有两种，一种是预先将装饰材料在支模时铺于模板上，然后浇灌混凝土，使装饰材料与混凝土成为一体，拆模后即为装饰面层。这种饰面板材通常使用干抹灰板、压型钢板等（如钢结构框架建筑楼板多用此种方法）。另一种做法是将使用的板材（如石膏板、木装饰板、玻璃镜片等）在预制混凝土构件下面，用胶粘或钉固法把装饰面层固定上（彩图6）。不使用吊挂件，直接在楼板底面铺设固定格栅后所做成的顶棚，也可归于此类。

(3) 结构顶棚

结构顶棚是将屋盖结构暴露在外，不另做顶棚，称为结构顶棚（彩图7～彩图9）。结构顶棚具有造型简洁新颖、结构韵律美、通透感强等特点，如结构顶棚的大跨钢管三角锥网架轻盈而具有装饰性，具有结构本身的艺术表现力。又如索膜结构顶棚是由钢管、缆索和半透明的涂特氟纶玻璃纤维材料组成的大跨度造型各异的顶棚，更显出顶棚的结构韵律和膜结构材料和谐优美的空间景观。结构顶棚的装饰重点在于能够巧妙地组合自然采光、照明、通风、防火、吸声等设备，布置得自然和谐。结构顶棚这种形式多用于机场、体育（场）馆、购物广场等大型的公共建筑。

2.悬吊式顶棚

悬吊式顶棚是通过屋面或楼面结构下部的吊筋悬吊，由吊顶龙骨与面层组成的一定形式的顶棚层，其类型和构造比较复杂。由于这种顶棚的装饰表面与屋面板、楼板间有一定的距离，因而是将管道、设备进行隐蔽处理的好方法。这种吊顶形式适于在中、高档次的建筑顶棚装饰中采用。

悬吊式顶棚的结构由三部分组成：悬吊部分、龙骨骨架部分、面层部分。

(1) 吊点、吊杆（或吊筋）

吊点和吊杆是连接龙骨与楼板（或屋面板）的承重构件，它的形式与选用和楼板的结构、龙骨的规格及吊顶本身的重量有关。

按承载能力悬吊式顶棚分为上人和不上人两种形式。

1）上人式悬吊顶棚设置的吊点常见的构造有以下几种：

①在预制板缝里安装吊点

吊杆在预制板缝中浇灌细石混凝土或砂浆灌缝时，沿板缝设置 ϕ 10钢筋，将钢筋一端做成弯钩，钩挂在板缝中通长的钢筋上，另一端的抽出长度依需要而定，这就是预埋吊杆。如果需要在预埋吊杆上再焊接螺栓吊杆或绑扎钢筋，再焊接的螺栓吊杆应用 ϕ 12钢筋，伸出板底100mm。如采用预埋吊杆直接与龙骨连接，预埋吊杆一般用 ϕ 6或 ϕ 8钢筋，如图2-3所示。

②在现浇混凝土板上预留安装吊杆

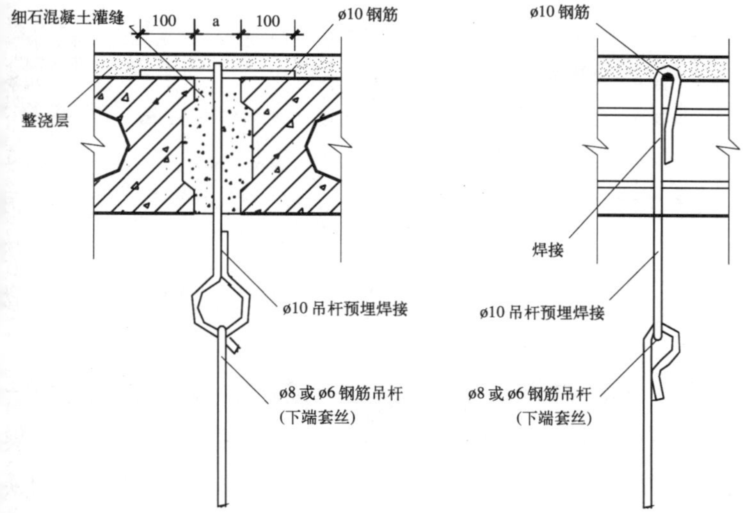

图 2-3　上人吊顶的吊点与吊杆（1）

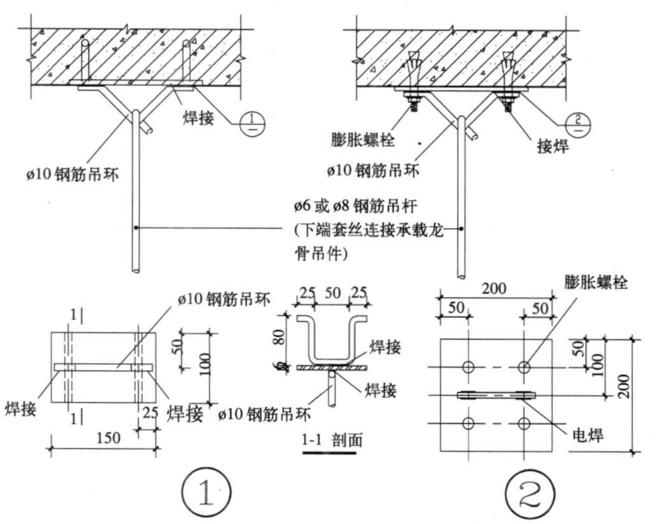

图 2-4　上人吊顶的吊点与吊杆（2）

这种方法是在现浇混凝土楼板时，按照吊顶间距把钢筋预埋件放在现浇层中。预埋件的另一端从现浇层中露出，混凝土拆模后，吊杆直接焊接在预埋件上或用螺栓固定，也可以将钢筋按悬吊长度截取后，把一端与现浇层中钢筋连接，现浇层拆模后，吊杆直接与龙骨连接，如图 2—4 所示。

2）不上人式悬吊顶棚设置的吊点常见的构造有：

①在已硬化楼板上安装吊杆（图 2—5）

在没有吊顶预埋件的楼板上吊顶，可在吊点的位置，用冲击钻钻孔，将预制好的角码的一条肢用金属膨胀螺栓固定在楼板上，角码的另一条肢用吊杆穿过角码的孔即可固定，此种方法灵活简便，是最常采用的一种吊顶方式（应注意的是对于荷载较大的吊顶，必须采用重型金属膨胀螺栓）。另外一种吊法是可直接将带孔射钉用射钉枪将射钉打入板底，在带孔射钉上穿镀锌铁丝绑扎龙骨。这种吊法只适合悬吊轻型吊顶（如铝合金条板、方板等）。

②在梁上设吊杆

在屋架的下弦、木梁或木檩上设吊杆，可采用木吊杆、铁钉固定。对于钢筋吊杆可直接绑扎，如图 2—6 所示。遇有现浇混凝土梁时，可参照现浇板上设吊杆的方法，如果是硬化以后的钢筋混凝土梁，可在梁侧面合适的部位钻孔（注意避开钢筋）设横向螺栓固定吊杆（包括木吊杆或型钢吊杆等）。采用钢筋吊杆时，可用角钢钻孔用射钉固定的方法，但射钉固定点距离混凝土梁底需大于等于 100mm，如图 2—7 所示。遇有钢结构梁（槽钢、工字钢和轻型钢等），可用 ϕ 6～ϕ 8 钢筋吊杆，上端弯钩，下端套螺纹，固定在钢结构梁上。轻型钢梁可将 ϕ 6 钢筋上端焊接成 H 形钩子，卡挂在轻型钢槽内，如图 2—8 所示。

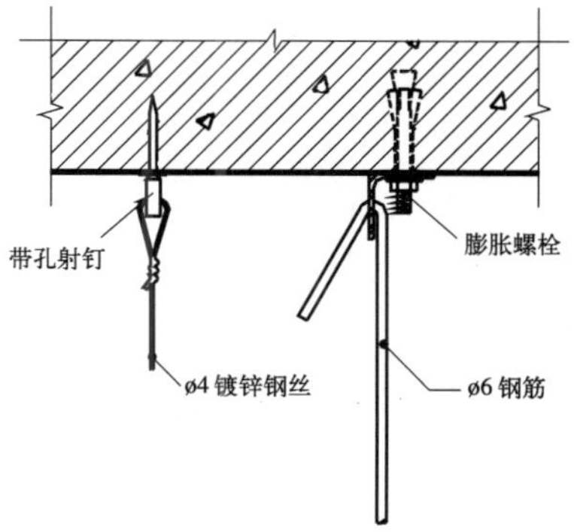

图 2-5　不上人吊顶的吊点与吊杆

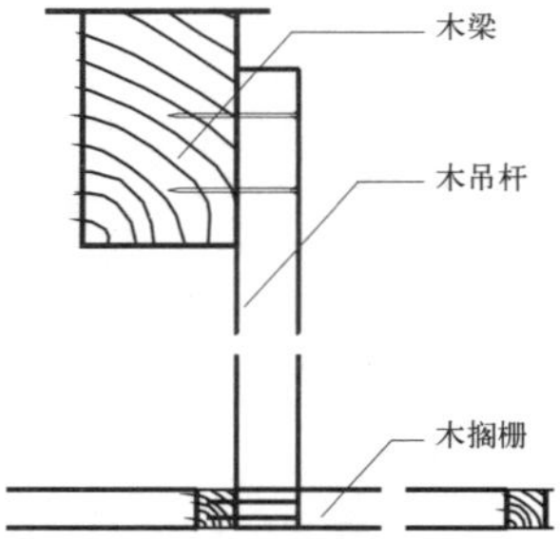

图 2-6 木梁上设吊杆

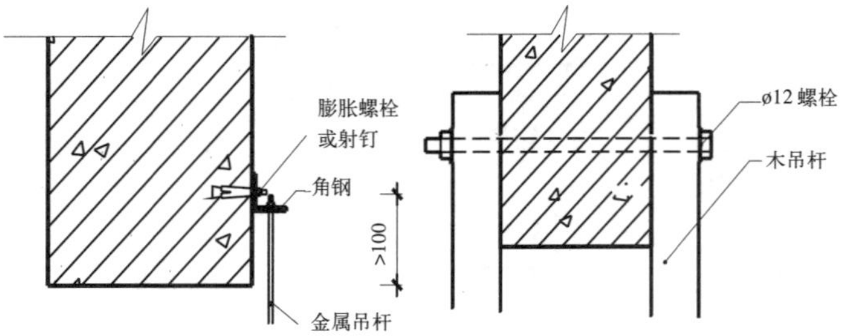

图 2-7 混凝土梁上设吊杆

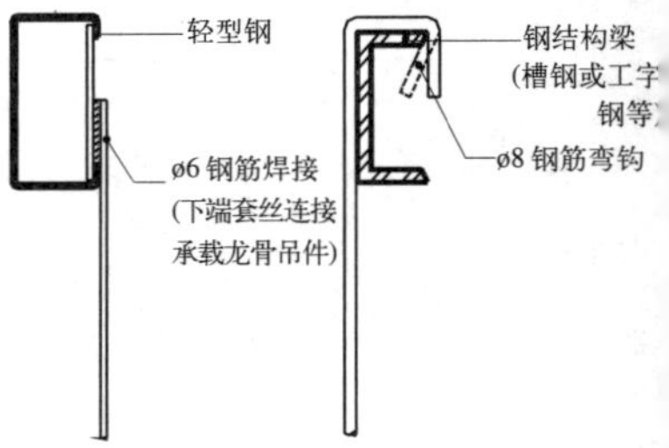

图 2-8 在钢梁上设吊杆

吊杆的设计是依据吊顶本身重量的大小、是否上人或有其他荷载要求。吊杆一般采用钢筋，不上人的吊顶，吊杆的长度小于1000mm，可采用ϕ 6的吊杆，如果大于1000mm，应采用ϕ 8的吊杆，如果大于1200mm，应采用ϕ 10的吊杆。如吊点距龙骨距离较长，一般应考虑采用刚度较强的吊杆（如30×30×3以上角钢等），以保证吊顶的稳定及使用安全。对于有叠级造型或其他有装饰造型的吊顶，应注意加密吊点及其部位的准确性。轻型吊顶（如铝合金条板、方板等）也可采用10号钢丝绑牢骨架。

选用与设置吊点、吊杆首先要考虑安全问题，其次是悬吊方便，调节灵活。彩图10中采用木楔做吊点的做法存在很大的安全隐患，通常不能采用。

（2）龙骨

上人的顶棚要用型钢、轻钢或大截面木材作龙骨，然后在龙骨上做人行通道（或称马道）。以保证安全。不上人吊顶一般常用普通的木龙骨、轻钢龙骨或铝合金龙骨。在设计施工中要严格区分不同材质、型号龙骨的安装与使用，以保证不同功能的使用要求。

1）轻钢龙骨

轻钢龙骨产品与技术目前均比较成熟，各厂家生产的产品均有各自的特点，但技术原理及安装工程基本相同，后来研发的产品技术更为先进，如某新型建材有限公司生产的可弯曲卡式轻龙骨及配件使异型吊顶的龙骨连接更加方便。下面介绍的是比较常见的一种轻钢龙骨。

轻钢龙骨是采用薄壁带钢经冷弯机滚轧冲压成型。吊顶用轻钢龙骨有C形、U形两种。按其大小及用途分为主龙骨、次龙骨、吊挂及连接件四部分。主龙骨又叫承载龙骨，次龙骨又叫覆面龙骨。轻钢龙骨适用于不露明骨的吊顶。轻钢龙骨的吊杆通常用ϕ 6～ϕ 8钢筋下端套扣制做，吊杆间距为900～1200mm，再用吊件把主次龙骨连在一起，如图2-9所示。

①轻钢龙骨的特点

a.轻钢龙骨强度高、防震、防火、隔热好、安装拆卸方便、设置灵活，能使装

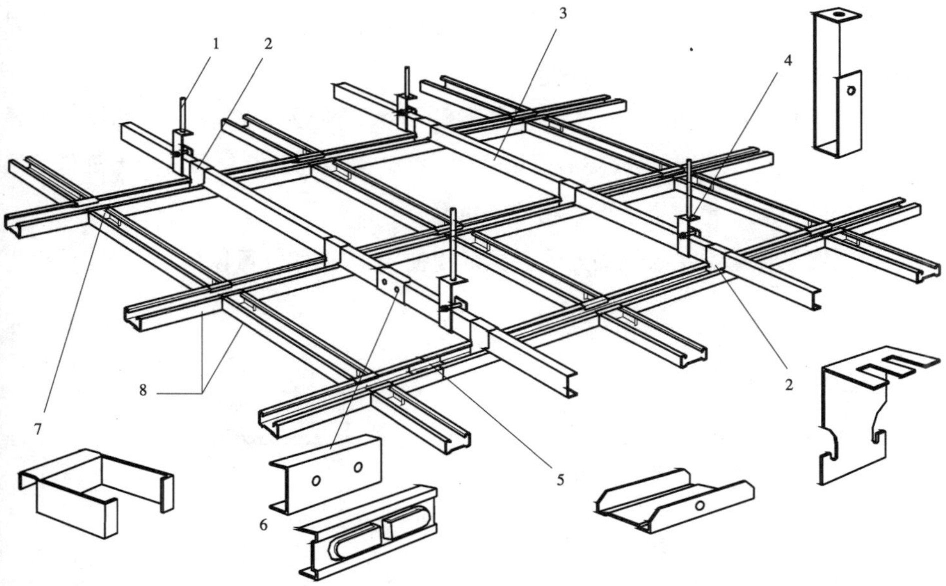

图 2-9　U、C形吊顶龙骨主、配件组合示意
1—吊杆　2—挂件　3—主龙骨　4—吊件
5—C形龙骨连接件(接插件)
6—U形龙骨连接件(接长件)
7—龙骨支拖(接插件)　8—次龙骨

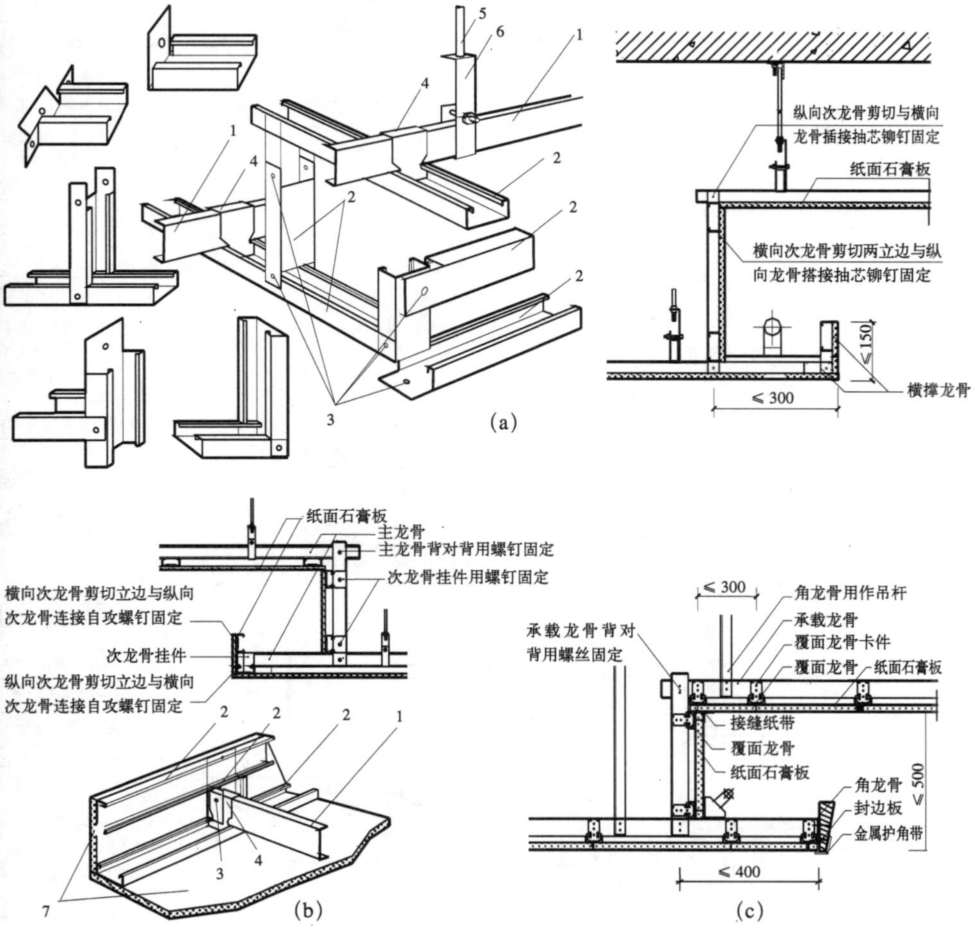

图 2-10　带灯槽吊顶节点示意
(a) x方向；(b) y方向；(c) 标准设计图集做法
1—主龙骨 2—次龙骨 3—抽芯铆钉 4—次龙骨挂件 5—钢筋吊杆 6—主龙骨吊件 7—纸面石膏板

修工程实现施工装配化。吊挂件的形式主要是根据龙骨的断面来设计，不同的龙骨断面需不同的吊挂件。

b.轻钢龙骨重量轻，U形、C形龙骨与9.5mm石膏板组成的吊顶，每平方米重量仅11kg左右，只相当于抹灰吊顶重量的1/4。采用轻钢龙骨吊顶大大降低了吊顶装饰层的自重，也减轻了建筑物的承重量。

c.轻钢龙骨在特殊部位的处理上灵活简便，如C形龙骨可以剪也可以折，还可

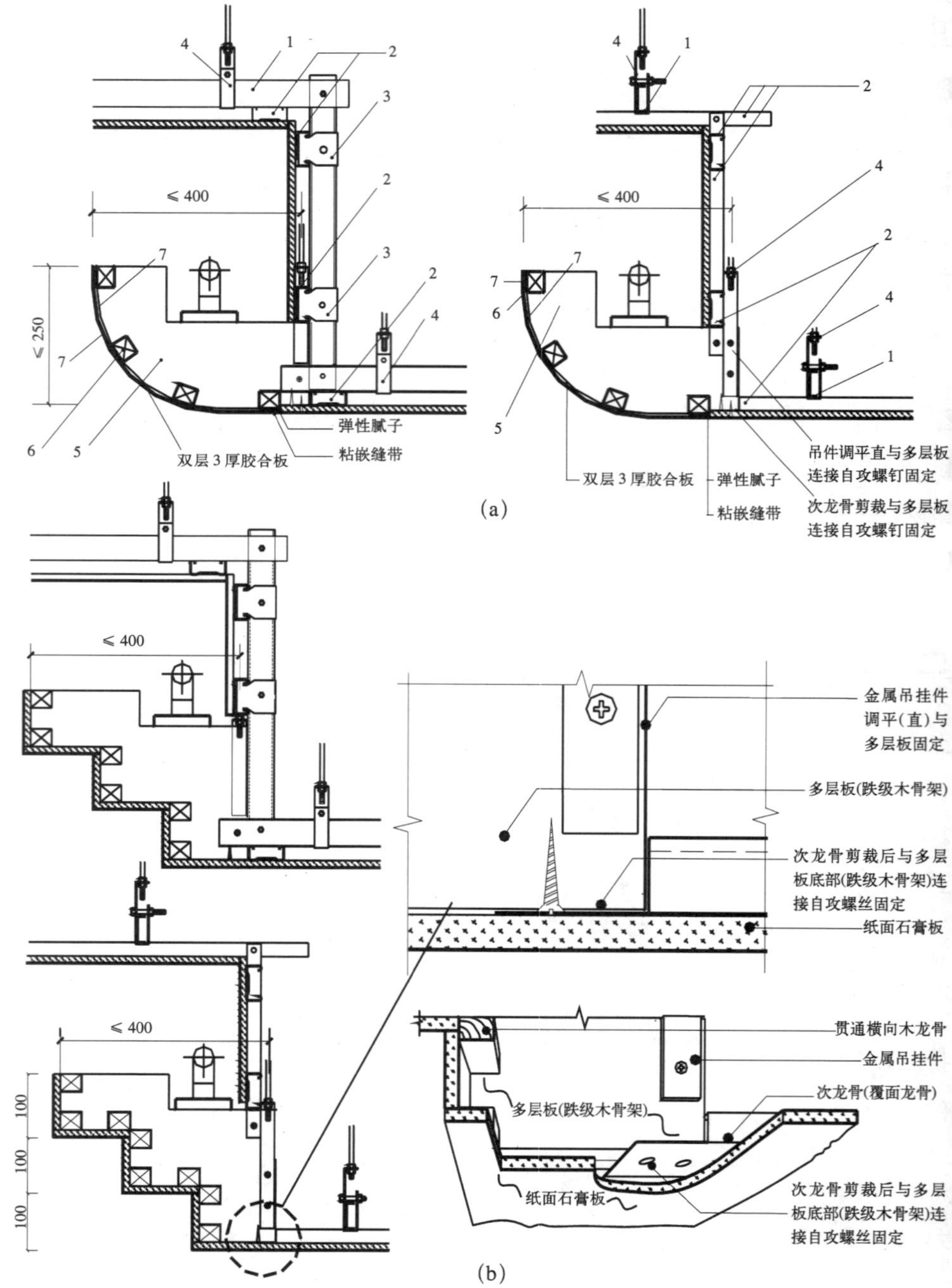

图2-11　带灯槽异型木龙骨架与轻钢龙骨连接构造示意

(a) 弧圆形（参考做法）；(b) 阶梯形（参考做法）

1—主龙骨　2—次龙骨　3—次龙骨挂件　4—主龙骨吊件　5—多层板　6—横向木龙骨　7—防潮处理

以铆接；U形龙骨可焊接也可以用螺钉固定。但经过剪折后龙骨架的负荷能力会降低，应适当缩小龙骨的间距，以保证结构的安全性，如图 2—10 所示。

d.轻钢龙骨还可以与其他材料结合使用，如与木龙骨（多层板、细木工板等）结合，可以做出更富于变化的天花造型（彩图 11～彩图 12）。同时，在防火性能上，也比单纯使用木龙骨做造型更为安全，如图 2—11 所示。

在这里特别需要指出的是用三夹板或五夹板做弧形带灯槽吊顶时，除做防火处理外，在三夹板的正面及背面，还需要做防潮处理，这样可使三夹板等木作制品与周围的空气隔开，防止它在使用过程中，随周围空气湿度和温度的变化而反复胀缩，使表面涂饰开裂或脱落，影响装饰效果及使用寿命。

防潮处理可使用封闭底漆涂刷（商品涂料常称底得宝）。封闭底漆特点这里不再赘述。

以上某些构造方法虽然不属于国家规范做法，但由于有一定的实用价值，可作为辅助参考在工程设计中灵活运用。彩图13～彩图15介绍了几种吊顶式顶棚的做法。

②轻钢龙骨构造

a.按承载能力分轻型、中型、重型三类吊顶，轻型指不能承受上人荷载（如轻型38系列）；中型指能承受偶然上人荷载（如中型50系列），可在其上铺设简易检修马道；重型指能承受上人检修80kg集中荷载，可在其上铺设永久性检修马道（如重型60系列）。不同承载能力吊顶应选用相应类型的主龙骨和吊挂件，其各种配件应配套使用（表 2—1）。

轻钢龙骨吊顶组合系列表　　　　**表 2-1**

系	不上人吊顶								上人吊顶		
列	1	2	3	4	5	6	7	8	9	10	11
吊件	CB50-1P	CB50-1X	CB60-1P	CB60-1X	CB60-1	CS60-1	CS60-1	CB38-1	CS50-1	CS60-1	CS60-1
承载龙骨	CB50X20	CB50X20	CB60X27	CB60X27	CB50X20	CB60X27	CB60X27	CS38X12	CS50X15	CS60X27	CS60X27
挂件	CB50-3	CB50-3	CB60-3	CB60-3	CB50-2	CB5060-2	CB60-2	CB38-2	CB50-2	CB5060-2	CB60-2
覆面龙骨	CB50X20	CB50X20	CB60X27	CB60X27	CB50X20	CB50X20	CB60X27	CB50X19 (CB50X20)	CB50X19 (CB50X20)	CB50X19 (CB60X20)	CB60X27

b.U形龙骨吊顶构造有双层及单层两种，中、小龙骨即覆面龙骨紧贴承载龙骨底面吊挂（即不在同一水平）称双层构造；承载覆面龙骨在同一水平的龙骨吊顶方式称为单层构造，后者仅用于轻型吊顶。

c.承载龙骨的间距和吊杆的间距由于龙骨的类型和吊顶的构造不同而有所不同。一般情况下要求承载龙骨的间距最大为1200mm，吊点的间距最大为1200mm；正常情况下，承载龙骨的间距应选用800～1000mm较为合适。特殊要求的结构可以适当缩小间距，以保证结构的安全性。在有通风管道等影响承载龙骨和吊杆布置的地方，必须考虑桥架等方式连接，同时一定保证上述间距要求。检修马道、通风管道等必须与纸面石膏板吊顶结构分开。

d.承载龙骨通过吊件和吊杆连接，承担吊顶全部负荷。上人龙骨应采用$\phi 8$～$\phi 10$钢筋吊杆，吊顶负荷较大时，应经过计算加大钢筋截面。一般不上人龙骨可采用$\phi 6$～$\phi 8$钢筋吊杆，吊杆距承载龙骨端部的距离不得超过300mm，超过时应考虑增设吊杆以免龙骨下坠。具体吊杆的选择可视龙骨的构造而定。

e.覆面龙骨的间距随采用的石膏板规格而定，当采用9.5mm厚纸面石膏板做面板时，覆面龙骨间距不得超过400mm；采用12mm厚的纸面石膏板做面板时，覆面龙骨的间距不得超过500mm，如图2－12所示。如遇纸面石膏板的四边无龙骨时，需要加相同型号的龙骨做横撑，并用挂插件连接。覆面龙骨之间用连接件连接。

f.大面积吊顶时，吊顶承载龙骨应根据设计要求起拱，一般可在1/200左右。承载龙骨长度方向可用连接件连接，平行的龙骨接头位置要错开。

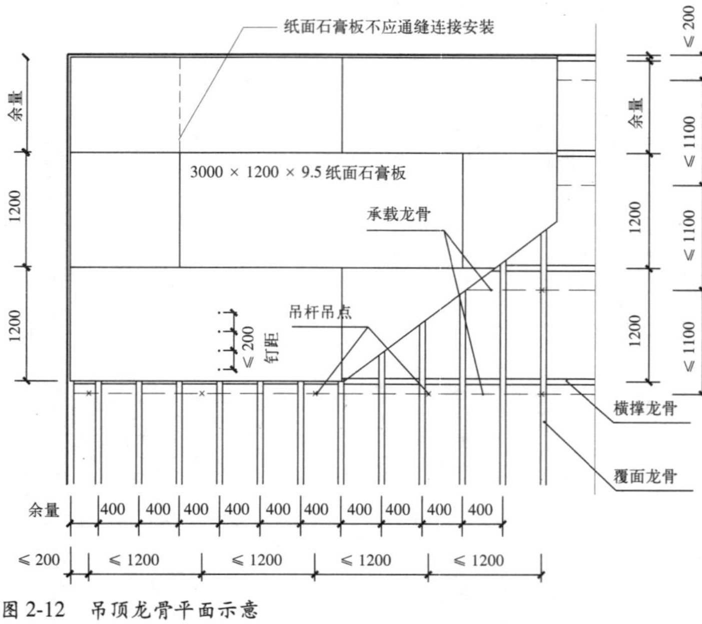

图 2-12　吊顶龙骨平面示意

g.大面积吊顶应留有一定的控制缝。考虑到吊顶所用轻质板材干缩湿胀的特征，在吊顶设计和施工中必须采用控制缝来控制质轻板材的变形。当吊顶面积达到120m² 以上或长度方向达到12m以上时，必须设计和安装控制缝。单体设计面积小于120m² 的吊顶时，可考虑采用在龙骨与墙体连接处设置柔性接点的方式，以控制吊顶整体的变形量。

2）T形龙骨

T形龙骨常见的有两种：一种是以轻骨为内骨、外套铝合金或彩色塑料型材的铝合金龙骨，一种是轻钢烤漆龙骨。T形龙骨吊顶的结构是由C形主龙骨及配件组成骨架，T形龙骨吊在骨架下面，各种罩面板材可浮搁在T形龙骨上，组成活动式装配吊顶。这种搭接式吊顶给维修顶棚内的管道和设备创造了方便条件，如图2–13所示。

T形金属吊顶龙骨吊点的紧固方式、主（承载）龙骨与吊杆的连接以及吊杆（吊索）与主体结构悬吊点的连接、T形龙骨主、次杆件布置的间距尺寸，取决于所用吊顶板材的规格；同时，吊顶饰面板与T形龙骨的组装方式，还可以直接确定顶棚饰面效果。对于单层骨架构造的轻便吊顶，加之矿棉板等饰面材料的材质很轻（板材密度一般在500kg/m³ 以下，包括其贴塑板），其吊杆亦可采用镀锌钢丝类的吊索、挂钩或采用各种轻型吊件。

（3）木龙骨

木龙骨为可燃性材料（防火等级为B2），也易被腐蚀虫蛀，在装修施工中应严格控制使用。如一定需采用木龙骨，必须经过严格的防腐、防火处理。处理的基本方法是先涂氟化钠防腐剂1～2道，然后再涂防火涂料三道。吊顶木龙骨骨架的主龙骨宜采用通常为50mm × 70mm或60mm × 100mm矩形截面尺寸的木方条材。

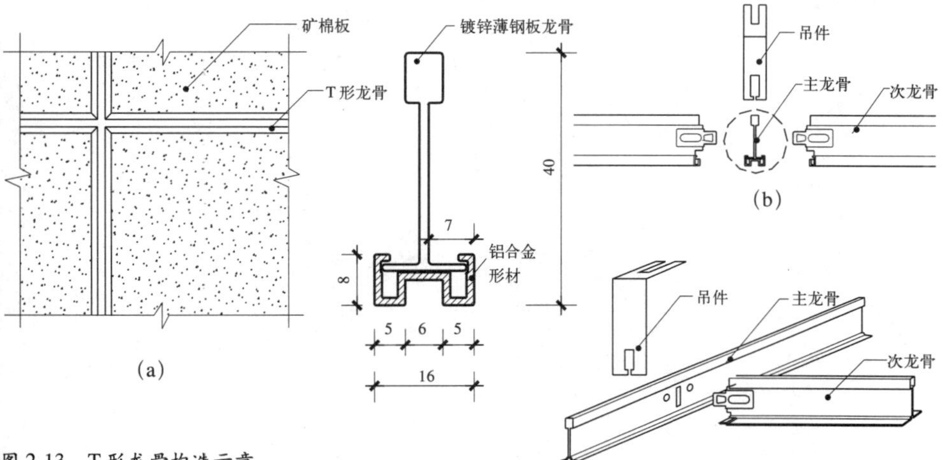

图 2-13 T形龙骨构造示意
(a) 高级镀锌薄板铝合金T形烤漆龙骨平面图；(b) 高级镀锌薄板铝合金T形烤漆龙骨；(c) T形烤漆龙骨

次龙骨一般采用40mm × 60mm、50mm × 50mm的木方。拼装骨架时应按设计要求的尺寸和间距开出半槽，纵横咬口扣接，十字交叉咬口处涂胶加钉进行固定。木龙骨吊点的紧固方式，与金属龙骨吊顶做法相似。主龙骨与吊杆的连接可采用绑扎、钉接及栓接固定等方法。采用木龙骨组成的吊顶骨架，可以是双层构造，也可以是单层构造。如双层构造主次龙骨之间通常用30mm × 30mm木方、钉、胶连接，当然也可用其他材料连接，如金属角钢等，如图2–14、图2–15所示。木龙骨吊顶，多用于传统形式的吊顶和造型较复杂的局部吊顶。由于我国对建筑顶棚的防火制定了严格的消防规范，轻质、新型、防火的轻金属材料基本取代了以往的木质吊顶材料，因而木质吊顶只在某些必要和特定的造型形式中使用，如弧形吊顶、圆弧藻井及各种吊顶孔洞的固定连接，如图2–16、彩图16～彩图19所示。

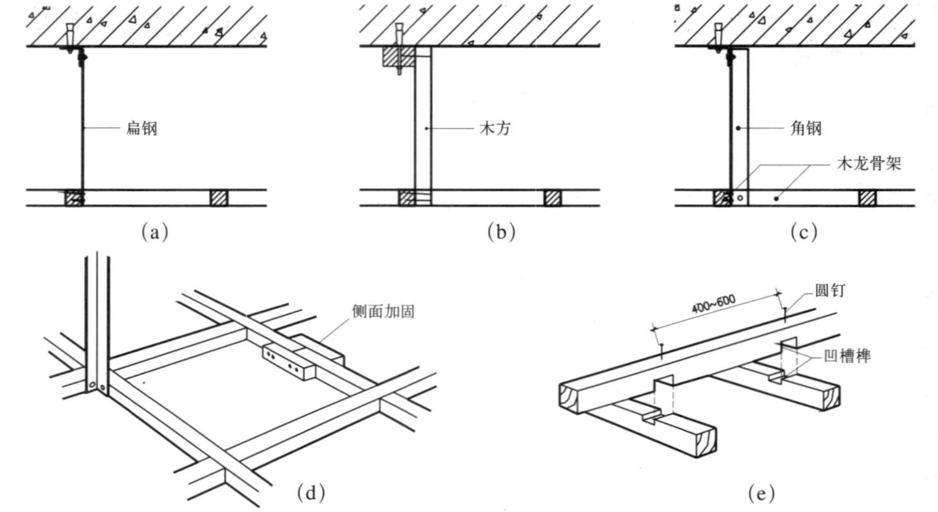

图2-14 木龙骨固定方式示意
(a) 用扁铁固定；(b) 用木方固定；(c) 用角铁固定；(d) 骨架连接；(e) 凹槽连接

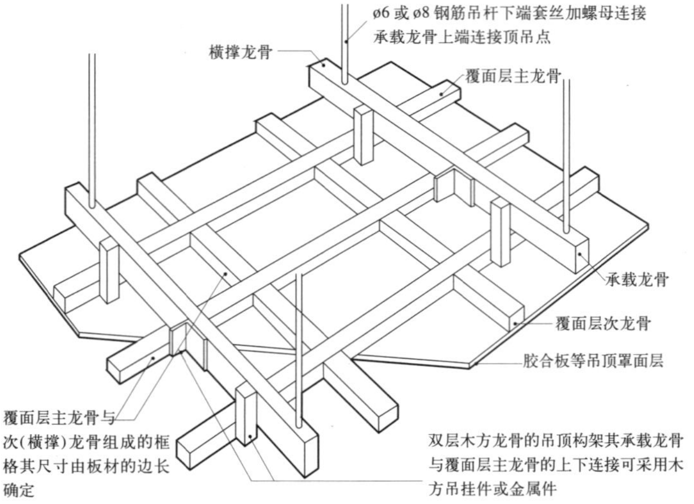

图2-15 双层木龙骨构造示意

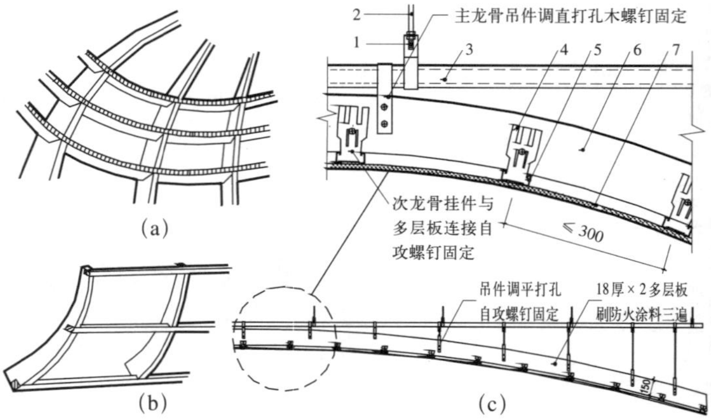

图2-16 弧形吊顶示意
(a) 木制球冠形吊顶；(b) 木制圆弧形吊顶；(c) 木金属混合圆弧形吊顶
1—主龙骨吊件 2—金属吊杆 3—主龙骨 4—金属挂件 5—次龙骨
6—18厚多层板 7—9.5厚弧形纸面石膏板

3. 吊顶饰面层（罩面板）

吊顶饰面层分为湿抹灰面层和罩面板类、格栅类三种类型。

（1）抹灰顶棚装饰构造

抹灰类顶棚整体性强，面层平整光滑，清洁美观，施工简便，造价低廉。抹灰顶棚的装饰构造在建筑构造中已做过比较详尽的论述，这里不再赘述，只对其中两个特点简单介绍，其一当钢丝网水泥砂浆抹灰层厚度大于15mm时，还可以作为钢结构或建筑物某些部位的防火保护层；另外，在空间高度受到一定限制需借助原建筑结构梁做造型（如建筑结构梁与后加装饰梁纵横交错处）且需两种不同材质衔接做造型天花时，用钢丝网抹灰方法即能使衔接处平整光滑不宜开裂脱落，又避免了由于造型天花比例尺寸加大而使标高降低的麻烦，如图 2–17 所示。

（2）罩面板类装饰及构造

罩面板的种类很多，有各种石膏板（纸面石膏板、吸声穿孔石膏板及嵌装式装饰石膏板等）、金属板（金属微穿孔吸声板、铝合金装饰板、铝合金单体构件、条形板、复合铝塑板）及其他罩面板（胶合板、矿棉板、水泥埃特板、PVC 塑料装饰板）等等，在设计中应按不同要求进行选择。

1）罩面板与龙骨的连接方式

①钉接：即用螺钉将罩面板固定在龙骨上。采用型钢、轻钢龙骨时，用自攻螺钉连接。采用木龙骨时，用铁钉及木螺钉连接。钉的尺寸大小及钉距，则依所用面板材料而异，要求牢固安全。适用于钉接的板材，有水泥埃特板、塑料板、胶合板、石膏板等。

②粘结：即利用各种胶粘剂，将罩面板粘结于龙骨或其他基层板材上。粘结的方法很多，主要依罩面板材料的不同而定。如当纸面石膏板做吊顶衬板表面采用

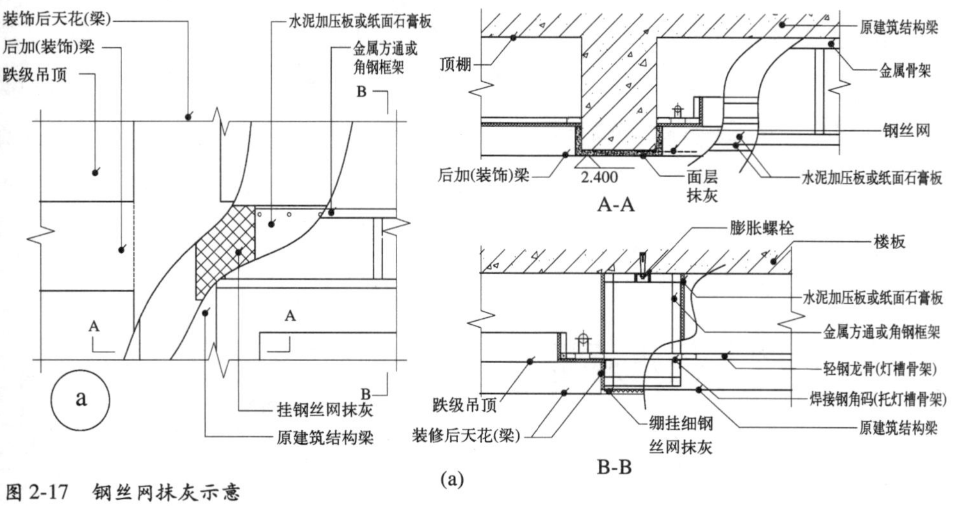

(a)

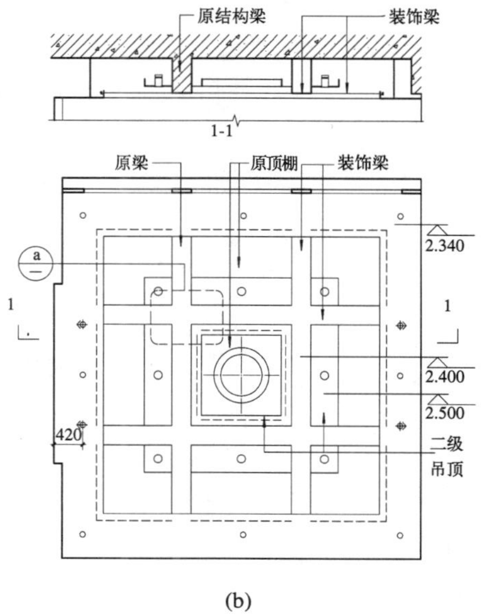

(b)

图 2-17　钢丝网抹灰示意
(a) 大样详图；(b) 顶棚平面图

矿棉吸声板罩面时，可用质量比为 1：1 水和石膏粉加适量 108 胶做粘结剂，随调随用，成糊状粘贴。当罩面板采用塑料板、金属板、三合板等材料时，可用“立时得”等万能胶做胶粘剂粘贴。如果用胶粘和钉接结合的方式，则更为安全牢靠。

③插接：即通过T形龙骨将罩面板直接摆放或插接于龙骨的翼缘上。插接的做法多采用暗龙骨，搁置连接则多为明龙骨。

④卡紧：用龙骨本身或另用卡具将饰面板卡在龙骨上，这种做法多用于轻钢龙骨、型钢龙骨，饰面板材多为成品金属板等材料。

⑤吊挂：多用开敞式单体构件和以灯具为单元的单体吊挂。通常用配套龙骨，采用金属挂钩等连接件将构件饰面板层按排列次序吊挂在龙骨下。

2）罩面板的类型及缝处理

饰面罩面板有两种类型，一种是基层板，作为一个依附面层，起连接龙骨和装饰面层的作用，在其表面还需做其他饰面处理，如在纸面石膏板裱糊壁纸（布）、胶合板为基层（衬板）粘贴饰面铝复合板等；另一种是装饰面板，即板的表面已经装饰好，将其拼接固定后，即可显现出装饰效果，如矿棉板、装饰石膏板、单铝板等。面层罩面板的拼接及缝处理，是根据龙骨的形式和所用面层材料而定的。一般来说，有以下三种形式：

①对缝（密缝）：板与板在龙骨处对接固定，面板多为粘结或钉在龙骨上。由于接缝处不易接得很平，所以采用对缝做法时应慎重选用饰面材料及处理方法，如图 2—18 所示。

②凹缝（离缝、拉缝）：在两块面板拼接处，利用面板的形状和厚度做出凹缝。凹缝有V形和矩形两种。凹缝内可以刷涂不同颜色，以强调吊顶线条和立体感。纤维板、细木工板等材料亦刨坡口，形成 V 型凹缝；石膏板应做矩形凹缝，然后镶金属护角，以保证凹缝的美感，但如龙骨采用的是轻钢龙骨时，应注意采用60系列轻钢龙骨，以保证钉接牢固，如图 2—19 所示。

③盖缝：板缝不直接露在外而是用各种装饰压条盖板缝，这样可避免缝隙宽窄不均现象，使面板的装饰面线型效果更加鲜明。

3）石膏板顶棚装饰构造

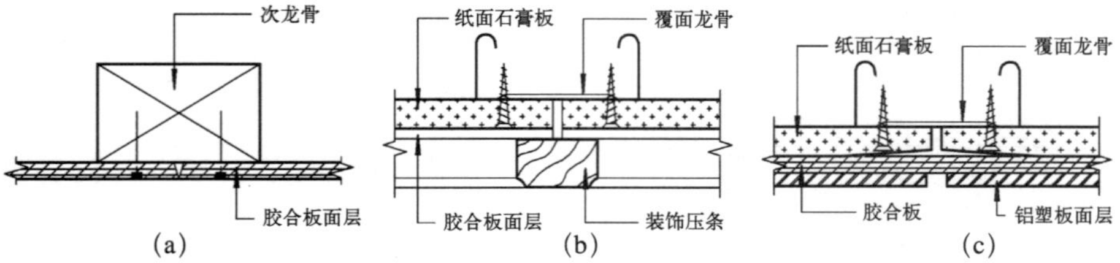

图 2-18　吊顶饰面板板缝处理
(a) 密缝；(b) 盖缝；(c) 离缝

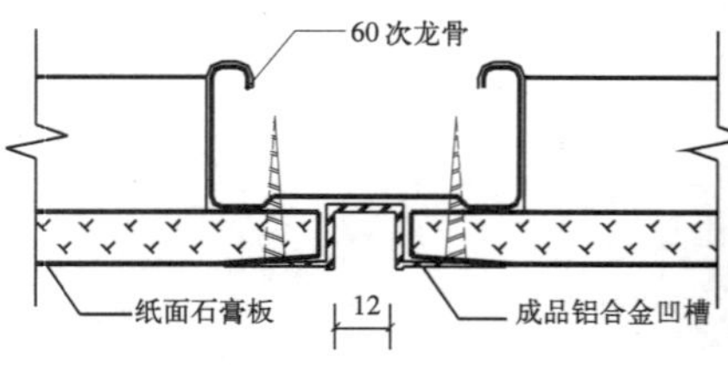

图 2-19　金属护角凹(槽)接缝示意

顶棚使用的石膏板一般有纸面石膏板和无纸面石膏板两类。

①纸面石膏板吊顶

纸面石膏板是以建筑石膏为主要原料，掺入适量外加剂和纤维材料构成芯材，以特制的纸板作护面的装饰板材，用于建筑围护墙、内隔墙及吊顶罩面的施工，这种板材具有较好的阻燃性能，还有质轻、隔声、抗震及较为优异的现场加工性能。用纸面石膏板作建筑顶棚装修，既能直接作为顶棚面层材料，喷涂各种涂料，也可作顶棚的基层材料，粘贴各种壁纸，复合各种饰面材料，因而它成为各种建筑的吊顶棚中采用，最为广泛的形式之一。

a.纸面石膏板特点：具有自重轻、强度高、防火阻燃性能好的特点，它可钉、可刨、可钻、可粘，易于加工。在造型设计中，纸面石膏板可弯曲，通过起伏变化构成不同的艺术效果。纸面石膏板表面平整度高、可粉涂、可油漆，也可与其他材料复合使用。

b.纸面石膏板品种规格：按其用途分为普通石膏板、耐水石膏板和耐火石膏板。纸面石膏板的规格较多，但主要以1200mm × 3000mm × 9.5mm及1200mm × 3000mm × 12mm纸面石膏板使用最为广泛。板材的边部形状有矩形、楔形、倒角形、半圆形和圆形5种。常用的以楔形边与矩形边为最多，如图2-20所示。

c.安装工艺要点：用纸面石膏板吊顶时，应从石膏板沿墙一边开始安装，石膏板长边（即包封边），应沿纵向次龙骨安装铺设，相邻两张石膏板切断边应错开，不得形成通缝。板材应在自由状态下进行固定，防止出现弯棱、突凸现象。纸面石膏板与龙骨固定，应从一块板的中间向四边固定，不得多点同时作业。自攻螺钉应陷入石膏板表面0.5～1mm深度，并不使纸面破损，钉眼应作防锈处理并用石膏腻子抹平。自攻螺钉与纸面石膏板边距离应以包封边的板边以里10～15mm为宜，切割边以里15～20mm为宜。固定石膏板的次龙骨间距一般不应大于600mm。在南方的潮湿地区，间距应适当缩小，以300mm为宜。固定用自攻螺钉的钉距以150～170mm为宜，螺钉应与板面垂直。弯曲、变形的螺钉应该剔除，并在相距50mm左右的地方另行安装新的螺钉。安装双层石膏板时，面层板与基层板的接缝应错开，不得在同一根龙骨上接缝。

②装饰石膏板吊顶

石膏吊顶装饰板主要有四大类：吸声用穿孔石膏板、印花石膏装饰板、装饰石膏板、嵌装式装饰石膏板。因装饰石膏板构造做法均近似，而且安装简单，所以只举吸声用穿孔石膏板的构造做法。在此再次强调的是做装饰设计不单单只考虑表面美观，更应从使用功能需要去考虑，科学地选择顶棚的形式及材料。

在建筑中应用吸声材料和吸声结构通常有两个目的：一是用于降低噪声，二是用于控制房间的声音质量。

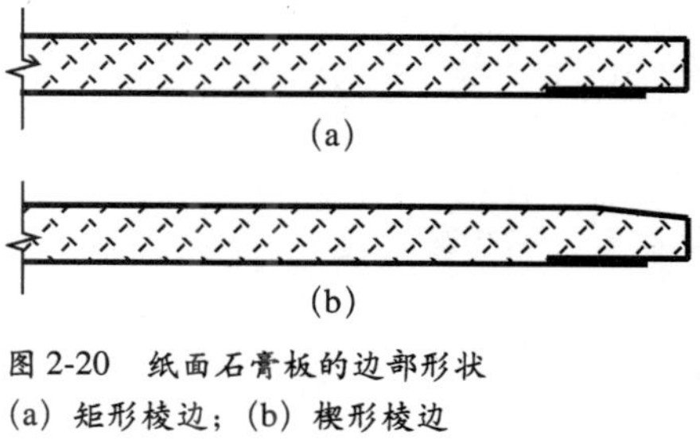

图2-20　纸面石膏板的边部形状
(a) 矩形棱边；(b) 楔形棱边

穿孔石膏板吸声结构的吸声特性与多种因素有关，板材厚度、穿孔的孔径、孔距和孔的排列方式（即穿孔率）、板材背面的背覆材料、板后空气层的厚度以及板后设置的吸声材料等都能直接影响其吸声效果。为了构成吸声结构，穿孔石膏板的背面应有较大的空气层。穿孔石膏板的背覆材料对吸声性能也有很大影响，在背面贴桑皮纸、玻璃布、微孔布或填放岩棉、矿棉、玻璃棉等多孔吸声材料都会产不同的吸声系数。因此，应针对不同的建筑、不同的结构和吸声系数，来选择相应的吸声结构及穿孔石膏板。

吸声用穿孔石膏板常用规格为600mm × 600mm、600mm × 1200mm，厚度为9mm和13mm。单位面积质量为11kg/m^2（拉法基石膏板），形状分直角型和倒角型两种。

③矿棉吸声板吊顶

矿棉吸声板系以矿渣棉为主要原料，加入适量胶粘剂和附加剂，经成型、烘干和加工饰面而制成的一种新型无机纤维顶棚装饰板材。具有质轻、耐火、保温、隔热、吸声性能好等特点，可以降低室内噪声级，改善声环境品质。矿棉吸声板吊顶方式常用在办公室、会议室、计算机房、图书馆等公共空间的吊顶装饰。

a.材料规格：目前矿棉吸声板产品众多，规格多样，有方形板、矩形板等形式，表面的色彩、图案及立体效果和质感等各有差异。吊顶装饰板的常用规格有：600mm × 600mm、300mm × 600mm、600mm × 1200mm等，板材厚度为9～25mm不等，制成沟槽、裂纹、孔洞、皮毛感、星球表面等各种表面形象及图案，用以影响其声学性能和装饰效果。

b.构造与安装做法：常用的矿棉吸声板吊顶的棱边形式有三种，即齐边板、楔形边板和企口边板。将矿棉板做非固定式吊顶罩面时，其齐边板和榫边板可平板搭装于金属T形龙骨的肢板上，其企口边板可与T形金属龙骨进行嵌插安装。

矿棉吸声板的活动板式吊顶安装，根据板材棱边的不同，与T形金属龙骨骨架的连接配合分为平放搭装和企口嵌装两种方法。

(a) 齐边板和榫边板的平放搭装：将矿棉吸声板的齐边板块或榫边板块平搭于T形金属龙骨的做法如图2—21所示。这种做法操作简易，拆装方便，吊顶面所形成的装饰效果取决于板材表面及其明露龙骨。榫边板与龙骨搭接处形成线型凹缝，有的跌级榫边则形成阶梯缝。对于平放搭装的矿棉吊顶板不宜浮搁，应采用压板（定位夹）将其压住，以保持板块的稳定。

(b) 企口边板的嵌装：带企口棱边的矿棉板，采用与T形金属龙骨嵌装的方法，安装后吊顶面可以不露骨架，使吊顶封闭，从而增强吸声效果。也可以根据配套龙骨和安装方式不同，使部分龙骨底面明露成为半隐式，如图2—22所示。

④金属板吊顶

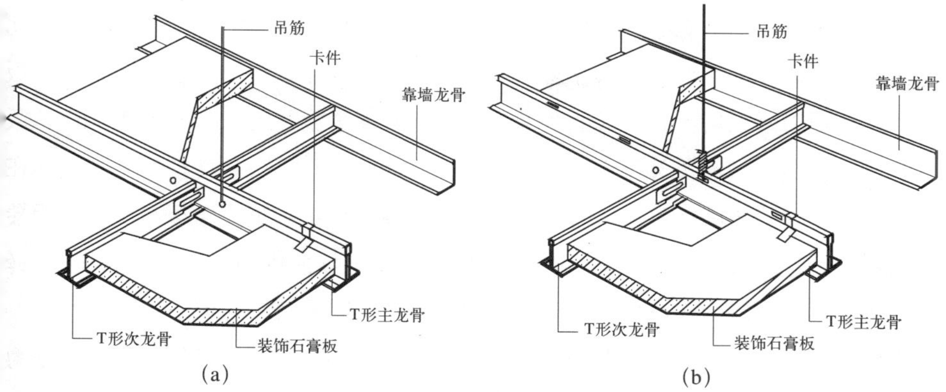

图 2-21　矿棉吸声板平放搭装示意
(a) 榫边板的平放搭装；(b) 齐边板的平放搭装

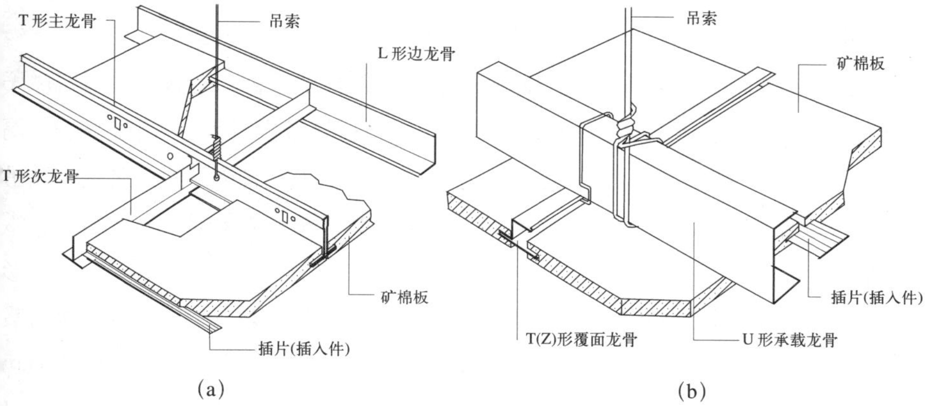

图 2-22　矿棉板吸声板企口嵌装示意
(a) 单层龙骨吊顶；(b) 双层构造吊顶

金属材料用作建筑顶棚装修是现代科学技术发展的必然结果，它打破传统金属顶棚不能用在高级场所的概念，根据金属板的特点，通过设计可做出许多富有特色的各种造型吊顶，给人以坚挺、明快、新颖、现代等特殊美的感受。它解决了传统吊顶材料存在的许多问题，适用于现代各种建筑。金属板吊顶多种多样，如金属压型板吊顶、不锈钢板吊顶、单铝板、复合铝塑板吊顶等。其中，以铝合金型材吊顶的形式最多也最为常见。金属板材有打孔和不打孔的条形板、矩形、方形板及其他形式的成品型材。另外，还有打孔或铸成其方格、条格、圆孔等各种大小和各种造型组合的网格板。不过，单铝板和复合铝塑板两种板材通常是根据设计要求，加工定制成所需要的造型再在现场组装，如图 2–23、彩图 20～彩图 23 所示。

各种造型不同的吊顶形式都由专用的龙骨系统构造而成。在这种吊顶中，吊顶龙骨除了是承重的杆件外，还兼有卡具的作用。这种独特的构造，是其他类型吊顶所不具备的。安装时通常先安装墙角装饰条板（L形或W形），然后用挂钩将主龙骨悬挂在建筑物上。再按照设计要求，将面板依次安装在主龙骨上。条板之间的间缝，可按不同设计要求加装嵌条。亦可将吊顶作为空调系统的一部分，利用嵌条上的孔隙，调整冷热空气的流向和流量。

金属板吊顶构造有如下三种：

a.金属条板吊顶构造

铝合金和薄钢板线轧而成的槽形条板，有窄条、宽条之分，中距有50、100、120、150、200、250、300mm多种，离缝约16mm。根据条板类型的不同，顶棚龙骨布置方法的不同，可以有各式各样变化丰富的效果。根据条板与条板间相接处的板缝处理形式，可将其分为两大类，即开放型条板顶棚和封闭型条板顶棚。开放型条板顶棚离缝间无填充物，便于通风。也有在条板上部另加矿棉或玻璃棉垫，作为吸声顶棚之用。还可在条板上打孔，以加强吸声效果。封闭型条板顶棚在离缝间可另加嵌缝条，有些型号的条板单边有翼盖，因而不需再设离缝，如图2—24所示。

金属条板顶棚，一般来说属于轻型不上人吊顶。当吊顶上承受重物或上人检修时，常常因荷重能力不够而出现局部变形现象，这种情况在龙骨兼卡具形式的吊顶中更为严重。考虑到局部集中荷载的影响，对于荷重较大或需上人检修的吊顶，通常采用以角钢（或圆钢）代替轻便吊筋的方法来解决。比较好的方法是模仿上人吊顶的处理方式，加设一层主搁栅，以此为承重杆件，使局部变形问题得到很好的解决。

对于龙骨兼卡具的轻型条板吊顶来说，一般不宜在其特制龙骨上直接悬吊灯具与送风口等设备，而应将悬吊灯具与送风口直接与建筑结构进行固定，必要时可以采用加设U形大龙骨的方法解决。

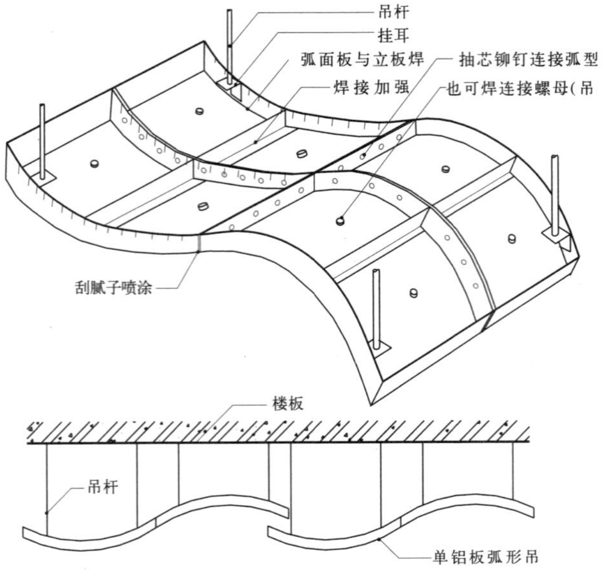

图 2-23　弧形单铝板吊顶示意

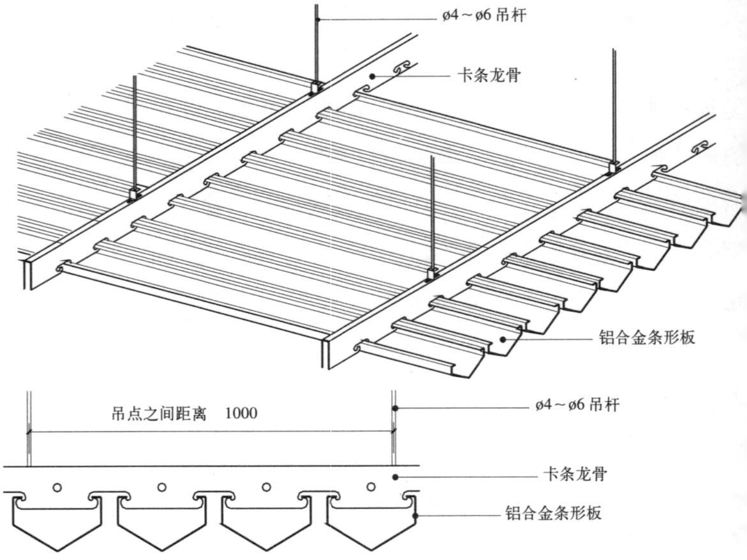

图 2-24　金属条板与龙骨组装示意

对于弧形金属条板的吊顶也都有成品的龙骨和条形板材，但由于顶棚面积大，使用的龙骨及条形板材多，因此，在吊顶加工时应按设计要求预制弧形模具，再对吊顶龙骨或条板进行弧形处理，以保证弧形吊顶的完美统一。

b.金属方板顶棚构造

金属方板顶棚在装饰效果上别具一格，而且在顶棚表面设置的灯具、风口、喇叭等易与方板协调一致，使整个顶棚表面组成有机整体。另外，采用方板吊顶时，与柱、墙边的处理较为方便合理，也是其一大特点。如果将方板吊顶与条板相结合，更可取得形状各异、组合灵活的效果。当方板顶棚采用开放型结构时，还可兼起吊顶的通风效能。

金属方板安装的构造有搁置式和卡入式两种。搁置式多为T形龙骨，方板四边带翼，搁置后自然形成格子形离缝。卡入式的金属方板卷边向上，形同有缺口的盒子形式，一般边上轧出凸出的卡口，卡入有夹簧的龙骨中，如图2—25所示。方板可以打孔，再在上面衬纸后放置矿棉或玻璃棉的吸声垫，形成吸声顶棚。方板亦可压成各种纹饰，组合成不同的图案。

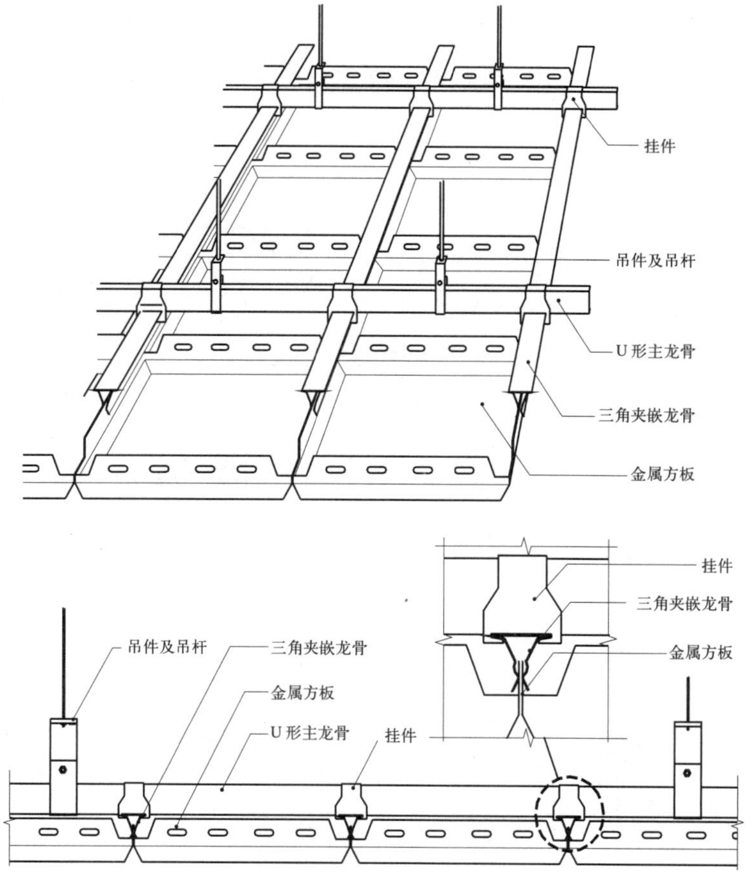

图 2-25　金属方板与龙骨组装示意

另外，当吊顶承受的荷载在 50N/m^2 以下时，可省去U形大龙骨，而将吊点直接挂在主龙骨上。

在金属方板吊顶中，当四周靠墙边缘部分不符合方板的模数时，可不采用以方板和靠墙板收边的方法，而改用条板或纸面石膏板等材料处理，同时也能取得更加丰富的装饰效果。

c.金属挂片吊顶构造

采用特殊的金属吊顶板，称为金属挂片或称垂梁式金属吊顶板，与特制的金属吊挂龙骨相配合，板条作立式安装而成垂直状，组成充分展示其平列长条形图案效果的开敞式吊顶饰面，如图2—26所示。该吊顶吊挂龙骨的设置中距及吊点间距通常小于等于1500mm，可采用配套的轻型吊件。

金属成品挂片中，还有采用铝合金板制成矩形小块，与配套的挂片小龙骨用挂片卡子竖直吊挂，挂片密排并旋转任意方向组成吊顶平面图案。矩形小挂片的底边可处理成斜边、水平边，或上凹或下凸的圆弧边等，按规律吊挂及纵横固定为页片方向交叉有致的顶棚装饰花形后，即成为新颖的挂片式吊顶。还可以根据需要，将挂片预制成其他形状。挂片还可采用其他材料制成。

金属吊顶的形式较多，但基本结构相近，故安装时见具体设计及产品说明书即可，这里不再一一介绍。图2—27所示为各种不同形式金属板与龙骨组装示意图。

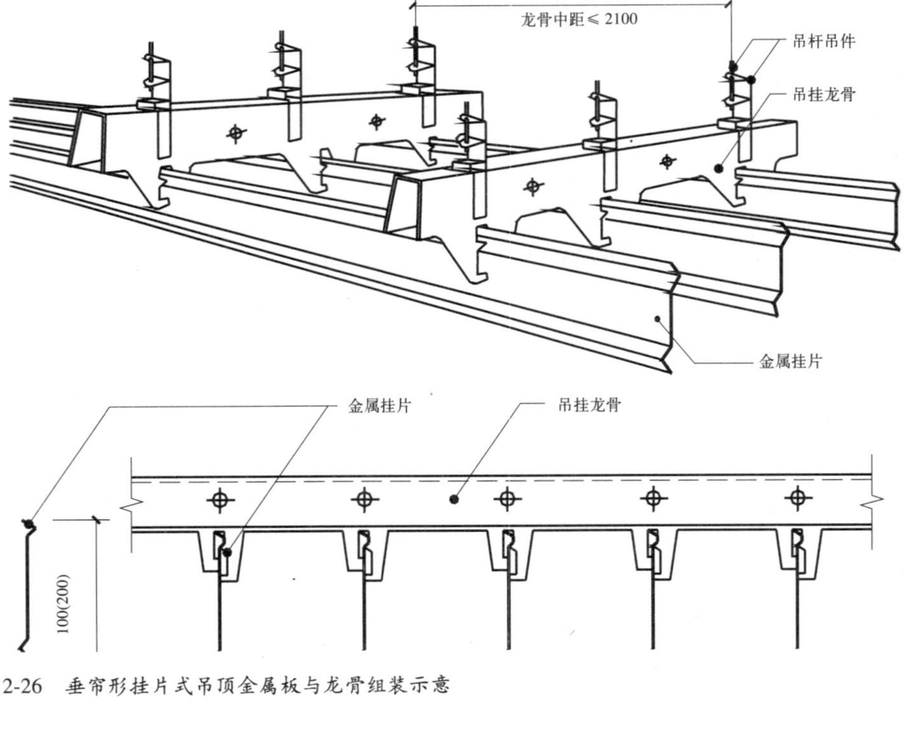

2-26　垂帘形挂片式吊顶金属板与龙骨组装示意

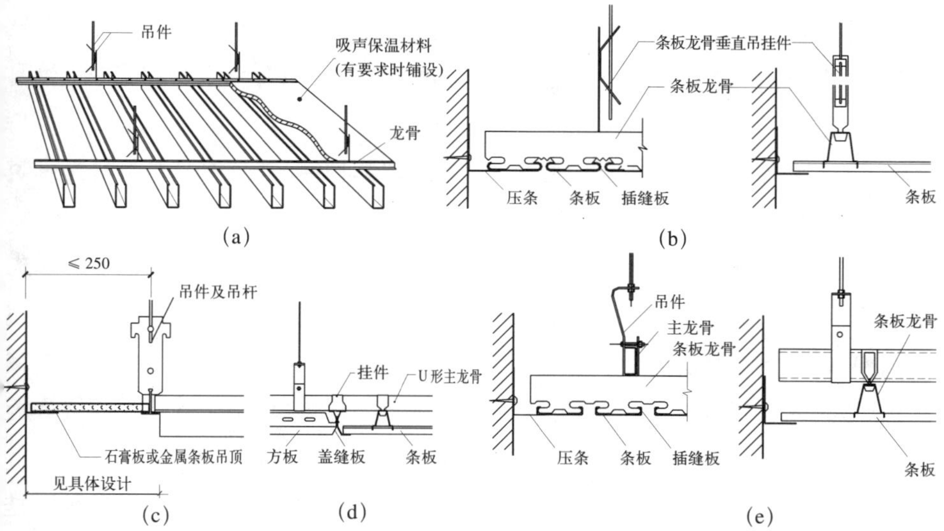

图 2-27　金属板与龙骨组装示意
(a) 金属条形板与龙骨组装；(b) 端部处理节点大样；(c) 方板与条板组合吊顶结合部构造；
(d) 金属方板的嵌入式吊顶；(e) 增加U型大龙骨做法

(3) 格栅类顶棚装饰构造

格栅类顶棚也称开敞式吊顶。它是在藻井式顶棚的基础上,发展成的一种独立的吊顶体系。这种吊顶既形成了一个整体又不做罩面封闭，既具有独特的美观效果又可以使室内空间顶部的照明、通风和声学功能得到较好的满足与改善。

格栅类吊顶的安装构造，大体分为两种类型：一种是将单体构件固定在可靠的骨架上，然后再将骨架用吊杆与结构相连。这种方法一般适用于构件自身刚度不够、稳定性较差的情况下。另一种方法是采用轻质高强材料制成的单体构件，不用骨架支持，而直接用吊杆与建筑结构相连(如空腹型铝合金格栅)。这种预拼装标准构件的安装要比其他类型的吊顶简单，而且集骨架和装饰于一身。在实际工程中，为了减少吊杆的数量，通常采用了一种变通的方式，即先将单体构件用卡具连成整体，再通过通长的钢管材与吊杆相连（彩图 24～彩图 26)。

1）木质格栅吊顶构造：用木板、胶合板加工成单体构件，组成格栅式吊顶在建筑装饰工程上应用也比较多。主要原因是其设计风格形式上的多元化，加之木板、胶合板具有易于加工成型、质量轻、表面装饰可选择的余地大等优点。木格栅加工通常在地面上加工拼装完成，然后再按设计要求托起悬吊。木构件间连接通常采用钉固、胶粘、榫接以及方木或铁件加强等方法。这种木格栅常用于酒店及餐厅等空间的装饰中（彩图 27)。

2）格栅：这种格栅材质以铝合金最为常见，一般是以每层 0.5mm 厚度的薄板加工而成，同一形式的构件的尺寸及厚度也不一样，色彩也较多可供挑选。这种金属格栅顶棚，对照明、吸声和通风均能营造良好的条件。在格栅上面设置灯具，还可以在一定角度下减少对人的眩光。成品拼装格栅质量很轻，安装也十分方便，用手轻轻一托就可就位。空腹型金属格栅常用在展厅和购物空间中，如图2-28所示。

3）灯饰格栅顶棚装饰构造：格栅式顶棚的单体构件，也有同室内的灯光照明布置结合起来使用的，有的甚至全部用灯具组成吊顶，形成别具一格的灯饰格栅。

将照明的灯具加以艺术造型，除了满足照度的要求外，本身也是吊顶装饰形式（彩图28）。

（4）软膜天花吊顶构造

软膜天花在19世纪起创于瑞士，后经法国人Farmland Scherrer于1967年继续研究完善并成功推广到欧洲及美洲国家的天花市场，1995年初进入中国市场。由于软膜天花材料能配合设计师设想创造出不同的平面和立体的形状，并有多种颜色和面料可以选择，软膜天花目前已日趋成为异型吊顶材料的首选材料，是装饰业的时尚。目前国内已有一些企业引进此项生产工艺和安装技术，其工艺和质量也已日趋完善。

软膜采用特殊的聚氯乙烯材料制成，厚度为0.15mm，通过一次或多次切割成型，并用高频焊接完成。软膜需要在实地测量出天花尺寸后，在工厂里制作完成。

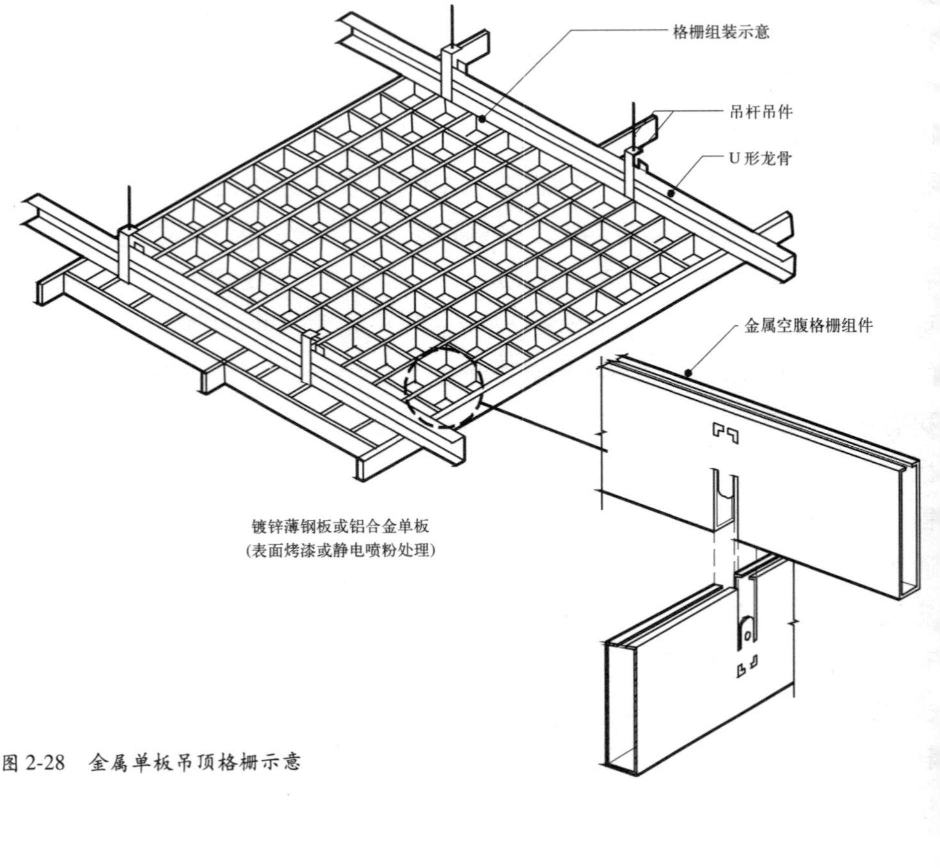

图2-28 金属单板吊顶格栅示意

软膜材料的特点：

1）强大的造型功能：突破传统天花的造型模式，软膜材料改变小块拼装的局限性，可通过高频焊接大块使用，具有完美的整体效果。

2）造型随意多样：软膜材料可根据龙骨的弯曲形状确定天花的整体造型，能制成多种平面和立体的形状，使装饰效果更加丰富。见彩图106～彩图111。

3）色彩多样：软膜材料有多种颜色和面料选择，并且还可喷涂所需的图案，适用于各种场所。

4）完美的环境光：软膜材料不但品种的质感、颜色丰富，还有透光的面料，能有机地同各种灯光系统（如霓虹灯，荧光灯）结合，在封闭的空间内透光率为75%，能产生出更完美、更独特的光环境效果。

5）理想的声学效果：软膜材料经有关专业院校的相关检测，软膜天花对中、低频声有良好的吸声效果；冲孔面料对高频声有良好的吸收作用，完全能满足音乐厅、会议室等空间的使用，符合国家标准。

6）节能功能：软膜材料是用聚氯乙烯材料做成，拥有卓越的热绝缘功能，能大量减低室内温度的波动，尤其是经常需要开启空调的地方，从而有效减少能源消耗。

7）防火级别：软膜材料防火级别为B1级，遇到明火后只会自身熔穿，并且于数秒钟之内自行收缩，直到离开火源，不会释放出有毒气体或溶液伤及人体和财物，符合国家防火规范标准。

8）防水功能：软膜天花是用经过特殊处理的聚氯乙烯材料制成，能承托200kg以上的水而不会渗漏和损坏，并且待水清除完毕后，软膜仍完好如新。软膜材料表面经过防雾化处理，不会因为环境潮湿而产生凝结水。

9）方便安装和拆卸：软膜天花可直接安装在墙壁、木方、钢结构，石膏间墙和木间墙上，适合于各种建筑结构。龙骨只需用螺钉按照一定的间距均匀固定即可，安装十分方便。在整个安装过程中，不会有溶剂挥发，不落尘，不会对室内的其他结构产生影响，甚至可以在正常的生产和生活过程中进行安装。在相同面积下，安装和拆卸时间只相当于传统天花的1/3。

10）安全环保：软膜天花用最先进的环保无毒配方制造，不含镉，乙醇等有害物质，使用期间无有毒物质释放，可100%回收。完全符合当今社会的环保主题。

软膜天花的组成及构造：

龙骨　采用铝合金挤压成型，其防火级别为A级。其作用是扣住天花软膜。有四种型号，适用于不同的造型。

扣边条　半硬质，用聚氯乙烯挤压成型。其防火级别为B1级。被焊接在天花软膜的四周边缘，便于天花软膜扣在专用龙骨上。

软膜　采用特殊的聚氯乙烯材料制成，分为六种类型即光面、缎光面、透光面、基本膜、绒面、金属面和冲孔面。软膜为度身定做产品，如图 2—29 所示。

软膜天花在安装时采用铝合金经过机械挤压成所需形状，然后利用支架固定在工程安装的部位，即可完成所需的任何空间结构要求。铝合金专用龙骨其作用是扣住天花软膜，有扁码、F 码、双扣码、明码等四种型号，适用于不同的造型。

扁码可以横向弯曲，适用于圆形、弧墙、包柱等特殊造型，以及各种平面造型，尤其适合沿墙安装。

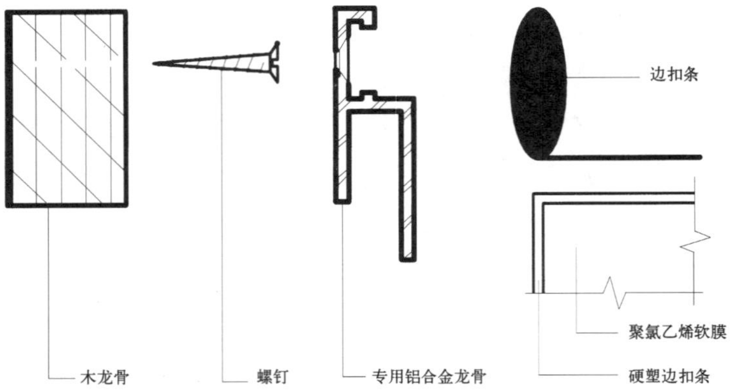

图 2-29　软膜天花的组成

F 码可以完成纵向弯曲，能做波浪形、弧形、穹形、喇叭形等造型，并且适用于各种平面、斜面造型，用途极为广泛。

双扣码主要做软膜和软膜之间的连接，可以纵向弯曲，能做波浪形、弧形、穹形、喇叭形等造型，并且适合各种平面、斜面造型。

明码不可以弯曲，特点是没有其他龙骨的接缝。主要适用于各种平面，其形状如图 2—30 所示。

异形：需要底架固定龙骨，将底架做成设计上要求的造型，底架可以是木方或钢结构。与龙骨接触的一面必须光滑，平整。底架材料的宽度以相应的龙骨宽度为准。

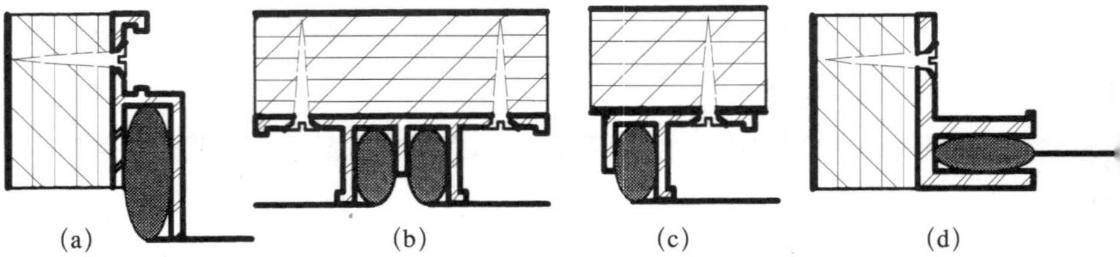

(a)　(b)　(c)　(d)

图 2-30　铝合金专用龙骨

(a) 扁码；(b) 双扣码；(c) F 码；(d) 明码

软膜柔性天花的专用龙骨除铝合金型材之外，还有由PVC材料制成的专用龙骨及配套型材，其使用更为方便，其安装构造基本原理及方法与铝合金专用龙骨相同，安装基本构造如图2—31所示。

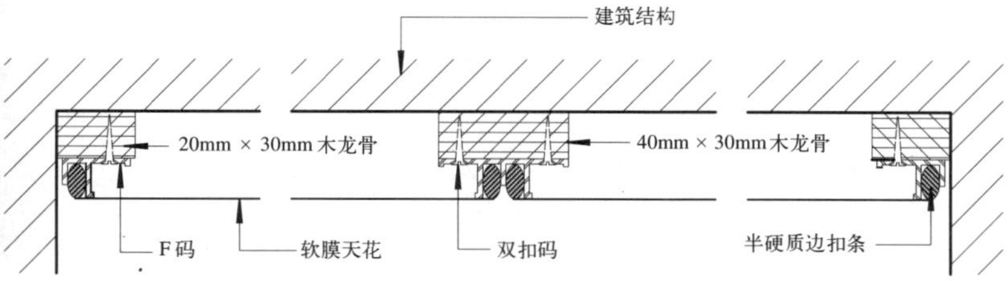

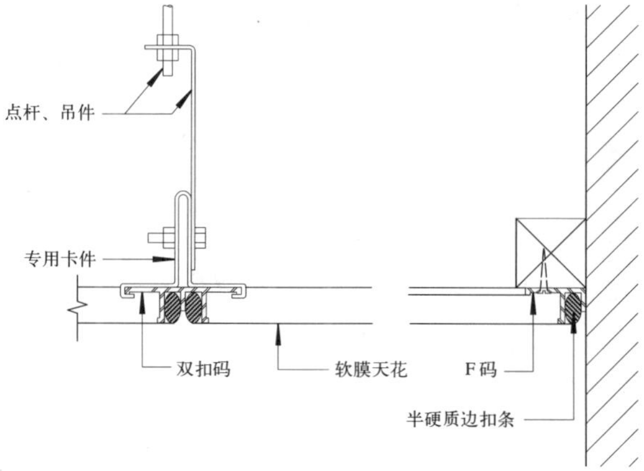

图2-31　软膜柔性天花安装构造图

复习思考题

1. 什么是直接式顶棚？什么是悬吊式顶棚？
2. 简述悬吊式顶棚的组成。
3. 简述轻钢龙骨纸面石膏板的特点及安装工艺。
4. 简述矿棉吸声板吊顶的安装做法。
5. 金属板吊顶的特点是什么？

第三章
楼 地 面 装 饰 构 造

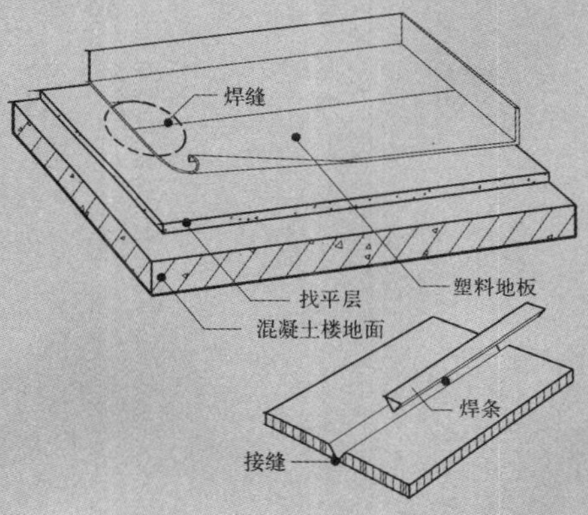

第三章 楼地面装饰构造

楼地面是楼屋面层和地层面层的总称，是人们日常生活、工作、生产、学习时必须接触的部分，也是建筑中直接承受荷载，经常受到磨擦、清扫和冲洗且使用频繁的部分。因此，楼地面装饰设计是室内外环境设计的重要组成部分，它除了满足基本使用功能要求外，还应满足视觉效果要求，甚至满足触觉要求。

3.1 楼地面装饰的设计原则

楼地面装饰的目的有两个方面：其一是满足基本的使用功能要求；其二是创造一定的视觉效果，提高建筑室内外环境质量，即满足装饰方面的要求。

3.1.1 基本使用功能要求

对楼地面装饰的要求，因房间的环境功能不同和建筑标准不同而有所差异，主要有以下几方面：

（1）基本使用条件要求

楼地面应表面平整光洁，便于清扫，应有必要的强度、耐磨损性和耐冲击性。首层地面还应具有一定的防潮性能。对于楼面则均应有防渗漏的性能。

（2）隔声要求

建筑隔声包括隔绝空气传声和隔绝撞击声两个方面。空气传声根据质量定律，当楼层的质量较大时，对空气声的隔绝效果较好，并有助于防止发生共振现象。对于撞击声的隔绝，基本原理就是要减小影响下层结构的振动能量。常见的隔声措施有三种：一是采用弹性垫层处理，也称浮筑楼层；二是采用空气夹层处理；三是采用弹性面层。前两种做法施工复杂，造价较高。随着弹性地面装饰材料的发展，后一种做法以其隔声效果好、构造施工简单、造价低而得到广泛应用。当然对于整个楼层的隔声而言，还可以利用楼板下的吊顶处理增加隔声效果。

（3）吸声要求

这一要求对创造良好的室内声环境，尤其对空间较大、使用人数较多的公共建筑，控制室内噪声具有积极的功能意义。一般来说，表面致密光滑、刚性较大的楼地面层，如磨光石材、水泥、瓷砖等对声波反射的能力较强，基本上不具备吸声能力。而各种软质弹性楼地面材料吸声能力较强（例如化纤地毯的平均吸声系数可以达到55%左右），因此对于设计标准较高，室内音质控制要求比较严格的建筑应注意选择多孔隙地面罩面材料。

（4）弹性要求

楼地面装修饰面层的弹性大小直接影响人的脚感舒适程度，标准高的建筑装饰应尽可能采用具有一定弹性的材料作为楼地面饰面层，这不但使人行走舒适，而且对吸声减振、隔绝撞击传声都很有利。对于某些专业性较强的场所，如舞台、健身房、体育馆等地面，其地面饰面层的弹性会提出更加具体的特殊要求。

（5）热工性能要求

对于我国北方寒冷地区的冬季采暖性建筑，地面层和温差较大的楼层均应进行保温设计，使其能够达到足够的热阻效应。此外，楼地面采用热导率较小的材料时如木地面、橡胶材料、地毯等，人们在寒冬时还能减少脚下冰冷的感觉。

（6）其他特殊功能要求

根据建筑的使用性质不同，某些特殊用途的房间还会对楼地面装饰提出特殊要求，例如浴室、厨房、卫生间等对地面的防水要求，化学实验室对楼地面的耐酸碱性要求，冷库、太阳房对地层的高保温要求，电台播音室对楼地面的高隔声要求，计算机房对楼地面的防静电要求，其他还有防滑、防尘、防菌、防射线等特殊功能要求。

3.1.2 建筑装饰功能要求

楼地面装饰是室内环境设计的重要组成部分，在室内设计时要紧密结合室内空间的形态、家具陈设、交通流线及建筑的使用性质等因素，综合计划其色彩环境、质感效果和纹理结构。还要与墙面、顶棚装饰统一考虑其关联性，互相补充，而不是将楼地面自成体系单独设计。楼地面对室内家具和陈设起着很重要的烘托陪衬作用。简而言之，采用不同质地、色彩及图案的地面装饰，会直接影响室内环境气氛与风格的体现。

3.2　楼地面装饰的组成分类及构造

3.2.1　楼地层的组成

楼地面一般由基层、垫层和面层三部分组成，如图 3–1、图 3–2 所示。

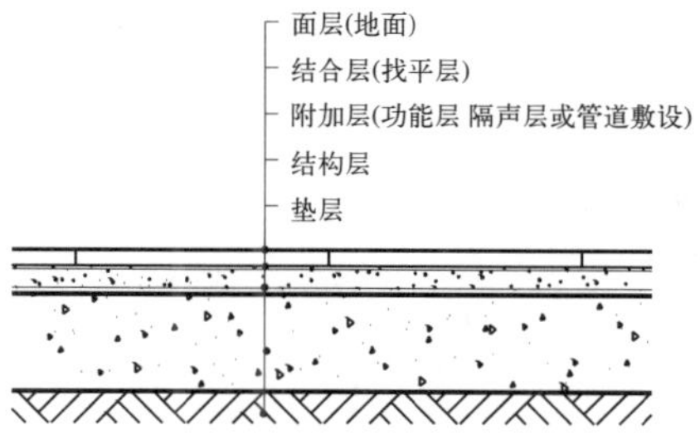

图 3-1　实铺地层的组成

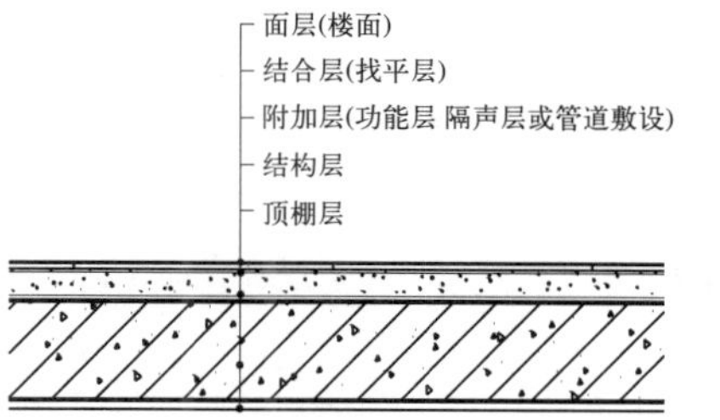

图 3-2　楼层的组成

1. 基层

基层的作用在于承受其上面的全部荷载，它是楼地面的基体，因此，要求基层要坚固、稳定。地面的基层多为素土或加入石灰、碎砖的夯实土。施工时要求分层夯实，一般每铺 300mm 厚应夯实一次。楼面的基层是楼板。

2. 垫层

垫层位于基层之上、面层之下，是承受和传递面层荷载的构造层。楼层的垫层，还具有隔声和找坡的作用。根据材料性质的不同，垫层分为刚性垫层和非刚性垫层（又称“柔性垫层”）两种。

刚性垫层的整体刚度好，受力后不产生塑性变形。刚性垫层的材料一般采用C7.5～C10混凝土。这种垫层多用于整体面层下面或小块的块料面层下面。

非刚性垫层无整体刚度，受力后会产生塑性变形，它一般由松散的材料组成，如砂、碎石、炉渣、矿渣、灰土等。

3. 面层

又称“表层”或“铺地”，是楼面的最上层。它是人们生活、生产或工作直接接触的结构层次，也是地面承受各种物理化学作用的表面层。因此，根据不同的使用要求，面层的构造也各不相同。然而无论何种构造的面层，都应具有耐磨、不起尘、平整、热工、隔声、防水、防潮等性能。

楼地面装饰的材料及构造做法很多，可以从不同角度对其进行分类。装饰工程上常按所使用的面层材料对其命名和分类，比如水泥砂浆楼地面、瓷砖楼地面、水磨石楼地面、石材楼地面等。这种分类方法比较直观易懂，但由于材料品种繁多，因而显得过细过多，缺乏归纳性。

楼地面也可以根据构造方法和施工工艺的不同来分类，可分为整体地面、块材地面、木地面和人造软制品地面等。例如，现浇水磨石地面属于整体地面，而预制水磨石板材地面则属于块材地面。

为了便于学习和掌握装饰技术规律，我们先以后一种方法归类，再在分类中根据面层材料的不同，有选择地加以介绍。为了叙述方便，以下将楼地面统称为“地面”。

3.2.2 板块材地面构造

板块材地面是指用胶结材料将预加工好的板块状地面材料（如大理石板、花岗石板、陶瓷质地砖、陶瓷锦砖、水泥花砖等）用铺砌或粘贴的方式，使之与基层连接固定所形成的地面。这一类地面尽管面层材料使用性能和装饰效果各异，但其基层处理和中间找平层、粘结层材料的要求和构造做法较为相似。

板块材地面铺地材料的共同特点是坚硬、光滑、耐磨、耐水，易保持清洁，且品种花色多样，装饰性较好，属中高档地面。但也存在冷、硬、不吸声、造价偏高、工效偏低的缺点。板块材地面铺地材料通常用在人流量较大、耐磨损、保持清洁等方面要求较高的或比较潮湿的场所，比如商场营业厅、走廊、卫生间等的地面。一般来说，除在南方较炎热的地区外，不宜使用于居室、酒店客房等地方，也不宜用于人们需要长时间逗留、行走或需要保持相对安静的地方。

1. 陶瓷地砖类地面

（1）陶瓷质地砖

系由黏土或其他非金属原料，经成型、高温烧制而成，具有表面致密光滑、质地坚硬、耐磨、耐酸碱、防水性能好、抗折性能强等特点。目前，陶瓷地砖有普通陶瓷地砖、全瓷地砖及玻化砖三种类型，在每一类中又根据地砖的加工原材料和方法的不同细分出如亚光、彩釉、渗花、抛光、石抛光、耐磨、防滑、抛光镜面、超微粉等许多类，另外还有超强超厚耐磨玻化砖、防滑拼花地砖、微晶玻璃复合瓷质板材等等。陶瓷地砖的表面花色更是多种多样，纯色系列里有单色、双色、多色的；仿花岗岩抛光系列、仿石系列的地面砖，外观酷似花岗岩粗磨板或剁斧板和大理石等石材品种。陶瓷地砖同天然石材相比较，色域宽而色差小，在设计中能够最大限度地降低由于色差给设计师带来的麻烦，给设计师提供了更加丰富的设计元素。

（2）陶瓷锦砖（又名陶瓷马赛克）

是由高温烧制而成的小型块材地面材料。根据它的花色品种，可拼贴成各种花纹图案，故名“锦砖”。这种面砖表面光滑、质地坚实、色泽多样、经久耐用、并且具有耐酸碱、耐火、耐磨、不透水、易清洗等特点。近年来随着科学技术的进步，陶瓷锦砖的设计和生产得到很大的提高和发展，增添了很多新的颜色和品种规格，它的最小规格尺寸仅为10mm × 10mm。由于它的尺寸范围很广，所以可以用它拼出许多精美的造型图案，拼花组合千变万化。著名的设计师季裕堂先生利用陶瓷锦砖的特点以中国书法为元素拼组成的地面，再现出了中国书法文化，设置在餐厅大堂，充分烘托出了主题餐厅气氛（彩图29）。陶瓷锦砖的另一特点是可以和其他块材结合铺装（如大理石、花岗石），使地面的形式更加丰富活泼。这种设计方式被广泛用于酒店、餐厅、游泳池、洗浴中心等商业空间。

（3）陶瓷类地面装饰构造

陶瓷类地砖，其类型有釉面地砖、无光釉面地砖和无釉防滑地砖及抛光同质地砖（如玻化砖、通体砖、釉面砖等）。铺装的找平层用1：3水泥砂浆打底，一般铺设厚度不小于20mm。铺砖时的粘结层采用干硬性砂浆，其配比一般为1：2.5～3（水泥：砂）。待砖敲平试铺后揭起，在干硬性水泥砂浆上浇适量素水泥浆，同时在砖背面刮聚合物水泥膏，再将砖放回敲实铺严。在经过养护后用白水泥与矿物原料调成所需颜色的水泥膏或1：1水泥砂浆进行面层勾缝。

由于陶瓷锦砖规格较小，一般都由工厂预制，预制时按设计好的图案将小锦砖正面贴在一定尺寸的牛皮纸上，成为300mm × 300mm或600mm × 600mm的大张，块与块之间留有1mm的缝隙。铺地时陶瓷锦砖整张铺贴后，用滚筒压平，待砂浆硬化后，用草酸洗去表面的牛皮纸然后再用白水泥擦缝。

陶瓷类地面材料均属于刚性块材，在构造与工艺上要解决的问题一是平整度和线形规则，二是粘结牢固。为此构造上要求有找平层、粘结层和面层。其构造做法如下：

1）找平层

找平层是面层与结构层的过渡层。其作用主要为解决结构层表面的平整度。依据结构板的表面平整状况，找平层的厚度一般为20～30mm。对于有坡度的楼地面，应在找平层找好坡度。

找平层所用材料一般是配比为1∶3或1∶4（体积比）的普通水泥砂浆或干硬性水泥砂浆，铺设厚度一般不小于20mm。干硬性水泥砂浆具有水分少、强度高、密实度大，在凝结硬化过程中收缩率小的优点，是较大面积地面砖铺装找平层的首选材料。

2）粘结层

粘结层用以保证找平层和面层之间的粘结牢固。在粘结层影响粘结质量的因素有两方面：一是粘结面积和形式，二是粘结材料的粘结力。为增加粘结面积和加强咬接力，瓷质地砖和彩釉的背面均做了一些凹槽。由于找平层的水泥砂子配比，粘结力并不是很高，所以对于用找平层作为粘结层的施工方式，要在湿润的找平层上撒素水泥灰粉，以提高找平层表面的粘结力，然后再在上面铺贴地砖。另一种施工方式是待找平层有一定的硬度后再铺贴面层。这种方式是依地砖的材质情况分别用2～3mm厚1∶1水泥砂浆（或素水泥浆、聚合物水泥浆等），涂抹在瓷砖的背面，然后把它铺设在地面上压实。需要指出的是，地砖面积越小，背面越光滑，吸水率越低，则越应加强粘结层的粘结力，比如陶瓷锦砖比彩釉地砖对粘结层的粘结力要求要高一些。

增大粘结层的粘结力，可以采用增加水泥比例，提高水泥标号的办法，还可以在水泥浆或水泥砂浆中加入适量108胶（聚乙烯醇缩甲醛），这样可以明显地提高水泥砂浆的粘结力。具体的做法是在水泥浆中渗入水泥重量3%～5%的108胶，其粘结强度可分别提高67%～136%。同时，加入108胶对水泥还有缓释作用，给施工操作带来方便。

陶瓷类地砖灌缝一般用白水泥或白水泥与颜料调配成与锦砖面层颜色相同的素浆（或成品配套的填缝剂）擦缝。陶瓷类地面装饰构造如图3-3所示。

3）面层

面层的构造，主要是板与板之间的接缝设计问题。既要考虑视觉效果，也要考虑地砖的精度和操作工艺。陶瓷类地砖铺设缝有密缝和离缝两种方式。密缝铺贴时，缝宽不大于1mm；离缝铺贴时，缝宽一般不宜超过10mm，离缝最小的尺寸也要大于地砖自身的误差，否则将不能保证接缝的顺直。

陶瓷类地面构造做法归纳见表3-1、表3-2（表内所注的做法也适用于陶瓷锦砖）。

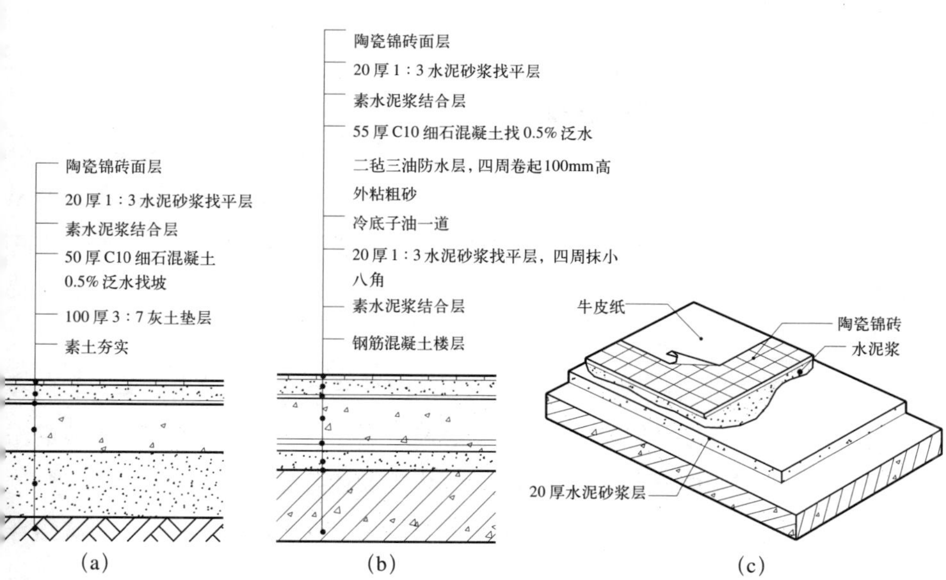

图3-3　陶瓷锦砖楼地面构造
(a) 地面做法示意图；(b) 楼面(有防水要求)做法示意图；(c) 铺设构造示意

陶瓷地砖地面构造做法　　表3-1

构造层次	做　法	说　明
面　层	8～10厚陶瓷地砖，干水泥擦缝	地砖规格品种、颜色及缝宽见工程设计，要求宽缝时用1∶1水泥砂浆勾平缝
结合层	撒水泥面（洒适量清水）	
找平层	不小于20厚1∶3干硬性水泥砂浆	
结合层	刷素水泥浆一道（内掺建筑胶）	
垫　层	60厚C10混凝土垫层 150厚卵石灌M2.5混合砂浆或150厚3∶7灰土	
基　土	素土夯实	

陶瓷地砖楼面构造做法　　表3-2

构造层次	做　法	说　明
面　层	8～10厚陶瓷地砖，干水泥擦缝	铺地砖品种、规格、颜色及缝宽均由设计人员定
结合层	撒水泥粉（洒适量清水）	
找平层	不小于20厚1∶4干硬水泥砂浆	
填充层	40～60厚C20细石混凝土垫层（敷设管线时根据需要调整）	
楼　板	现浇钢筋混凝土楼板	

2.天然石材板地面

(1) 材料特点及选用原则

建筑装修中所用的饰面石材包括天然石材和人造石材。天然石材主要有大理石和花岗岩两大类。由于大理石和花岗岩具有丰富的色彩、美丽的花纹和很好的光泽度以及优良的物理力学性能，作为铺地、贴墙的优质饰面材料被广泛应用于高级建筑装饰中。

1) 大理石

大理石属变质岩，由石灰岩或白云岩矿物组成，主要矿物成分为方解石和白云石。由于大理石含有多种矿物质，故常呈多种色彩组成的花纹，石板表面经磨光抛亮后，光洁细腻、纹理自然、如脂似玉。大理石还可加工成亚光板，更显雅致大方。在装饰设计中常常利用大理石同一材质不同光洁度质感的特点，将其结合使用，通过对比产生出不同凡响的效果。由于大理石的主要成分为碱性碳酸钙，易被酸侵蚀，所以其抗风化性较差。除个别品种（如汉白玉、艾叶青等）外，一般不宜用作室外建筑环境的装饰。基于以上特性，大理石宜于用在人流量相对较少的高级场所的地面，如宾馆、饭店、博物馆、银行等（彩图30）。

2) 花岗石

花岗石系岩浆岩（火成岩），其主要矿物组成为长石、石英及少量暗色矿物和云母等。花岗石是全结晶石，按结晶颗粒大小不同，常分为细粒、中粒和斑状等。其颜色取决于所含长石、云母及暗色矿物的种类和数量，花岗石板材常呈灰色或红色。

花岗石密度大，抗压强度高，空隙率小，吸水率极低，材质坚硬，具有优异的耐磨性和化学稳定性，但也有加工困难、不耐火和极个别品种含有微量放射元素的缺点。

花岗石板材按表面的加工方式可分为磨光板、粗磨板、火烧板、剁斧板和机刨板五种。最为常用的是磨光板、火烧板和机刨板，磨光板较火烧板等琢石板材色彩的饱和度高，且明度深。了解这一特点对装饰设计的色彩搭配有较大帮助。

(2) 饰面石材装饰构造及工艺

由于地面石材与陶瓷类地砖均属刚性块材，所以在构造和施工工艺之间有大同小异之处。这里重点谈一下饰面石材地面装饰在构造工艺上的独特之处，如图3-4所示。

1) 找平层

找平层的作用是控制标高、控制平整度和粘结层。材料质量比为1：(3～4) 的干硬性水泥砂浆，根据结构层平整度，找平层厚度一般为20～30mm，干硬性水泥

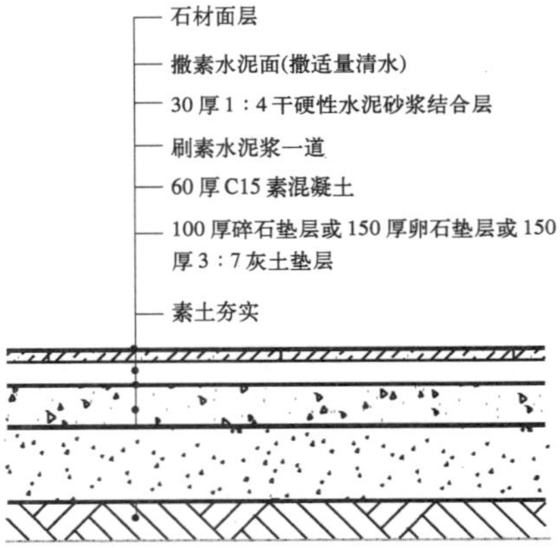

(a)

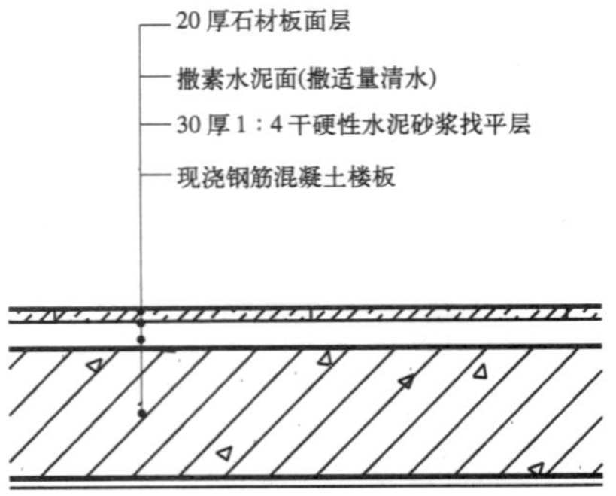

(b)

图3-4 大理石、花岗岩楼地面构造
(a) 地面做法；(b) 楼面做法

砂浆密实度大而干缩性小，若直观检查以手捏成团落地成花即可。另外，使用干硬性水泥砂浆对于保证其未凝结前的体积稳定，防止厚重的面板下沉也有一定的好处。找平层通常采用虚铺方式，虚铺厚度应比标高控制线高出3～4mm为宜。

找平层施工之前，要清理结构层并刷素水泥浆一道。

2）选板、铺贴

大理石板由于其材质构成的不均匀性，即使是同一矿区生产的板材，板材之间的色彩、纹理也不会完全一样，比如同是将军红石材板面，纹理就有点状和线状的之分。因此，大理石板在铺贴之前一定要进行选板，编号放置，以保证接缝处色彩纹理的协调过渡。

为保证找平层和石板的粘结，试铺之后，在敲实的干硬性水泥砂浆上浇一层水灰比为0.4～0.5的素水泥浆结合层，厚约0.5mm，然后铺放板材，压平敲实即可。石板面层缝宽度不应大于1mm。石材地面具体的铺贴过程如彩图31～彩图34所示。

3）后期处理

板材铺贴完毕后次日，用与面材板同颜色的素水泥浆抹缝，然后用干净锯末将面层擦净擦亮。

3.人造石材板地面

人造石材的表面色彩和纹理或模仿天然石材或自行设计均很美观大方，富于装饰性。人造石材强度高、耐磨、耐腐蚀，某些理化指标和稳定性甚至超过天然石材。其中微晶石就是人造石材中一种新型美观的装饰板材。

微晶石板材表面华贵典雅、色泽艳丽，具有耐磨损、耐风化、耐高温、不褪色、无放射性污染及良好的电绝缘等性能，其各项理、化、力学性能指标，均优于天然石材。目前已在国内许多大型公共建筑中使用，获得了令人满意的效果。

微晶石板材的种类有抛光板和琢石面板两种。

由于微晶石与水泥砂浆的膨胀系数（表3–3）有很大差异，如果采用一般的石材湿贴工艺做法，会因水泥砂浆固化时产生过大应力而导致板材开裂，因此铺设微晶石地面板材时，应特别注意铺贴时的水泥砂浆的配比和粘贴方式。

微晶石市面板材施工时找平层应采用水泥强度等级不大于32.5级、材料质量比为1：4～5的干硬性水泥砂浆，砂浆中要掺入锯末（锯末要用长度为3～5mm细

各种材质热膨胀系数对比表 **表3-3**

	微晶石	混凝土	花岗岩	水 泥	水泥砂浆
热膨胀系数∞（×10^{-7}/℃）	00.0	100	100	122	122

注：以天标牌微晶石饰面板材为例。

锯末），掺入量干基重量比为砂浆（及水泥素灰）：锯末 =22：3，尽量做到配合比准确，无锯末时可用蛭石替代。砂浆厚度为 20～30mm 并将砂浆分割成小于等于 300mm × 300mm 的方格（用不小于 20mm × 20mm 的木条置放砂浆中，待面层板试铺砂浆敲实后将木条取出），待敲实干硬水泥砂浆后铺放面层板（粘贴时面层板背面先抹一层掺有锯末的素水泥浆），压平敲实即可，如图 3-5 所示。

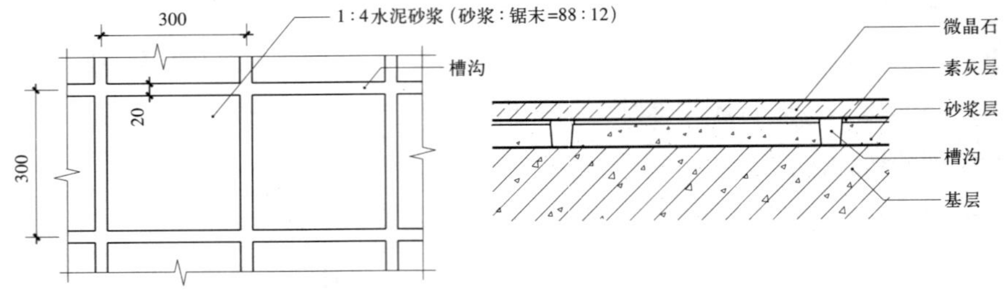

图 3-5　微晶石地面构造示意

微晶石饰面层铺贴时所用水泥要求稳定性好，禁止掺入石灰、石膏，禁用火山质水泥、矿渣水泥，禁用早强快硬型水泥。

3.2.3　木地面构造

木地面是指楼地面的面层采用木板铺设，在其上面再涂油漆、打蜡饰面的木板楼地面。

1．木质地面的基本类型

（1）木质地面有多种形式，按材质分有软木地面、硬木地面。

1）软木：软木中含有许多束状小气柱，因而具有良好的隔热、隔声、消声性能，将木材经过真空抽取出细胞中的空气注入防腐剂溶液然后，再经过高压处理迫使防腐剂压入木材细胞中，这样处理后木材可以有效的抵御虫害和腐蚀（硬木纤维致密不容易处理）。经过处理加工制成的板材，表面可以上漆、打蜡抛光。软木地面多用于室外景观中的露台、花园、凉亭、人行步道以及室内要求安静和温暖的房间。

2）硬木：硬木地面在地面装饰中应用最为普遍，它具有良好的弹性、蓄热性和接触感，耐磨、不起灰、自重轻、易清洁、不泛潮、蓄热系数小及不老化，此外，木材表面纹理优美自然，经油漆打蜡之后形成的良好光泽，更显它高雅的美感。硬木地面广泛用于住宅、宾馆、健身房、体育馆的比赛场、剧院舞台等建筑的楼地面。

（2）木楼地面结构构造形式不同，有架空式、实铺式和粘贴式楼地面等。

1）架空式木地板：主要是指通过地垅或砖墩的支撑，使地面的搁栅架空搁置，地面下有足够的空间便于通风，以保持干燥，防止搁栅腐烂损坏。

2）实铺式木地板：是将木搁栅直接固定在结构基层上，而不用像架空式木地板那样，用地垅墙架空。实铺式木地板用于地面标高已达到设计要求的场合，是与架空式木地板相比较而存在的。由于实铺式木楼地面具有架空木地板的很多优点，且施工方便，所以实际工程中应用较多。

（3）按照基层的不同，木地面又可分作木基层木地板和水泥砂浆基层木地板两类。木基层木地板即表面由木板铺钉而成的地面，上述的架空木材板和实铺式木地板均属于木基层一类。水泥砂浆基层即通常所述的粘贴式木地面。这种地板是在钢筋混凝土结构层上做好找平层，再用粘结材料将各种木板直接粘贴而成。由于这种地板的板料通常是利用木材加工过程中剩余的短小木料再加工而成，因而较为经济，还可以在铺设过程设计出多种拼花图案，具有较好的装饰效果。

（4）按其使用的材质，木地面又可分为实木地板和复合木地板。实木地板是采用优质木材经加工处理制成的木地板，这种地板历史悠久，表面色彩雍容华贵，但资源耗费较大。复合木地板是一种新型的地面装饰材料，系以优质木材为面层板，用阻燃型胶合板为底层，采用胶粘热压复合而成。复合木地板工艺先进，即保持了天然木材纹理的自然美，又克服了木材易开裂、易翘曲等缺点，同时还节省了一定的自然资源。

2.木地板的装饰构造

木地板构造方式很多，有空铺式地面、实铺式地面、弹性地面、弹簧地面等多种做法，应用较为广泛的是实铺式木地面。

（1）实铺式木地面

实铺式木地面指在实体基层上铺设的木地面，例如在钢筋混凝土楼板上或混凝土基层上直接做木地面。这种做法构造简单，结构安全可靠，节约木材，所以被广泛采用。

实铺式木地面有搁栅式与粘贴式两种方法。

1）搁栅式实铺木地面

木搁栅（木龙骨）式实铺木地面是指在地面的混凝土结构层上，以实铺木搁栅架空面层的构造方式。这种地面的面层板可分为单层或双层铺钉，如图3－6所示。单层面层板做法是在固定的木搁栅上铺钉一层长条形硬木面板即可。双层做法是在木搁栅上先铺钉一层软质木毛板，然后在其上再铺一层硬木面板。双层做法承载力大，耐冲击性好，弹性也较大，是体育馆、健身房、舞台木地面的基本做法。

面层板双层做法按其面板形式，又可分为长条形和短块拼花两种形式。拼花式面层因使用短小木条，木材利用率高，加工方便，通过不同的组合，亦可以形成不同图案，具有很好的装饰效果。

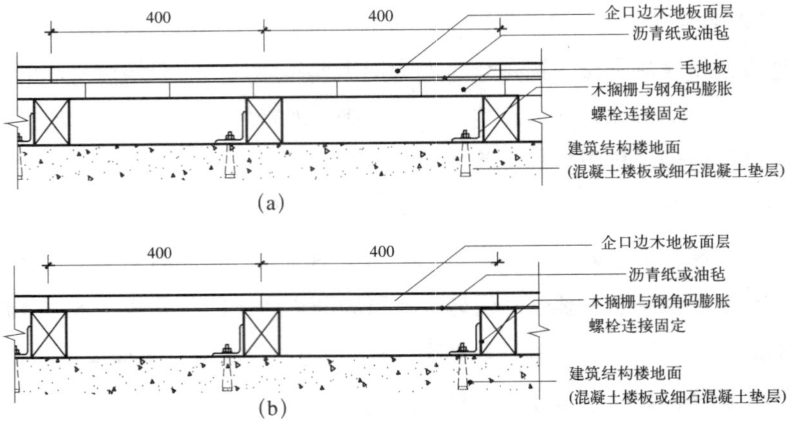

图 3-6　搁栅式实铺木地面构造示意
(a) 双层木地板构造示意图；(b) 单层木地板构造示意图

搁栅式实铺木地面构造工艺为：

①基层、防潮层

将地层的混凝土结构清理干净以后，一般要经过找平和防潮处理。找平可用质量比为 1：3 的水泥砂浆或细石混凝土，厚度依结构层的状况为 20～50mm，同时设置搁栅固定点。对于预制预应力空心楼板（PRC 板）或首层基底，可以通过垫层混凝土或豆石混凝土找平层，预埋镀锌铅丝或“Ω”形铁件。预埋方法如图 3–7 所示，也可用膨胀螺栓固定铁件（钢角码），如图 3–8 所示。对于现浇钢筋混凝土（RC 板）楼板，可用预埋镀锌铅丝或“Ω”形铁件，预埋件中距为 800mm。底层地面为了防潮，需在结构找平层上涂刷水乳型橡胶沥青一布二涂进行防潮层处理或涂刷冷底子油和冷涂沥青各一道。楼层宜进行一般性防潮处理，在找平层上涂冷底子油或冷涂沥青一道即可，它的作用是防止潮气浸入木楼地面层引起木材变形腐蚀等。

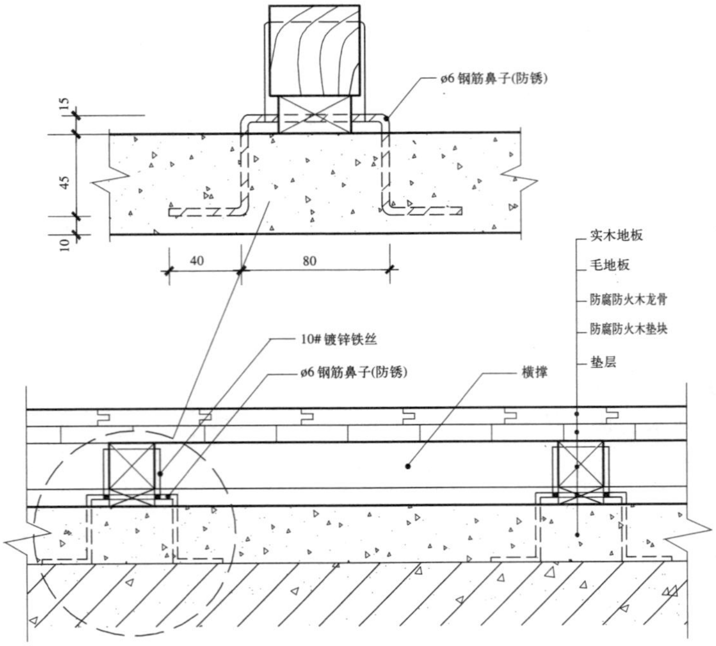

图 3-7　实铺木地板构造示意图

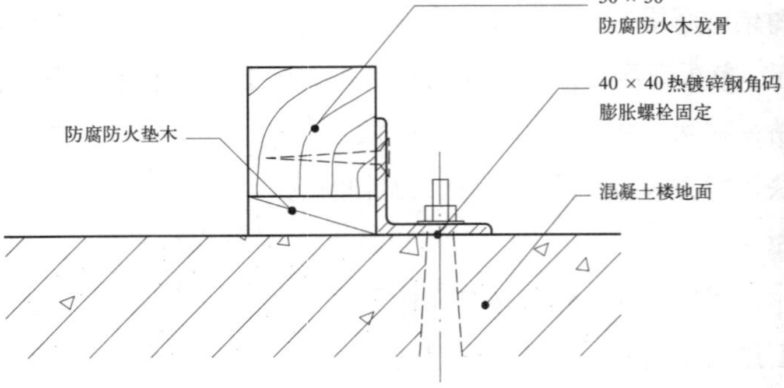

图 3-8　钢角码固定木龙骨

②木搁栅

木搁栅是木楼地面的支撑骨架，起着固定和架空面层板的作用，其断面尺寸一般为 50mm × 50mm 或 50mm × 70mm，中距一般为 300～400mm。为了木搁栅的稳定和增强整体性，除了用铁丝等与基层固定点紧固外，在隔栅之间还要加设 50mm × 50mm 断面横撑，中距 800～1200mm。为使木搁栅达到设计标高，必要时可以在隔栅下加木垫块，中距为 400mm。对于住宅等面积不大、层高不高的房间，木搁栅的截面也可适当减小。木搁栅借预埋在结构层内的“Ω”形铁件嵌固或镀锌铁丝扎牢。木材处于时干时湿时的状态下很易腐朽，例如在首层（无地下室）铺装木地板，虽然板底有混凝土垫层但不防潮，木地板很易吸收基土中的潮气，如果木地板下面不设通风构造措施，时间长了地板就会腐朽，此时必须采用木搁栅和垫块的结构，木搁栅和垫块应在使用前进行防腐处理，目前应用较多的防腐方式是涂刷氟化钠防腐剂。为了保证木搁栅层通风干燥，通常在木地板与墙面之间留有 20～30mm 的空隙，以利于通风防潮。也可在踢脚板或木地板上，设通风洞或通风箅子，如图 3–9 所示。

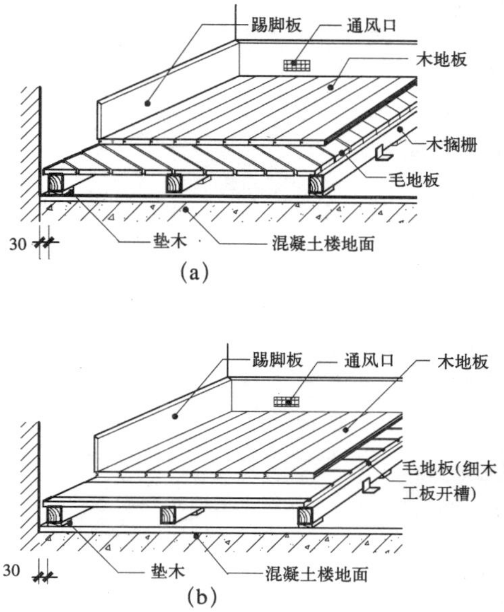

图 3-9　实铺木地板构造示意
(a) 铺实木板条毛地板；(b) 铺细木工木板毛地板

③铺毛板

铺钉毛板要在保温、隔声材料干燥后进行。毛板铺设要求表面平整，但不要求其密缝。值得注意的是，毛地板的铺设方向与面层地板的形式及铺设方法有关。当面层采用条形地板或硬木拼花地板以席纹方式铺设时，毛地板宜斜向铺设，与木搁栅的角度为 30° 或 45° 。当面层采用硬木拼地板且是人字纹图案时，则毛地板宜与木搁栅成90° 垂直铺设。毛板还可以采用整张的细木工板或中密度板等材料。采用整张板铺设时，应在板上开槽，槽的深度为板厚的 1/3，方向与搁栅垂直，间距为 200mm 左右。这种方法施工更为便捷（彩图 35）。

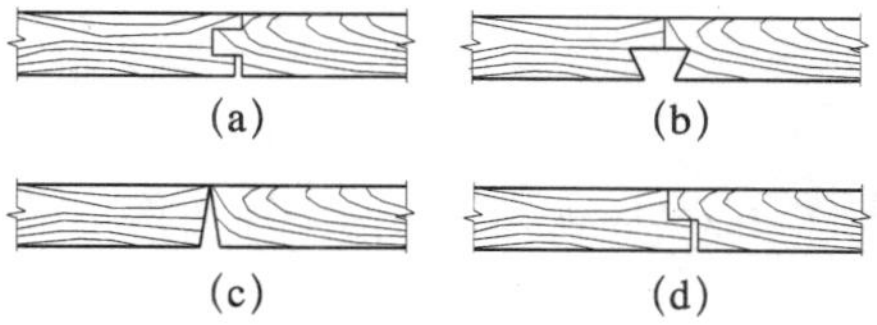

图 3-10　木地板的拼缝形式
(a) 企口；(b) 裁口；(c) 平口；(d) 搭口

④铺面板

面板一般用暗钉法，钉子以 45° 或 60° 角钉入与毛地板连接固定。对于长条形面板的铺设方向，原则上顺光线方向铺设，这样不仅满足视觉上的习惯和舒适感，还不易显现楼地板表面（特别是接缝处）微小的凹凸不平等质量缺陷。面板铺至墙体立面时，应预留 8～12mm 的胀缩缝。用锡脚板覆盖收边。

面板的拼缝形式，主要有平口缝、裁口缝和企口缝等几种。其中企口地板以拼缝密实、整体性好、拼装方便等优点应用最为普遍，如图 3–10 所示。

对于一些物理性能要求较高的木地面，还要在基层和面层之间填加一些保温、隔声材料，如干煤渣、膨胀珍珠岩、膨胀蛭石、矿棉毡，厚度为 40mm，如图 3–11 所示，这样可以减小人在地面上行走时所产生的空鼓音。

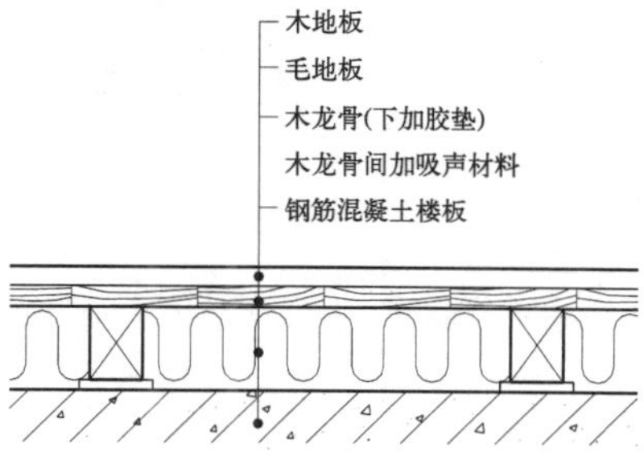

图 3-11　隔声楼面示意

2）粘贴式实铺木地面

粘贴式实铺木地面是在钢筋混凝土楼板上做好找平层，然后用粘结材料将木板直接贴上（图3—12）。由于受找平基层平整度的影响，这种做法一般不适宜铺设长形面板，而多用于铺成拼花形式面板。

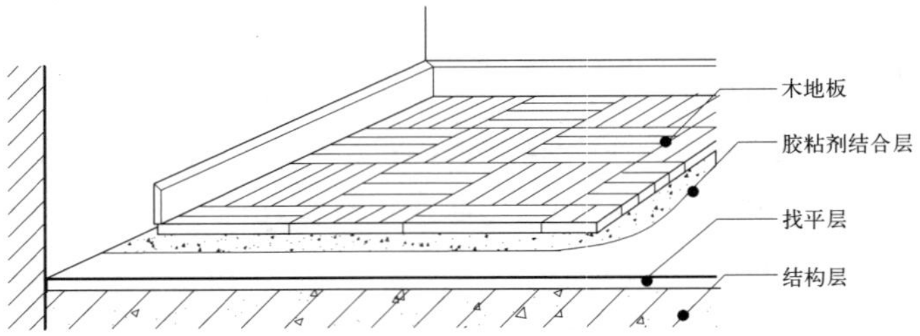

图 3-12　粘贴式木地板构造示意

粘贴式实铺木地面省工省料简便易行，造价较低，表面效果也可以取得同搁栅式实铺木地面相同的效果，但这种地面的弹性和减振性不如搁栅式实铺木地面，因而它更适合空间标高较为低矮的普通住宅、办公室等地面的装饰。

粘贴式实铺木地面的构造工艺：

①找平层

找平层是木板的基层，要求具有足够的强度和适当的平整度。找平层的做法：在结构层上用1：2.5水泥砂浆找平，厚度为20～25mm。如果是楼房底层应做防潮处理，方法同搁栅实铺木地面。

②粘结层

粘结层的材料要求有足够粘结强度，还要有一定的防潮能力。粘贴木板的胶结料一般有沥青玛瑞脂或各种胶结剂。沥青应选择10号或30号石油沥青。胶结剂主要有聚氨酯、环氧树脂、氯丁橡胶及聚醋酸乙烯乳液等。具体采用哪种粘结剂，应根据面层、基层材料、施工现场条件等因素综合考虑，最好经实验后确定。

3）复合木地板

复合木地板是由多层不同性能材料复合而成的层合地面材料。复合木地板一般由防潮耐火超耐磨表面层、装饰层、增强层、高密度纤维板基层、防潮垫层等组成，在地板边缘设有防潮周边以保护槽、榫，使地板增强防潮作用，防止其周边遇热而膨胀。

复合地板具有木地板的质感，防潮及抗污能力强，并耐高温点烫，耐化学污染，易清扫，抗重压，耐磨损。因其是多层对称结构，所以它不翘曲、无开裂、弹性好，且安装方便可大大缩短施工周期。复合木地板面层有非常丰富的装饰色调和多种纹理的木纹面，很适合家居装饰及会议室、办公室、高洁净度实验室等公共建筑的地面铺设。

复合地板地面的构造工艺多通过板材本身槽榫间的胶接，直接敷铺于地面上，包括以下步骤。

①基层处理：复合地板的基层同其他木地面基层均同无异，应保证地面平整度在 2m 范围内误差不超过 3mm。

②当地面为混凝土、砖面等材料时，应铺一层防潮隔声地垫，如聚乙烯泡沫薄膜、波纹纸等材料，以弥补地面的轻微不平，还可防潮湿、降噪声，同时也会增加行走踩踏时的柔软之感，对于有防静电要求的，还可在垫层上贴一层铝箔纸。

③铺贴：地板块与基层面之间不需要胶、钉子或螺丝固定。地板块之间用防水聚醋酸乙烯粘结。浮铺到墙体等立面时，应预留 8～13mm 的缝隙，以防止其遇潮湿天气膨胀，这一点十分重要。

④铺设面积较大（地板长块方向超过 8m 或宽度方向超过 8m）时要用过渡扣板。走廊通道每 10m 左右也要用过渡扣板。对较大空间如大厅或大报告厅等，每 $100m^2$ 左右也要用过渡扣板分隔，如图 3-13 所示。

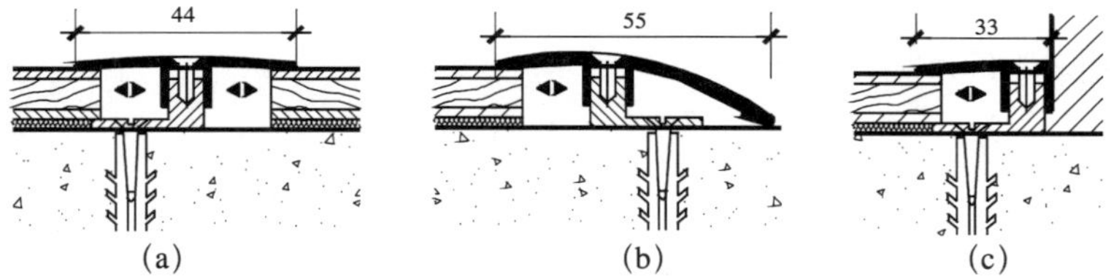

图 3-13 地板收口配件
(a) 过度扣板；(b) 地板收口扣板；(c) 贴靠扣板

(2) 架空式木地面

架空式木地面主要用地面标高与设计要求标高相差较大、希望装饰施工后在同一地面上形成较大的标高变化，如舞台、比赛场地等场合。另外在建筑上为减少回填土方量，或者由于管道设备的架空和维修，需要有一定的敷设空间时，通常也采用架空式木地面。

架空式木地面的构造与工艺：架空式木地面的构造组成，如图 3-14 所示。主要有地垅墙（或砖墩）垫木、搁栅、剪刀撑及毛地板、面层板几个部分，其中毛地板与面层板的材料规格与铺钉方式与搁栅式实铺地面基本相同，下面只介绍其他部分的构造与工艺。

①地垅墙：一般采用红砖砌筑，其厚度应根据架空的高度及使用条件来确定。垅墙与垅墙之间的间距，一般不宜大于 2m。在地垅墙上，要预留通风孔洞，使每道垅墙之间的架空层及整个木基层架空空间与外部之间均有良好的通风条件。一般垅墙上应在砌筑时留 120mm × 120mm 的孔洞，外墙应每隔 3～5m 开设 180mm × 180mm 的孔洞，并加封铁丝网罩。

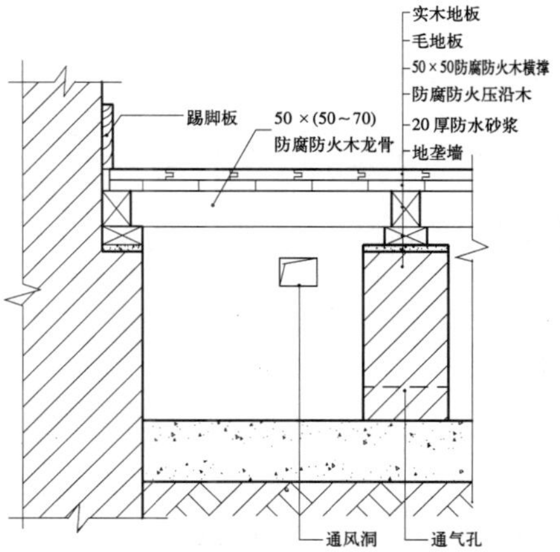

图 3-14 空铺木地板构造(常用于首层)示意

②垫木：在地垅墙（或砖墩）与格栅之间，一般用垫木连接，垫木的厚度一般为50mm。垫木与地垅墙的连接，通常用8# 铅丝绑扎的方法，铅丝应预先埋设在地垅墙砌体中。垫木与砖砌体接触面应做防腐处理。

③木搁栅、剪刀撑：木搁栅的作用主要是固定和承托面层。其断面尺寸的选择应根据地垅墙（或砖墩）的间距来确定。木搁栅的布置，是与地垅墙（或砖墩）成垂直方向安放，其间距一般为400mm左右，在铺设找平后与垫木钉牢。在架空式木基层中设置剪刀撑是一种增强整个地面的刚度、保证地面质量的构造措施。剪刀撑布置于木搁栅之间，其方法如图3-15所示。为了防腐，架空式木地面所用的垫木、木搁栅、剪刀撑、毛地板等木构件使用前均应进行防潮处理。

（3）弹性木地面和弹簧木地面

某些专业性较强的木楼地面，如舞台、舞厅、练功房、比赛场等，弹性要求较高，可在搁栅式实铺木地面的基础上将木垫块换成弹性软质材料，构成弹性木地面。

弹性木地面构造上可分为衬垫式和弓式两类。衬垫式做法简便，可选用橡胶、软木、泡沫塑料或其他弹性好的材料作衬垫。衬垫可以做成块状的，也可以做成与木搁栅通长的条形，如图3-16所示。

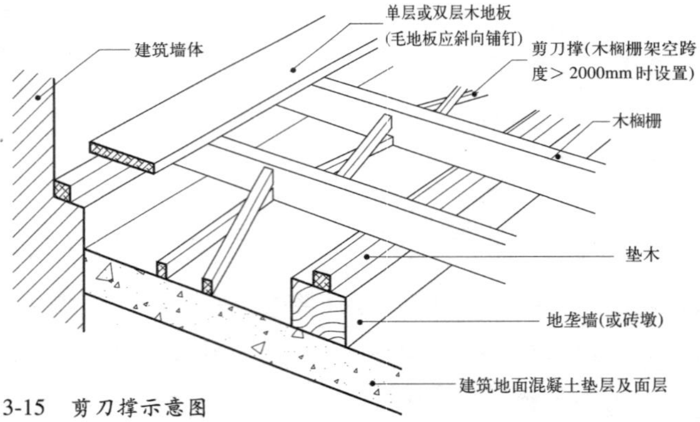

图 3-15　剪刀撑示意图

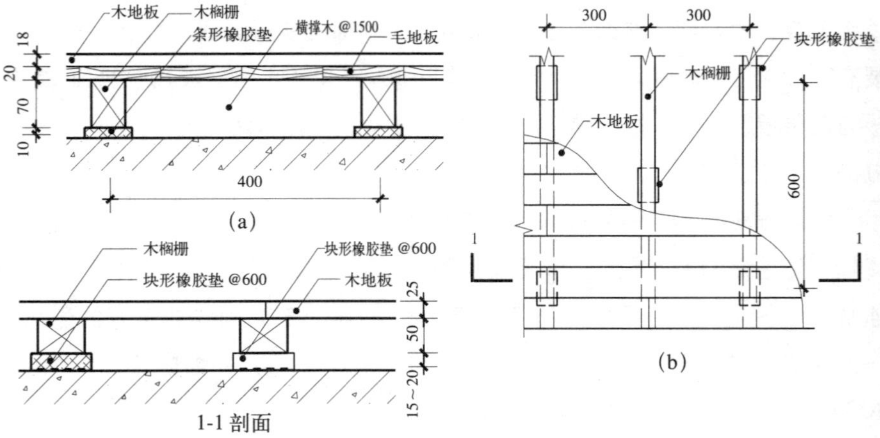

图 3-16　衬垫式弹性木楼地面构造示意
(a) 条形橡胶垫；(b) 块形橡胶垫

弓式有木弓和钢弓两种。这种地面的弹性实现主要依靠其扁担木弓或钢弓的弹性，如木弓式弹性地面，是利用木弓承托搁栅，木弓下设通长垫木，用螺栓或钢筋固定于结构层。木弓长约1000～1300mm，高度根据弹性要求和材质并通过实验确定。木弓两端放置金属圆管作活动支点，上面再布置搁栅，最后铺钉毛板、油纸、面板，如图3–17所示。弹性木地面在构造上应注意周边与墙体和踢脚线要留出一定空隙，以保证其能自由振动、变形，如图3–18所示。

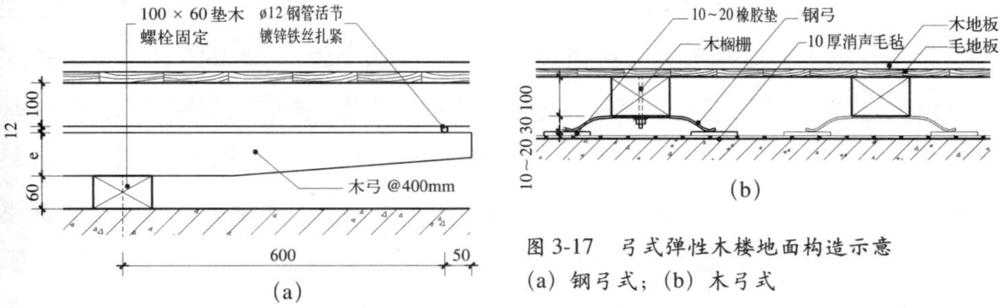

图 3-17　弓式弹性木楼地面构造示意
(a) 钢弓式；(b) 木弓式

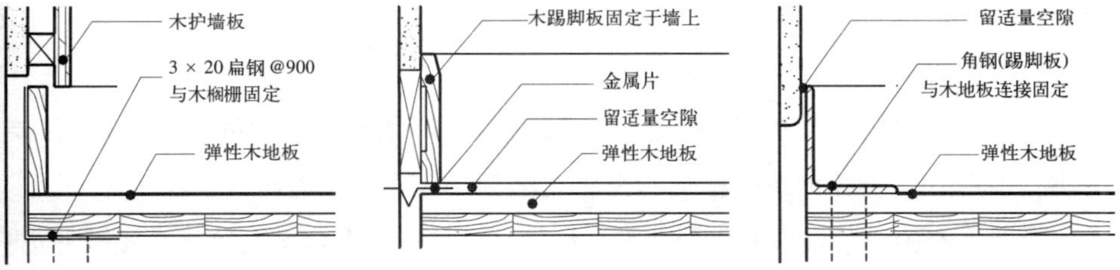

图 3-18　弹性地面踢脚板的三种形式

3.2.4　粘贴式塑胶楼地面

粘贴式塑胶楼地面是由塑料和橡胶两种材料分别制成的建筑用地板材料铺设的地板。塑胶地不仅具有独特的装饰效果，而且还有脚感舒适、不易沾灰、噪声小、防滑、耐磨、自熄火、绝缘性好、吸水性小、耐化学腐蚀等特点，也没有水泥基地板的冷、硬、潮、脏等缺陷。由于它的品种规格很多，还可拼成各种图案，故多用于住宅、医院、商场、学校、排练场、幼儿园等室内地面。

1.软质聚氯乙烯地板

软质聚氯乙烯地板有地板和卷材两类，由于质软，多数成品为卷材。质地的软硬程度，主要取决于树脂与增塑剂数量的多少。

（1）规格及特点

板材软质聚氯乙烯地板多为正方形，标准尺寸为300mm × 300mm、400mm × 400mm以及600mm × 600mm等，厚度1.2～3.0mm不等。

卷材软质聚氯乙烯地板每卷长度多为20m，幅宽1000～2000mm厚度2.0～3.0mm不等。

软质聚氯乙烯地板具有行走舒适、耐磨、耐腐蚀、隔声、防潮、表面美观、装饰效果好、施工方便、质量轻和价格低廉等特点。但容易被圆珠笔、红药水、碘酒等污染，不耐火烫和容易被尖物划伤。

（2）构造及工艺

软质聚氯乙烯的施工工艺主要有粘贴和焊接两种。

1）基层

软质聚氯乙烯地板对基层的要求，既要有一定的强度，又要光滑平整。目前主要应用的是水泥砂浆基层，即在楼地面层上抹质量比为 1：2.5 的水泥砂浆 20～25mm 厚，具体工艺同前述水泥砂浆地面，所不同的是，塑胶地面要求水泥砂浆基层有更高的平整度，用2m长靠尺检查，其表面允许误差不大于2mm。此外，水泥砂浆地面基层表面还应干净、牢固、干燥。干净是指表面不能有影响粘结的灰渣等杂物；牢固是指除表面有一定硬度外，不应有空鼓、麻面、脱皮等质量缺陷；干燥是指控制基层含水率，因为湿度大的基层会影响塑料地板胶的固结，一般水泥砂浆基层含水率应控制在 8% 以下。

2）粘结层

粘贴层的材料是胶粘剂。其品种较多性能各异，要根据工程的使用要求、面层材质、基层状况，并考虑胶粘剂的性能及施工要求等合理选择胶粘剂。

国内生产的塑胶地板专用胶粘剂品种较多，常用的有溶剂型氯丁橡胶胶粘剂、202双组分氯丁橡胶胶粘剂、聚醋酸乙烯胶粘剂、聚氨酯胶粘剂、环氧树脂胶粘剂等。

3）面层铺贴

①粘贴面层前应将板面画出切割线，板的边缘应裁割成平滑板口，两板拼合的坡口角度约成55°。试铺好后用专用胶按用量的2/3倒在基层和软质塑料板的粘贴面上，再用板刷或带齿刮板（不宜用毛刷）纵横涂刮均匀，3～4min 后将剩下的 1/3 胶液以同样的方法涂刷在基层和粘贴板面上。

②待5～6min后将软质塑料板四周与基层分格对齐，调整拼缝至符合要求后，再在背面施加压力粘贴，用滚筒来回滚压，排出板下全部空气，使板面与基层粘贴紧密，然后排放砂袋压实。

③粘贴稳固经 2d 养护后，用同种塑料板切割的焊条，拼缝焊接，其断面厚薄应平整一致，如图 3-19 所示。

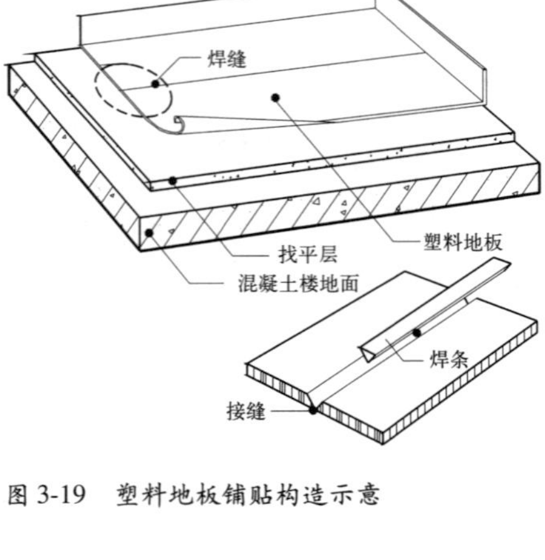

图 3-19　塑料地板铺贴构造示意

2. 半硬质聚氯乙烯地板

聚氯乙烯地板材料根据组成不同分为半硬质聚氯乙烯塑料（PVC）地板和半硬质塑料地板砖。

（1）规格与特点

半硬质聚氯乙烯塑料（PVC）地板和半硬质塑料地板砖均为半硬质材料，平面尺寸一般为 300mm × 300mm，厚度为 1.5、2、2.5、3mm 不等。

半硬质聚氯乙烯（PVC）塑料地板具有质轻、耐油、耐磨、耐腐蚀、隔声、隔热、尺寸稳定、耐久性好等特点，且脚感舒适、图案多样、色泽鲜艳、装饰效果显著、施工方便，多用于办公室、图书馆、酒吧、饭店、剧院、实验室、船舶、各种控音室、报告厅、防尘车间及住宅的室内地面等。

半硬质塑料地砖具有色泽选择性强、轻质耐磨、防滑、防腐、不助燃、造价低，吸水性小、使用寿命长、施工方便等优点。同时，具有表面光洁、平整、步行有弹性而不滑的特点，故半硬质塑料地板砖适宜于室内地面铺设，是高层建筑、轮船、火车等地板较为理想的装饰材料，其使用于医院、疗养院、幼儿园等处，更显出它的优越性。

（2）构造及工艺

1）基层

基层平整度要求同软质聚氯乙烯的基层要求，对某些原有不同基础地面应做不同的处理。

①在已固化（旧）水泥砂浆、基层上铺贴塑料板，其基层表面用2m直尺检查的允许偏差空隙不得超过2mm。如有麻面等缺陷，必须用腻子修补并涂刷乳液一遍。

②在旧水磨石、陶瓷锦砖面上粘贴时应用碱水去污垢后，再用烯硫酸腐蚀表面或用砂轮推磨，以增加基层的粗糙度。这种地面基层宜用水泥胶粘剂来铺贴。

③在旧木板面上粘贴时基层的木板面应坚实，地面突出的钉头应敲平，板缝可用胶粘剂加老粉配成腻子，填补平整。

2）粘贴层

应根据不同的铺贴地点选用相应的胶粘剂（参考表3-4），如象牌PVA胶粘剂，适宜于铺贴两层以上的塑料地板。

常用胶粘剂的特点 **表 3-4**

胶粘剂名称	性 能 特 点
氯丁胶	需双面涂胶，速干，初粘力大，有刺激性挥发气体，施工现场要防毒防燃
202 胶	速干，粘结强度大，可用于一般耐水、耐酸碱工程，使用双组分要混合均匀，价格贵
JY-7 胶	需双面涂胶，速干，初粘力大，低毒，价格相对较低
水乳性氯乙胶	不燃，无味，无毒，初粘力大，耐水性好，在较潮湿基层也能施工，价格低廉
405 聚氨酯胶	固化后有较强的粘接力，可用于防水、耐酸碱工程，初粘力差，粘结时须防止位移
6101 环氧胶	有很强的粘结力，一般用于地下室、地下水位高或人流量大的场合，粘结时预防胺类固化剂对皮肤的刺激
立时得胶	粘结效果好，速度快

胶粘剂则适用潮湿环境中塑料地板的铺贴，且可用于−15℃的环境中。不同胶粘剂有不同的施工方法：用胶粘剂粘接时一般应在涂布后晾置到溶剂触不沾手时再进行铺贴；用PVA等乳液型胶粘剂时，则不需晾置过程，最好将塑料地板粘结面打毛，涂胶后即可铺贴；用E−44环氧树脂胶粘剂时，则应按配方准确称量固化剂（乙二胺）加入调和，涂布后即可铺贴；若采用双组份胶粘剂，如聚氨酯和环氧树脂等，要按组份配比正确称量，预先配制，并及时用完。

3）面层铺贴

由于塑料地板的规格种类较多，不同规格不同材质在构造和工艺也有些差别，但在主要环节上也有大同小异之处。质量控制的关键一是粘贴牢固，不得有脱胶、空鼓现象；二是接缝顺直，避免错缝发生；三是表面平整、干净、不得有凹凸不平及破损或污染。

①弹线：铺贴之前，首先在基层上根据楼地面划分设计弹线，一般为每两块或三块板材的长度打一条控制线。半硬质塑料地板网格有正方格和斜方格两种，正方格即板材接缝与墙边平行，斜方格即板材接缝与墙边成某一角度（多为45°）。如果设计上对地面图案有特殊要求，则应依设计图样准确标出，并做出醒目标志。

②沿线铺贴：为了防止误差累积过大，小面积的房间铺贴可从里侧往外侧展开，大面积房间可成十字分解成若干小块，从中间往四边铺开。铺贴时，切忌整块一次贴上，应先将对角边对齐粘合，准确就位后，压实赶气。

3.2.5　地毯类地面构造

地毯是一种高级的地面材料，具有隔热保温、吸声隔声、色泽艳丽、舒适柔软等特点，给人以温暖、愉悦、高贵及华丽的感觉，被广泛用于宾馆、酒店、住宅及各类建筑中。

1.地毯的种类

地毯基本上分为纯毛地毯，混纺地毯及化纤地毯三大类。

（1）羊毛地毯：也叫纯毛地毯，由于其采用粗羊毛为主要材料，故它具有纤维长，拉力强、手感好、光泽好的优点。其重量一般在1.6～2.6kg/m^2，是宾馆客房、餐厅、舞台等地面的高级装饰材料。

（2）混纺地毯：是以羊毛纤维与合成纤维混纺后编织而成的地毯。合成纤维的掺入，可显著改善地毯的耐磨性，如果在羊毛中加入20%的尼龙纤维，地毯的耐磨性可以提高5倍，而装饰性并不亚于纯毛地毯，且价格下降许多。

（3）化纤地毯：是采用合成纤维为面材制成的地毯。常用的合成纤维材料有锦纶（聚酰胺）、涤纶（聚酯）、丙纶（聚丙烯）、腈纶（聚丙烯腈）等。这类地毯外观和触感酷似羊毛，耐磨性和弹性很好，材料来源广泛，是目前品种最多，应用最广的中、低档地毯品种。

2.地毯的铺设

地毯的铺设方法分为固定与不固定两种，不固定铺设方法在此从略。

地毯铺设的固定办法有两种，一种是用倒刺板固定，另一种用胶粘结固定。如果采用倒刺板固定，一般是在地毯的下面，加设一层垫层。垫层有波纹状的海绵波垫和杂毛毡垫二种。波纹垫是由泡沫塑料制成，厚度在10mm左右，加设垫层增加了地毯地面的柔软性、弹性和防潮性，并易于铺设。

（1）整体式地毯用倒刺板条固定

1）基层的要求：能够铺设地毯的基层较多，总的要求应具有一定强度和平整度。

2）木卡条固定地毯：地毯木卡条倒刺板一般采用五合板或加厚三合板和金属钉制成。采用木卡条（倒刺板）固定地毯式，应沿房间四周靠墙脚10～20mm处，将卡条用水泥钢钉固定于基层上。图3–20所示为常见的木卡条和金属卡、压条示例。

3）收边的处理：为了防止踢起、翘边和边缘受损，达到美观、挺直的效果，地毯铺至门口、门洞处，均应在门洞地面中心线处用铝合金、不锈钢或其他收口条扣牢地毯。地毯铺至墙边除用倒刺板固定外，应用踢脚板对其收口处理，如图3–21所示。

（2）整体式地毯粘贴固定

用于粘贴铺设的地毯，一般应具有较密实和一定厚度的基底层，常见的有塑胶、橡胶和泡沫塑基底层，不同的胶底层，对耐磨性影响较大。

用胶粘固定地毯，一般不放垫层，把胶直接刮在基层上，然后将地毯铺粘固定即可。

（3）不同材质楼地面交接处的构造

使用功能不同的房间或同一房间内楼地面的不同部位，因场所气氛和功能的需

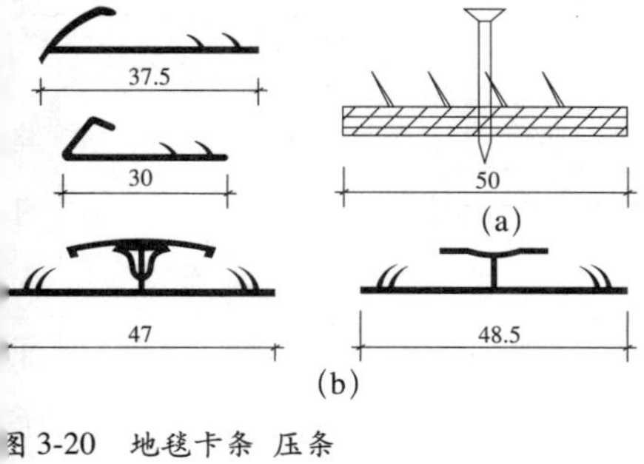

图3-20　地毯卡条 压条
(a) 木卡条；(b) 铝合金压条

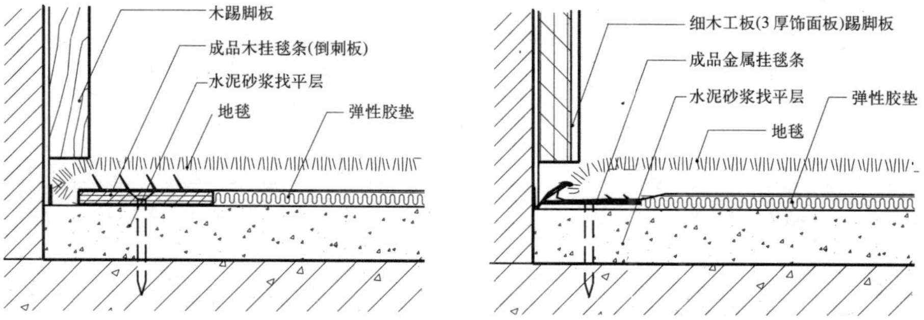

图3-21　踢脚板收口处理示意图

要，可以采用不同材质处理地面，比如地毯与石材、地毯与木地板结合使用，都可以达到满意的效果。为防止地毯接缝处出现起翘或参差不齐的现象，铺贴时应采用不同的成品挂条、压条做好构造处理，如图3–22所示。当然，地毯的接缝处理形式很多，这里示意的是一般常见的不同材质接缝的几种处理形式。

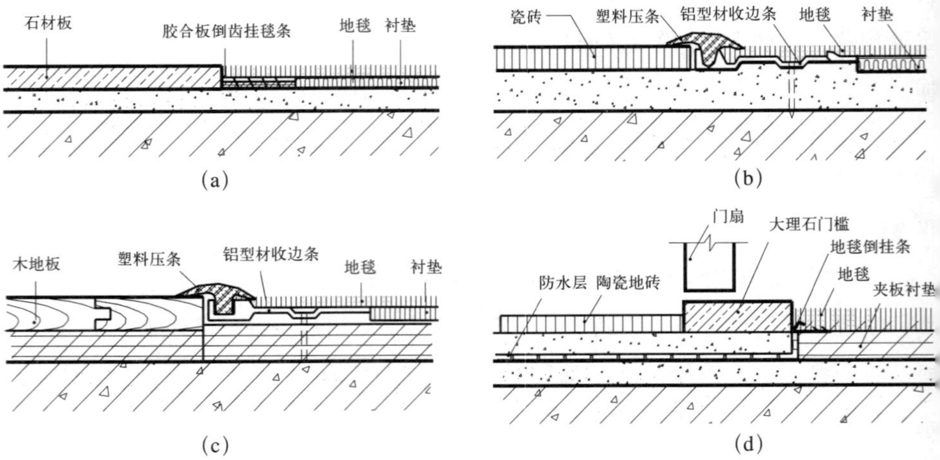

图 3-22　地毯与不同材质的拼缝处理构造示意
(a) 地毯与石材交接；(b) 地毯与瓷砖交接；(c) 地毯与木地板交接；(d) 地毯与门槛交接

（4）楼梯地毯的铺设构造

地毯楼梯装饰构造一般有三种形式：一是卡棍式固定，二是粘结固定式，三是卡条固定式（图3–23）。

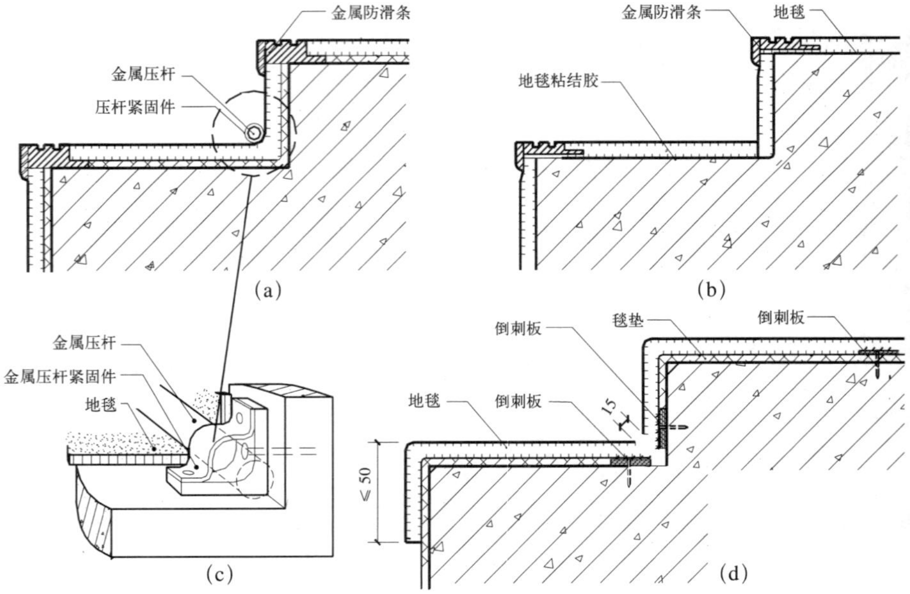

图 3-23　楼梯地毯固定方式示意
(a) 压杆固定；(b) 粘结固定；(c) 卡棍配件；(d) 卡条(倒刺板)固定

1）卡棍式固定：在铺设地毯时，先用胶粘结地毯胶垫，固定好后，将地毯从楼梯的最高一阶铺起，将始端翻起在顶阶的踢板钉住，然后将地毯压在第一套金属抓钉上。将地毯拉紧包住阶梯，循踢板而下，向底部铺设，在每一踏步上用 ϕ 20 不锈钢压毯棍在梯阶根部将地毯压紧并穿入紧固件圆孔，拧紧调节螺钉（彩图 36）。

2）粘结固定：主要是用于使用胶背地毯（自带海面衬底）。可将胶粘剂涂抹在踢脚板和踏板上，适当凉置后再将地毯进行粘贴并擀平压实。

3）卡条固定：将倒刺板条定在楼梯踏面之间阴角的两边。倒刺板距阴角之间留 15mm 的缝隙，倒刺板的抓钉爪顶倾向阴角。

3.2.6　其他楼地面构造

上述介绍了一些常用的地面形式和构造，在生活工作当中还有一些专用的地面形式及材料用来满足不同功能的需要，如活动夹层地板楼地面、发光楼地面及防水楼地面、隔声地面等，由于篇幅有限，下面主要介绍前两种地面的基本构造，供参考使用。

1.活动夹层地板楼地面

活动夹层地板楼地面又称“装配式地板”是由各种不同规格、不同型号和材质的面板配以龙骨、橡胶条和可供调节的金属支架等组成，如图3–24所示。活动夹层地板具有易安装调试，清理维修简便，其下可敷设管道和各种导线并可随意开启检查、迁移等特点，并且有特定的防静电、辐射等功能，广泛适用于计算机房、仪表控制室、通讯中心、多媒体教室、医院等室内楼地面。

活动地板构造简单，典型板块尺寸为 457mm × 457mm、600mm × 600mm、762mm × 762mm。支架有拆装式支架、固定式支架、卡锁格栅式支架、刚性龙骨支架等四种，如图3–25所示。活动夹层地板安装应尽可能与其他地面保持一致高度或留有一定的过渡空间。

在这里需要指出的是：①当活动地板板块的块数不符合模数时，其不足部分可根据实际尺寸将板块切割后镶补，并配装相应的可调支架和横梁，板块切割边应处理后安装；②活动夹层地板在门口处或预留洞口处应符合设置构造要求，四周侧边应用耐磨硬质板材封闭或用不锈钢板包裹。

2.玻璃楼地面

玻璃楼地面是采用全透光或半透光等安全玻璃为面层，金属、混凝土材料等为骨架砌筑成的玻璃地面。架空层地面内部设置的灯光即可营造架空内部的光环境，也可向上透射（反射）。在地面的架空

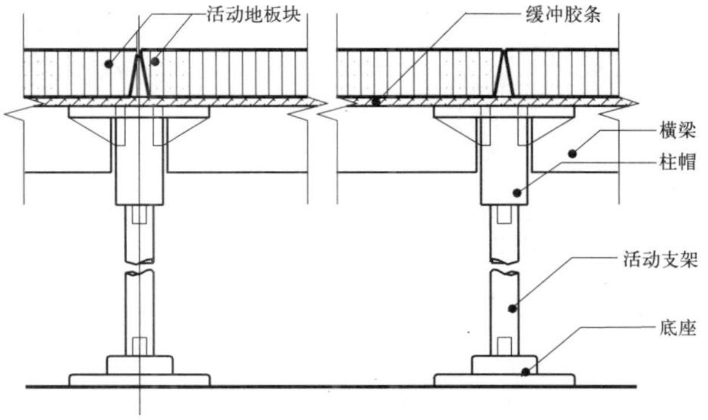

图 3-24　活动夹层地板组装示意

层内可设置所需要的特殊艺术效果，比如古旧建筑改造中需要保留的历史遗迹，使历史得到充分尊重。再如空架内设置水体、卵石、以及其他各种造型景观等，从而使环境产生出一种扑朔迷离的效果。玻璃地面小到几平米的展示或表演台，大到几百平米甚至更多架空地面。玻璃地面主要用于室内舞台、展厅、餐厅及室外等场所（彩图37、彩图38）。

玻璃地面的构造要点如下：

（1）架空支撑结构：玻璃地面的支撑结构可以用多种形式，这主要应由装饰效果要求决定采用哪种形式的支撑结构。全透光形式，人们能看到玻璃地面内部的景物，此时通常应采用钢结构支撑；半透光形式只让人们看到可变换的光线，其支撑结构可采用混凝土支墩等。发光地面内部要保证的高度以保证光线投射均匀、充分散热和寿命延长为标准，因此设计时应预留通风散热孔，做法是沿周边开设不小于180mm × 180mm的通风孔洞，洞口用金属箅子与通风管相连，同时还要考虑维修灯具管线的方便，留有一定的操作距离。

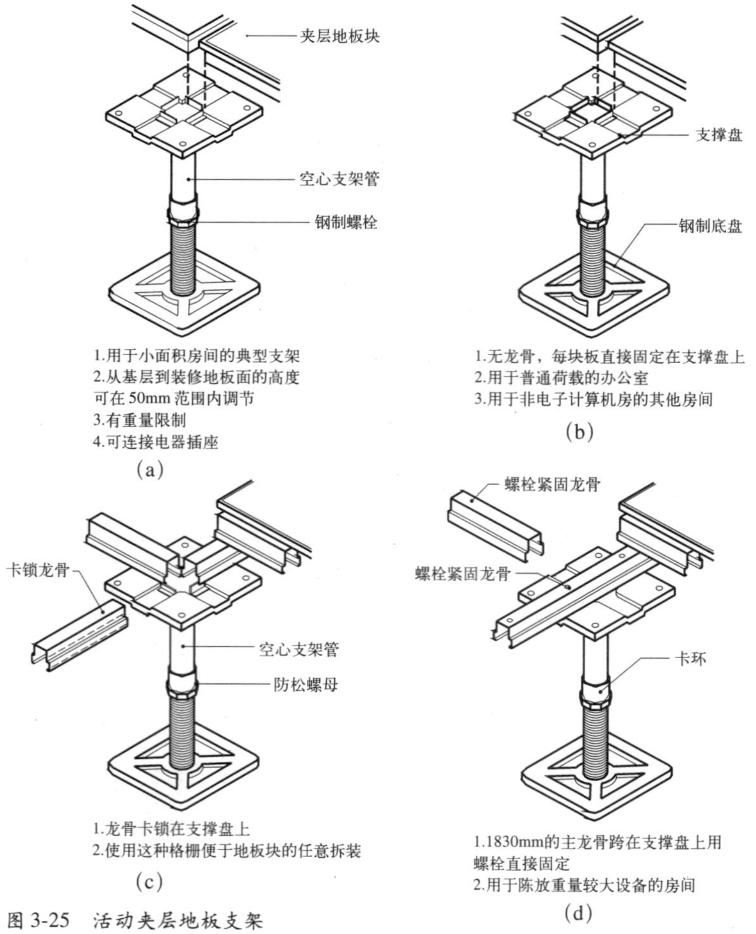

图3-25　活动夹层地板支架
(a) 拆装式支架；(b) 固定式支架；(c) 卡锁格栅式支架；(d) 刚性龙骨支架

（2）搁栅层：它的作用是固定和承托面层。搁栅层的材料可采用镀锌型钢、铝型材等。其断面尺寸的选择应根据支撑结构的间距来确定。由于架空内部设置的灯具散发的热量很高，所以通常情况下不宜采用木搁栅，以保证防火安全。

（3）面层：面层与架空骨架连接有搁置与粘贴两种方法。一般用于室内的玻璃地板面层可采用搁置的方法，而用于室外的玻璃地板面层因考虑防水通常采用密封粘贴的方法，但此时更应考虑好散热和维修的措施。

（4）空钢化玻璃：半透明的发光地板面层可采用彩釉玻璃及玻璃砖等高强度、耐冲击、耐火材料。设置于室内的全透形玻璃地面由于地表与空气温度差别不是很大，也可以不使用双层中空钢化玻璃，而采用单层厚钢化玻璃，室外应采用双层中空钢化玻璃，钢化玻璃厚度的选定由格栅的单元面积大小决定，如图3–26、图3～27所示。

复习思考题

1．简述楼地面的装饰设计的原则。

2．简述楼地层的构造组成及各部分有什么要求？

3．简述实铺木地板的构造做法。

4．简述石材地面的构造做法。

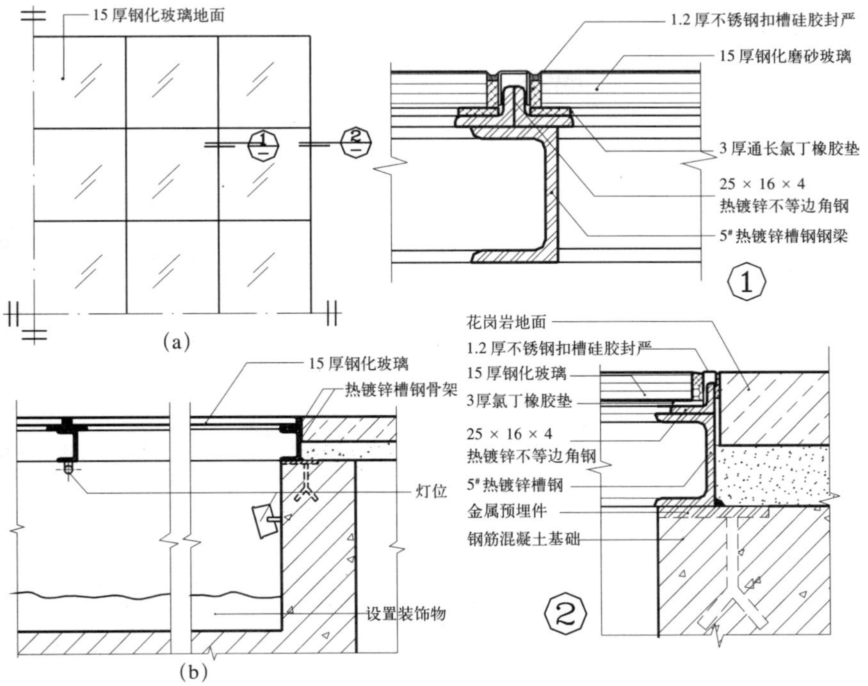

图 3-26　钢化玻璃地面构造示意
(a) 平面图；(b) 剖面图

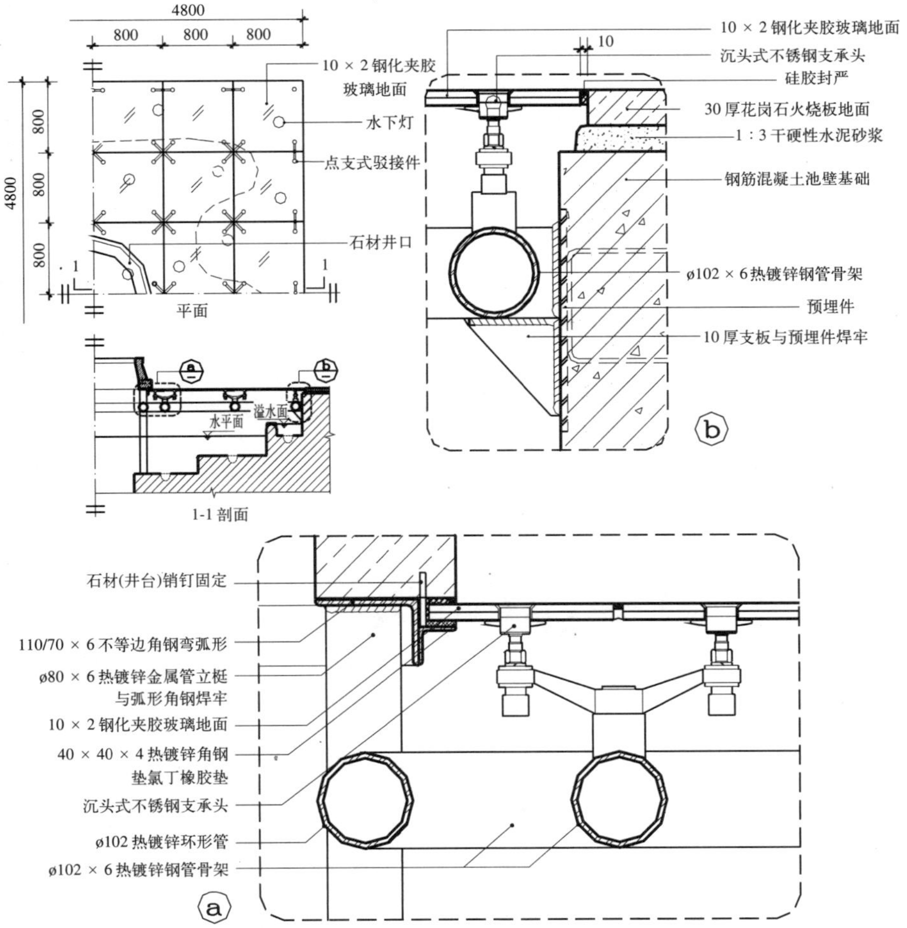

图 3-27　玻璃地面构造

第四章

墙面的装饰构造

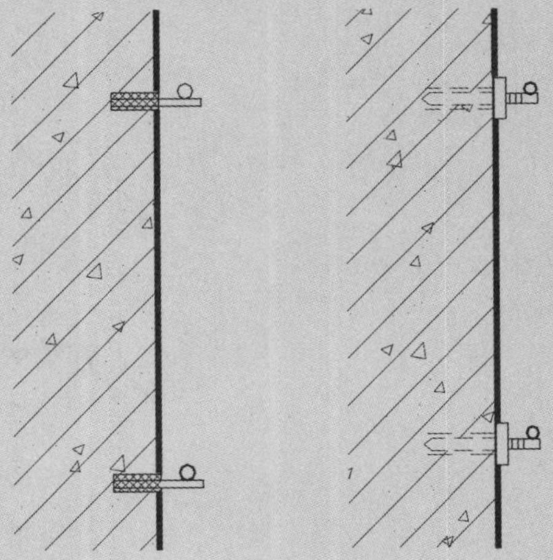

第四章　墙面的装饰构造

墙面的装修装饰分室内、室外两大类型。内、外墙面因所处的环境不同，在材料选择、构造做法与施工工艺上均存在一定差异。外墙面由于直接接触外界，受风雪、雨水、冰冻、光照等自然环境的影响，因此在饰面选材和施工构造方法的设计上，必须对这些客观因素加以认真考虑。内墙面由于室内环境气候相对稳定，饰面层的耐候要求相对较低，但由于墙面距人们的视距较近，较低范围内甚至人们可以触摸得到，因此要求墙面的观瞻效果更细腻，较低部位要耐磨、耐污染和具有良好的接触感，保护墙体、创造恰当的物理环境和美化空间是墙体装饰的基本要求。

4.1　墙面装饰设计原则

4.1.1　墙体的保护功能要求

(1) 保护墙体、使之延年耐久

室内外墙表面，通过装饰材料的保护处理，能够避免风雪雨水、紫外光线、有害气体等直接的侵袭及人为的摩擦碰撞，延长了墙体的使用寿命。

(2) 改善墙体的物理性能

通过墙体表面材料的贴敷及构造处理，可以改善墙体的热工性能、声学性能及光学性能，有助于创造良好的建筑环境。比如通过保温抹灰饰面，可以显著提高墙体的热阻，达到节能和改善建筑热环境的目的；室内墙面通过坚硬光滑及粗糙松软不同的饰面材料的敷设，对声音的反射或吸收起到不同的作用，创造了特定的室内声环境；通过饰面材料的各种色彩、光泽、肌理的搭配使用，形成了特定的建筑光环境等等。

4.1.2　满足装饰效果要求

墙体饰面是建筑室内外环境设计的重要组成部分，墙面的装饰除要满足其本身使用功能外，还须注意它的观瞻效果，不论从形式、色彩、图案及材料的使用都应处理得更加恰当，给人以美好的艺术享受。墙面的装饰设计要充分体现时代精神，展现良好的艺术风格、民族特色和地方风采，创造出雄伟壮丽、高贵豪华、古朴典雅、简洁明快等各种不同的气氛。

4.2　墙面装饰分类及构造

墙面装饰的材料种类繁多，做法各异，但从构造技术的角度可以归结为六大类：即抹灰类、贴面类、钩挂类、贴板类、裱糊类、喷涂类。每一类构造虽然涵盖多种饰面材料，但在构造技术上，尤其是基层与找平层处理上有很大相似之处。

4.2.1　抹灰类墙面装饰

抹灰工程分为内抹灰和外抹灰，内抹灰主要是保护内墙体和改善室内卫生条件，增强光线反射，美化环境。外抹灰主要是保护外墙身不受风雨雪的侵蚀，提高墙面的防潮、防风化、隔热能力。抹灰工程的使用能提高墙身的耐久性，也是对建筑物表面进行艺术处理的措施之一。

1.抹灰的组成

（1）抹灰的分层：为使抹灰层与建筑主体表面粘接牢固，防止开裂、空鼓和脱落等质量弊病的产生并使之表面平整，装饰工程中所采用的普通抹灰和高级抹灰均应分层操作，即将抹灰饰面分为底层、中层和面层三个构造层次。

1）底层抹灰为粘结层，其主要作用是确保抹灰层与基层牢固结合初步找平。

2）中层抹灰为找平层，主要起找平作用。

3）面层抹灰为装饰层，对于以抹灰为饰面的工程施工，不论一般抹灰或装饰抹灰，其面层均是通过一定的操作工序，使表面达到一定的效果，起到饰面美化作用。

（2）抹灰的厚度：抹灰层必须采用分层分遍（道）涂抹，并应控制厚度。若依次抹得太厚，由于内外收水快慢不同，灰浆面层即容易出现干裂、起鼓，以致脱落。

2.抹灰的构造做法

（1）外墙抹灰

外墙抹灰墙面的构造层次分为三层：即粗底涂、中涂、表涂，如图4-1所示。抹灰的总厚度平均为15～20mm。

1）粗底涂

粗底涂是对墙体表面的基层处理，根据基材的不同，应采用以下几种不同的方法。

①砖墙基层抹灰：砖墙面由于手工砌筑，一般平整度较差。在做饰面前，必须进行最基层的表面处理。具体做法是先清理浮灰、砂浆等杂物，然后对墙面浇水湿润墙面，用质量比为1：1：6的水泥混合砂浆（水泥、石灰、砂）作粗底涂。粗底涂层厚度一般控制在10mm左右。这种传统的施工方法必须用清水润湿墙体基面，即费工、费水又容易造成污染，同时也不利于文明施工。目前采用刮TG胶浆

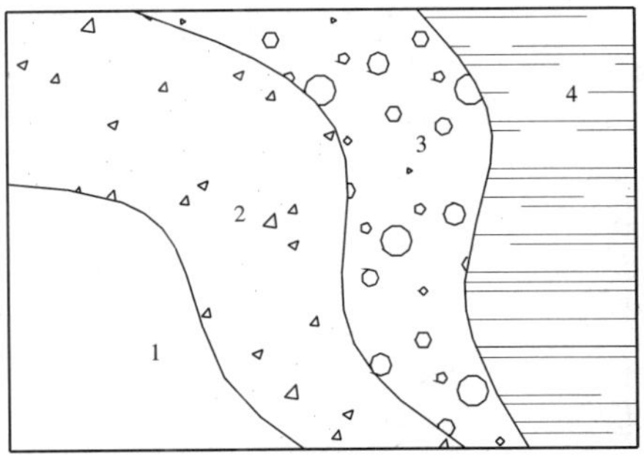

图4-1　外墙抹灰构造示意
1—基面　2—粗底涂　3—中途　4—表涂

的方法代替用水润湿基面的做法，刮TG胶浆的方法在保证施工质量的前提下创造了良好的施工环境，已被广泛推广使用。TG胶浆配比为TG胶原液：水泥：水＝1：1：5.4（质量比）。

②混凝土墙基层抹灰：首先应对光滑的混凝土表面进行凿毛处理使其粗糙，然后挂钢丝网或甩浆、划纹或刷界面处理剂，然后再进行粗底涂。

③轻质混凝土基层抹灰：轻质混凝土墙体表面密度小，孔隙大，吸水性很强，所以在抹灰时砂浆很容易失水，导致无法与墙面有效粘结，在做轻质混凝土基层抹灰时，应先对基层表面进行处理。处理方法是用水泥浆［TG胶：水泥：水（质量比）=1：1.5：4］刷涂表面，再做粗底涂层，也可以在轻质混凝土墙钉钢丝网然后抹灰（彩图39）。

2）中底涂：中层砂浆层主要起找平作用，是在墙体基层经过粗底涂以后做的抹灰层面。根据设计和质量要求，中底涂可以一次抹成，也可分层操作，这要根据墙体的平整度和垂直度偏差情况而定，其用料配比与粗底涂用料基本相同。

3）抹灰面层（表涂）

抹灰面层首先要满足防水和抗冻的功能要求，灰层一般用1：2.5或1：3的水泥砂浆，层厚在10mm左右。大面积抹灰往往由于材料的干缩或冷缩会出现裂缝，为了保证施工质量和装饰的需要，目前通常采用分块和设缝的构造处理方法。其方法是先用塑料分格条（槽）将饰面分成小块再抹灰，也可以用木条分格待面层干后将木条起下形成凹槽式样。使用分格条（槽）即可防止抹灰面出现大面积裂缝，同时也可使建筑表面造型更丰富。彩图40使用的是引线条设缝方式，目前一般多采用塑料凹条（槽），其形式如图4–2所示。

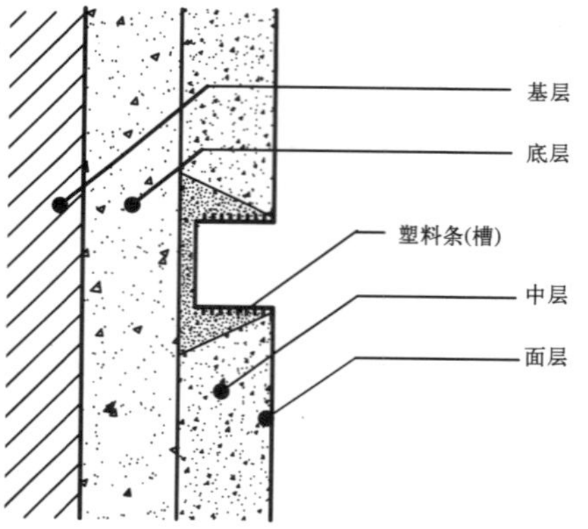

图4-2　抹灰与设缝

（2）内墙抹灰

内墙抹灰类饰面的构造层次与外墙抹灰类饰面相同，也分为三层，即粗底涂、中涂与表涂。粗底涂、中涂的方式和用料与外墙基本相同，但表涂做法在材料上是不一样的，室内表涂一般采用纸筋石灰粉面为原材料。纸筋石灰粉面是一种气硬性材料，和易性极佳，可以将墙面粉刷得相当平整挺括。粉刷好的石灰墙面还可以作为卷材类和涂料类饰面的基层。表涂的厚度一般控制在1～2mm之间，粉得太厚会产生干裂纹。

（3）装饰线条抹灰

装饰线条抹灰是在抹灰的同时，给饰面抹上装饰线的施工。装饰线抹灰常用石膏、滑石粉、白水泥等材料打底后，即可以抹灰线条。抹这种灰线通常要制模板，模板是由木板和金属板切成所需形状组合成的，如图4–3所示。由于这种灰线钉装条板、底层抹灰、装饰抹灰和饰面都要在现场完成，因此流程时间较长。目前，它主要用于修缮或更新旧的装饰抹灰线条。

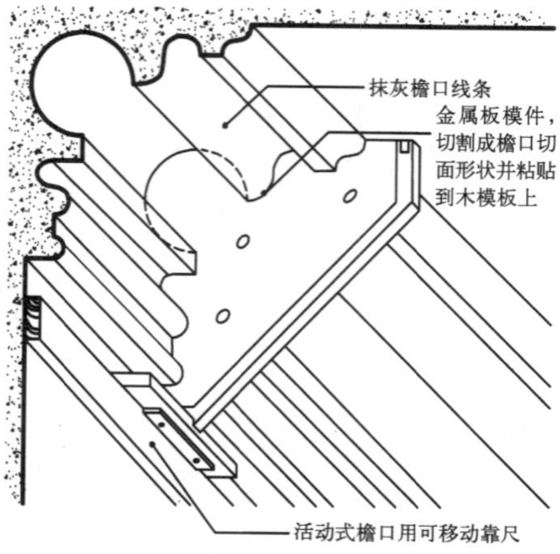

图4-3　木制线角模板

4.2.2　贴面类墙面装饰

贴面类墙面装饰是指将尺寸、重量不是很大的人造或天然饰面预制块材，用砂浆类材料粘结于墙柱面基层的构造方法。其常见贴面类材料有各种陶瓷预制面砖、超薄形天然石材、人造石材等，这些材料即可以用于外墙面，也可以用于内墙面的装饰。

1.常见贴面材料的特点及应用

（1）面砖

是一定尺度的预制陶瓷板块，按应用部位有内墙砖和外墙砖，按面层材料有釉面砖和无釉面砖。内墙砖一般用釉面砖，其面层表面细腻光滑、不积尘、易于清洗，而且防潮防水、耐腐蚀，能起到保护墙体的作用。釉面砖色彩多样、图案丰富，装饰效果很好。面砖背面有浅凹槽，便于增大粘接面积使其粘贴牢固。

外墙面砖要具有良好的耐气候性，以坯体质地密实、吸水率较低的瓷质面砖最佳。外墙砖有釉面和无釉面之分，考虑墙面积较大和日光明照射，外墙面宜采用低光泽度面砖。

（2）陶瓷锦砖（俗称马赛克）

陶瓷锦砖是以优质瓷土高温烧制的小块瓷砖，是传统的墙面装饰材料，它质地坚实、经久耐用、花色繁多、易清洁，耐酸、耐碱、耐磨、耐水，广泛应用于室外墙面装饰和高级厅堂的内墙及地面装饰。为便于施工，预加工时将陶瓷锦砖按一定的尺寸和图案反贴在牛皮纸上叫做一联或一张，故又俗称牛皮砖。一联（一张）陶瓷锦砖长宽各约305.5mm。

陶瓷锦砖分有釉和无釉两种，可以烧制成各种色彩和组合烧成各种装饰图案（彩图41、彩图42）。截面分凸面和平面两种，凸面陶瓷锦砖多用于墙面饰面，平面陶瓷锦砖多铺设地面。无釉的陶瓷锦砖不宜用于餐厅和厨房的墙面，以免油腻污染擦洗困难。

（3）玻璃锦砖（玻璃马赛克、玻璃纸皮砖）

玻璃锦砖是一种由玻璃原料采用熔融工艺生产的预贴在纸上或尼龙网上的小块饰面镶贴材料。玻璃锦砖与陶瓷锦砖相比，在原料、工艺和装饰效果上都不尽相同，一般来说，玻璃锦砖的色彩更丰富更鲜艳，颜色的选择范围更大，色阶也更宽，并具有透明光亮的特征。其形成的饰面，光亮莹润，更具有清丽雅致的装饰效果。而且，玻璃锦砖表面光滑，不易污染，使饰面装饰效果的耐久性得以提高。玻璃锦砖的截面和表面特征也不同于陶瓷锦砖，背面（粘贴面）略呈凹形且有沟槽断面显梯形，使粘贴面成为粗糙的表面，其黏结性能得以提高。

由于玻璃锦砖的色彩十分靓丽丰富，且块材规格尺寸更多更精致（最小的规格尺寸仅10mm），因而可以组合制成各种更多色彩丰富的图案，是具有较高艺术价值的现代装饰材料。目前玻璃锦砖多用于高级宾馆饭店、俱乐部等健身娱乐场所的大堂、餐厅、浴所、游泳池等墙、地面的造型图案装饰。

2.贴面类墙面的装饰构造

（1）面砖饰面的构造

1）基层处理：第一层为抹底层（也称找平层）。用1：3水泥砂浆抹底，厚度不小于12mm。抹底要分层涂抹每层厚度宜5～7mm，要刮平、拍实、搓粗，做到基层表面平整而粗糙（彩图43）。

基层如遇不同材质应在交接处钉钢板网，两边与基体搭接应不小于100mm，用扒钉绷紧钉牢，钉间距不大于400mm，然后抹底子灰。

2）粘贴面砖：此层又称粘贴层，因水泥砂浆属水硬性材料，在施工过程中，其所含水分很容易因为贴面材料的吸水率较高而丢失，不容易达到应有的成型密实、质量均匀的性能而混合水泥砂浆属气硬性材料，其和易性保水性较好比较容易达到所应有的强度，因此粘贴面砖时宜采用混合砂浆（质量比为1：0.2：2＝水泥：白灰膏：砂）镶贴面砖，其厚度为6～10mm。

3）面层处理：粘贴釉面砖。釉面砖在粘贴前应放入清水中浸泡2h以上，混凝土墙应提前3～4h润湿，以避免粘贴时吸走粘结砂浆中的水分。浸砖和湿润墙面是保证饰面质量的重要技术环节。

另一种做法是用1：1水泥砂浆加水重20%的界面剂胶，在砖背面抹3～4mm厚即可粘贴。这种做法要求基层灰必须抹得平整，且砂子的粒径也较为严格（必须用窗纱筛后使用），不得采用有机物作主要粘结材料。

另外也可用胶粉来粘贴面砖的，其粘贴层厚度为2～3mm，如果采用此种做法其基层灰必须更平整。

贴好的釉面砖用1：1白水泥或勾缝胶勾缝，待嵌缝材料硬化后再清洁表面，如图4-4所示。

在贴釉面砖时普通的水泥砂浆中的水分很快会被墙体和底层吸收，并且凝固速度快，不利于压平校整，若在水泥砂浆中掺一定比例的缓凝剂，能使砂浆具有较好的保水性和和易性，并有一定的缓凝作用，釉面砖上墙后，砂浆仍然柔软，易于调整。目前常用的缓凝剂有TG胶、107胶等，由于107胶中含有甲醛等有害物质，所以不推荐使用。

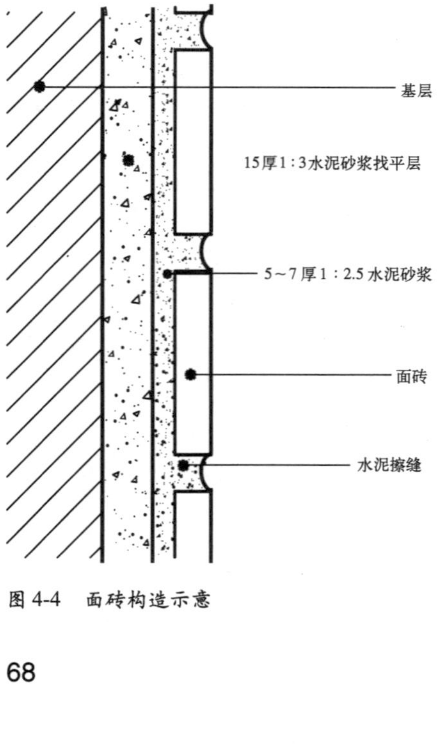

图4-4　面砖构造示意

在这里应注意的几点是：①掺用缓凝剂可以改善砂浆的性能和工人的操作条件，但掺量过多，水泥砂浆的强度会降低，影响工程质量。因此缓凝剂的掺入量，应按上述水泥砂浆的配比操作。②控制好砂浆配比，同时面砖粘结砂浆厚度一般应控制在7～10mm之间，过厚或过薄均易产生空鼓。③釉面砖使用前要浸砖，即将面砖放入净水中浸泡2h以上，取出后待表面晾干或擦干净后方可使用。④室外排面砖与室内排面砖在控制缝有所不同，室外面砖接缝的宽度不应小于5mm，不得采用密缝，且面砖接缝填嵌密实，以防止雨水渗入造成空鼓、脱落和裂缝。

室内、外面砖粘贴做法如表4-1、表4-2所示。

室内镶贴面砖分层做法表　　表4-1

基层	分　层　做　法	厚度/mm
砖墙	1. 基层处理 2. 12厚1：3水泥砂浆打底、扫毛或划出纹道 3. 8厚1：0.1：2.5水泥石灰膏砂浆结合层 4. 贴5厚釉面砖 5. 白水泥擦缝	25
混凝土墙体	1. 基层处理 2. 刷一道YJ-302型混凝土处理剂（随刷随抹底灰） 3. 10厚1：3水泥砂浆打底扫毛或划出纹道 4. 8厚1：0.1：2.5水泥石灰膏砂浆结合层 5. 贴5厚釉面砖 6. 白水泥擦缝	25

注：表中配比均为质量比，下同。

室外镶贴面砖分层做法　　表4-2

基层	分　层　做　法	厚度/mm
砖墙	1. 基层处理 2. 8厚1：3水泥砂浆打底扫毛或划出纹道 3. 刷素水泥砂浆一道（内掺水重的3%～5%的TG胶） 4. 12厚1：0.2：2水泥石灰膏结合层（内掺水重的5%TG胶） 5. 粘贴面砖 6. 1：1水泥砂浆（细砂）勾缝	26～32
混凝土墙	1. 基层处理 2. 刷素水泥砂浆一道（内掺水重3%～5%的TG胶） 3. 5厚1：0.5：3水泥砂浆打底扫毛或划出纹道 4. 刷素水泥砂浆一道（内掺水重3%～5%的TG胶） 5. 12厚1：0.2：2水泥石灰膏结合层（内掺水重5%的TG胶） 6. 粘贴面砖 7. 1：1水泥砂浆（细砂）勾缝	23～29

续表

基层	分 层 做 法	厚度 /mm
加气混凝土墙	1. 基层处理 2. 先刷聚合物水泥砂浆一道 3. 5 厚 1：3：9 水泥：白灰膏：砂子混合砂浆分层补平 4. 再刷聚合物水泥砂浆并抹 1：1：6 混合砂浆打底搓平 5. 钉金属网一层绷紧并分层抹 1：1：6 混合砂浆搓平 6. 粘贴面砖 7. 1：1 水泥砂浆（细砂）勾缝	23～29

（2）陶瓷锦砖贴面

陶瓷锦砖的粘贴工艺与普通面砖不同，通常通过做成的纸板一版一版地贴，整间房子铺贴陶瓷锦砖要尽可能一次完成，不能分次铺贴，否则会影响质量。由于它块小片薄，所以在墙体转角部位、门窗洞口和弧形墙上处理带来了方便。

陶瓷锦砖的铺贴材料中，水泥强度等级不低于 42.5 级，白色或浅色的陶瓷锦砖的结合层应采用白水泥，深色砖可采用普通硅酸盐水泥。

陶瓷锦砖的排列布缝和花纹图案，已在工厂按联配好，现场铺贴时，粘结层采用素水泥浆或 1：1 水泥砂浆铺贴。素水泥浆的厚度为 3～5mm，铺好后 40min 即可将牛皮纸润湿撕掉，经调匀缝隙擦干净即完成。此外应注意锦砖之间的缝隙要均匀，图案要对接严谨，收边要整齐，最后用 1：1 水泥砂浆擦缝。擦缝的目的不仅是为了美观，更重要的是进一步保证粘结牢固。

外墙面粘贴陶瓷锦砖分层做法如表 4–3 所示。

（3）玻璃锦砖贴面

玻璃锦砖的镶贴方法，应根据镶贴部位的尺寸及形状等来确定。由于玻璃锦砖的形状与陶瓷锦砖颇有不同，其背面略呈锅底形，并有沟槽，断面呈梯形，因而它的构造作法是用掺胶水的水泥浆作粘结剂，使面层牢固地贴于墙体。其构造

粘贴陶瓷锦砖分层做法 **表 4-3**

基层	分 层 做 法	厚度（mm）
砖墙	1. 12 厚 1：3 水泥砂浆打底刮平扫毛 2. 刷素水泥浆一道（内掺水重 3%～5% 的 TG 胶） 3. 3 厚的 1：1：2 纸筋石灰膏水泥混合灰粘结层 4. 贴 5 厚锦砖（在锦砖粘贴面上随贴随刷一道 YJ302 型混凝土界面处理剂） 5. 水泥擦缝	20

层次是：在清理好基层的基础上，抹15mm厚1∶3（体积比）的水泥砂浆做底层并刮糙，应分层抹平，若为混凝土墙板基层，在抹水泥砂浆前，应先刷一道素水泥浆（掺水泥重3%～5%108胶），在此基础上，抹3mm厚1∶1水泥砂浆粘结层，在粘结层水泥砂浆凝固前，适时粘贴玻璃锦砖。粘贴玻璃锦砖时，在其麻面上抹一层2mm厚的水泥砂浆，然后纸面朝外，把玻璃马赛克镶贴在粘结层上。为了使面层粘结牢固，应在白水泥素浆中掺水泥重量4%～5%的白胶及掺适量的与面层颜色相同的矿物颜料，然后用同一种水泥色浆擦缝。图4-5为玻璃锦砖粘贴示意。

选用玻璃锦砖时还需注意以下几点：玻璃锦砖颜色存在色差，因而不宜较大面积采用单色组成饰面；玻璃锦砖表面粗糙多孔，在揭纸后，应及时清洗，否则容易被泥浆污染墙面；玻璃锦砖表面呈半透明状，因此结合层及闭缝水泥浆均应用白水泥调。

4.2.3　钩挂类墙面装饰

钩挂类饰面装饰，主要指天然石材饰面和人工石材饰面装饰。石材饰面安装构造主要有"贴、挂"两种。小规格的板材（一般指边长不超过400mm，厚度在10mm左右的薄板）而且安装高度在1m以下时，通常用粘贴的方法安装。大规格饰面板材（一般指边长500～2000mm）或厚度大的块材（40mm以上）如果用砂浆粘贴，有可能承受不了板块的自重引起坍落，所以，大规格的饰面板一般采用"挂"的方法。"挂"的方法有钩挂、系挂和干挂三种方法。

1．常用饰面石材的种类

天然石材从面层处理上可分抛光、机刨、剁斧、凿面、拉道、烧毛、亚光等，但无论大理石饰面板还是花岗石饰面板，都可统称分为镜面和细琢面两类。

（1）大理石是指变质的或沉积的碳酸盐类的岩石，抛光加工后的大理石板材，颜色绚丽，纹理自然优美，具有很好的装饰性。由于大理石质地较软，且不耐酸碱，易被溶有二氧化碳的雨水腐蚀，所以宜用于室内（特殊需要必须用于室外时，必须经过石材水性多功能防护剂处理），如用于墙、柱、地面及楼梯踏步、家具台面和立面的装饰等。

根据建筑装饰经常使用的类型，将天然大理石按形状分为三种：

1）普型板，用PX简称。常指正方形或长方形的板材，常用的尺寸厚度在10～30mm之间，多用于铺地和墙面的装饰。

2）圆弧板，用HM简称。是指面轮廓线的曲率半径处处相同的板面。

3）异型板，用YX简称。是指普通板和圆弧板以外的其他形状的板材。

（2）花岗石是一种长石、石英和少量云母组成的火成岩，常呈整体均粒状结

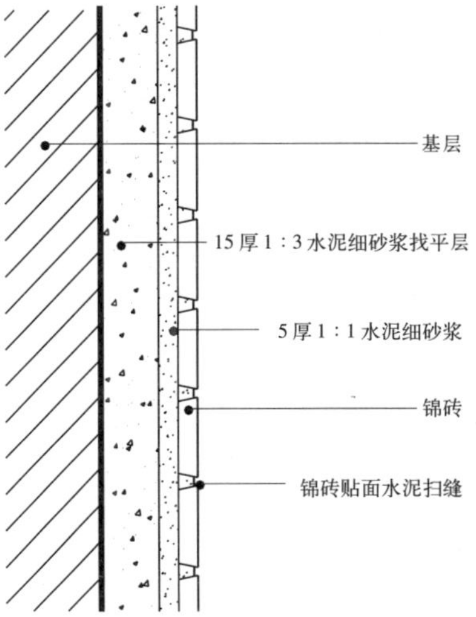

图4-5　玻璃锦砖粘结构造示意

构，强度和硬度极高，并且有良好的抗酸碱和抗风化能力，经加工为细琢面、光面或镜面板材，装饰效果较好。花岗岩的物理化学性能优于天然大理石，因而适合它的应用领域非常广泛。花岗石适用于大型公共建筑的室内外墙面、柱面装饰，也适用于地面、台阶、楼梯及家具台面。

1）花岗石按石材形状同大理石一样可分为普型板、圆弧板、异型板几种。

2）按表面加工程度分类

①亚光板（代号为YG）：石材饰面平整、细腻、能使光线产生漫反射现象的板材。

②镜面板（代号为JM）：石材板正面具有镜面光泽，能清晰地反映出景物，能用光泽度计测量出光泽单位的石材，通常光泽度值不低于75光泽单位。

③粗面板（代号为CM）：指石材饰面粗糙规则有序，端面锯切或锤击得整齐的板材。

（3）人造石材虽然品种也较多，但与天然石材媲美的当属微晶石及微晶玻璃陶瓷复合板（也称玉晶石），这两种人造石材是近年来在建筑装饰行业崭露头角的新材料。人造石材是用玻璃的生产原料制成玻璃液后，不直接生成玻璃，而是通过火淬变成微型玻璃珠，经过二次加热烧结成板材。它外观类似天然石材，而成分完全是玻璃，因而具有耐磨损、耐风化、耐腐蚀、耐高温、不褪色、无放射性污染及良好的电绝缘等性能，其各项理、化、力学性能指标，均优于天然石材。尤其是加工弧形板材时，重量轻、强度大、加工成本低的优势更加明显。由于人造石材不吸水、不易受污染，不担心锈蚀、混凝土泥浆及其他灰色污染物渗透的危害，根除了使用天然石材泛碱的现象，而且还避免了天然石材极易存在的暗伤、裂缝和色差的问题，因而是高档墙、地面装饰的首选材料。

微晶石板材在表面处理上也分镜面及细琢面两种。

2.石材安装一般构造

（1）钩挂贴法

又称挂贴楔固法。它与传统钢筋网挂贴法（系挂片）施工方法不同，它不是将饰面石板用铜丝或不锈钢丝绑在锚固于墙体上的钢筋网上，而是将饰面石板以不锈钢钩直接楔固于墙体上。钩挂贴法做法是：

1）石材板钻孔剔槽：在饰面石板顶部端面和两侧面端面距板厚中心钻孔（孔径 6mm，深35～40mm）、剔槽（槽深7mm），具体孔位：板宽小于500mm钻直孔2个，板宽大于500mm钻直孔3个，板宽大于800mm 钻直孔4个，如图4–6所示。

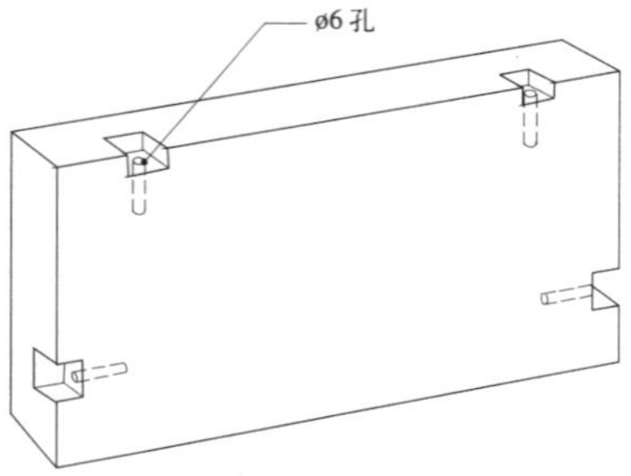

图4-6　钩挂法石板钻孔要求示意

2）在墙体上钻孔：按饰面石材钻孔位置分别定出墙体相应钻孔位置后，在墙体上钻45°斜孔，孔径6mm，孔深40～50mm。

3）安装饰面石板：根据板材与墙面的距离用 ϕ 5 不锈钢丝现弯成U形钉，直角钩插入石板顶边直孔内，并用小木楔楔紧；斜脚一端插入墙体斜孔内，并注满云石胶，同时调整校正，符合要求后再用小木楔将斜孔中U形钉楔紧，并用大头木楔将石材板胀牢，随后分层灌浆，如图 4–7 所示。

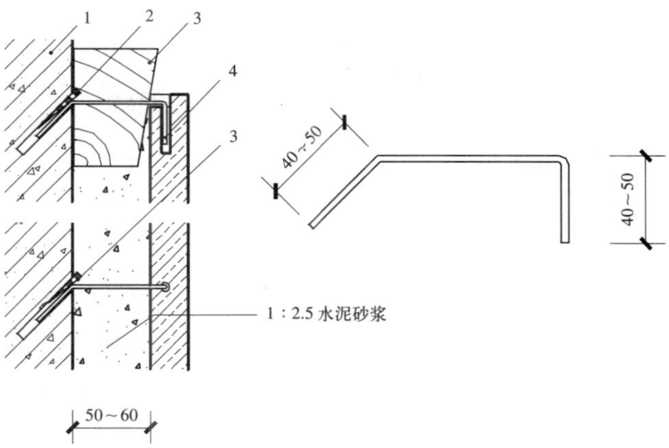

图 4-7　锚固件形状及安装构造示意
1—主体结构上钻斜孔　2—大头木楔
3—小硬木楔(防腐)　4—斜脚直角不锈钢钉

（2）系挂贴法

它又称"钢筋网挂贴湿作业法"，系挂是将饰面板打眼或开槽，用铜丝或镀锌铅丝绑扎在钢（横）筋上，再灌以水泥砂浆将板贴牢。系挂贴法是一种比较传统的工艺方法，由于这种方法在施工工艺上有一定的局限性，因此宜用在较低的建筑墙面。由于它的总体造价相对比其他方法便宜，故目前不少工程还仍然使用。

系挂贴法在设计施工时还应注意石材板的防潮、防碱处理，原则上在石材粘贴前涂抹氟硅类的专用防护剂，以保证设计要求。

系挂贴法的做法是首先按施工大样图要求的横竖距离，焊接或绑扎钢筋骨架。具体方法是：先剔凿出墙面或柱面内的预埋钢筋环，然后插入 ϕ 8 的竖向筋，在竖向筋的外侧绑扎横向筋，其位置低于饰面板缝 20～30mm 为宜，如图 4–8 所示。

对于旧房改造或没有预埋钢筋的基体，绑扎钢筋之前需要在墙面安装 ϕ 10～ϕ 16 的膨胀螺栓来固定钢筋（或铁件）。膨胀螺栓的间距为板面宽（或在基层打出 ϕ 6～ϕ 8、深度大于 60mm 的孔，填入云石胶，然后插入直径相同的短钢筋，短钢筋应外露 50mm 以上并弯钩）。上下两排膨胀螺栓（或短钢筋）距离为板的高度

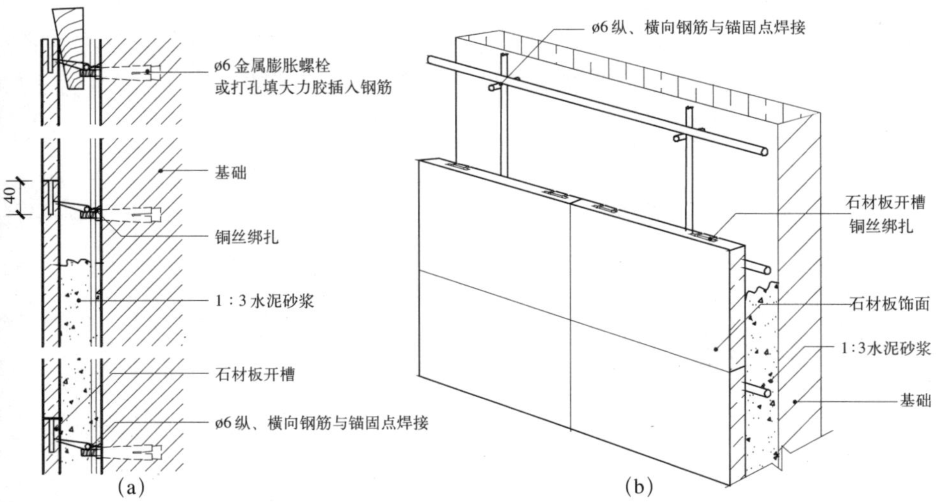

图 4-8　系挂石材板构造示意
(a) 系挂石材节点详图；(b) 系挂石材示意图

减去80～100mm。在同一标高的膨胀螺栓（或短钢筋）上连接（焊或绑扎）水平钢筋，如图4—9所示。

饰面板预拼排号后，要按顺序将板材侧面及背面开槽，具体位置及开槽尺寸参见图4—10。

安装时，一般由下而上进行，用18#铜丝或不锈钢丝两股，弯成U形，套入石材背面槽内，铜丝或不锈钢丝的两端从两条斜槽穿出绑扎在墙体的钢筋上拧紧扎牢，安装就位调整后灌浆，一般用质量比1∶3水泥砂浆灌注（浅色饰面石材须用白水泥调制砂浆），砂浆灌注厚度为30mm左右，并分层灌注，每层先灌到板高的1/3，待第一层浆稍干1～2h，再灌第二层浆，直至灌到板上口以下30mm为止，余量作为上层板材接缝。全部饰面安装完毕，必须按板材色调调制水泥色浆嵌缝（彩图44）。

（3）石材干挂法

石材干挂法又名空挂法，它是利用金属挂件将石材饰面直接悬挂在结构主体上，不需再灌浆粘贴，因此避免了由于水泥的化学作用而造成的饰面石板表面发生花脸、变色、锈斑及粘挂不牢而产生的空鼓、裂缝等问题。石材干挂法还有施工快捷、减轻建筑物自重、提高抗震性及无污染等优点。

石材干挂工艺是将被安装的石材板通过金属挂件直接安装在主体结构上，既无横梁也无立柱，相对比石板幕墙简单经济，但要求主体结构墙体强度要高，如遇特殊情况（用于固定挂件的结构为砌块墙和红砖墙）金属膨胀型螺栓不再适用，应选择与之相匹配的锚栓来固定挂件（如喜利得化学锚栓），一旦选用锚栓固定，一定要在现场做拉拔试验。

直接式石材干挂工艺分为一次连接法和二次连接法，如图4—11所示。通过上下各两个（共四个）挂件将石材固定，其中石材下边的两个挂件起支撑石材重量并在垂直于石材平面的方向上约束石材的作用。目前石材干挂的挂件较多采用的是板销式挂件。钢销式是最早采用的连接方式，它通常在石板上、下边钻φ7～

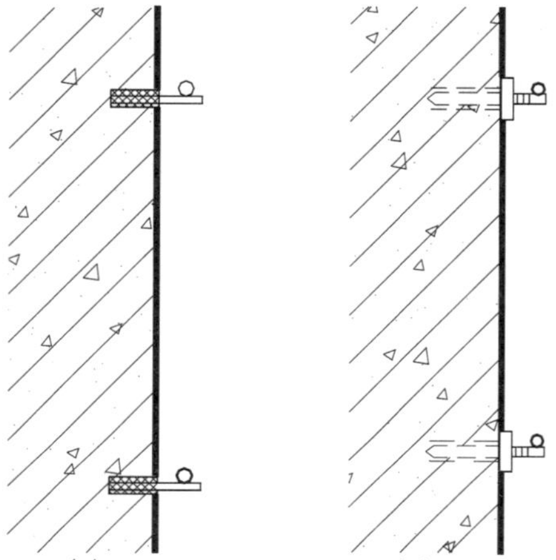

图4-9 膨胀螺栓(或铁件)锚固点设置示意
(a) 墙体埋入短钢筋；(b) 墙体埋入膨胀螺栓

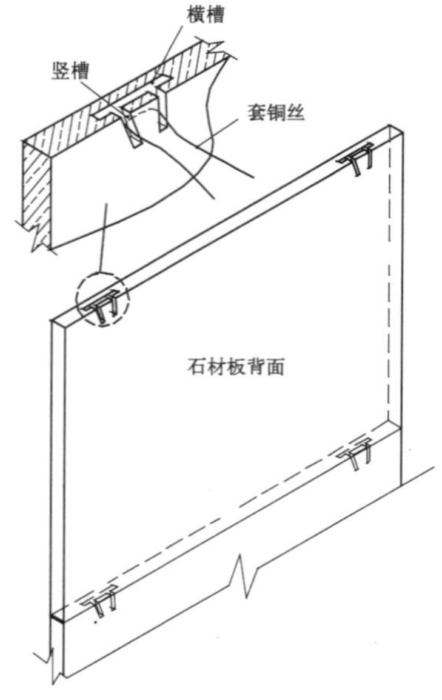

图4-10 石材板开槽示意

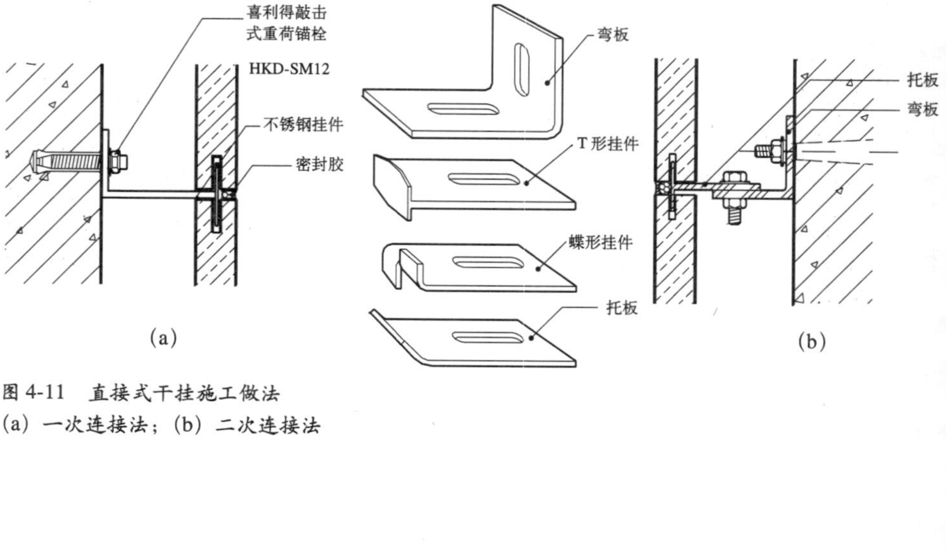

图4-11 直接式干挂施工做法
(a) 一次连接法；(b) 二次连接法

φ8的圆孔，插入φ5～φ6的钢销，钢销连接不锈钢板，再与横梁连接。图4—12、彩图45所示为采用钢销式及板销式连接石材圆弧柱面构造做法的示意。

用直接式石材干挂工艺时，石材饰面板安装前应用石材护理剂进行防渗透处理（石材六面都要处理），这不仅是为了表面美观，更重要的是为了提高石材表面的防渗透性，防止因石材体内渗入水分受热胀冷缩导致石材破裂。另外不仅石材表面应做耐候处理，所有的槽、缝、截口也一定要用耐候胶封严（胶缝厚度不应小于3.5mm），以防止水分在这些槽缝中聚积凝结，导致石材胀裂。

（4）石板幕墙

石板幕墙主要由面板、横梁和立柱组成。横梁连接在立柱上，立柱通过角码、螺栓连接在预埋件上。石材幕墙是一套独立完整的结构系统，且与主体结构能有一定的相对位移，具有三向调整的能力，如图4—13所示。

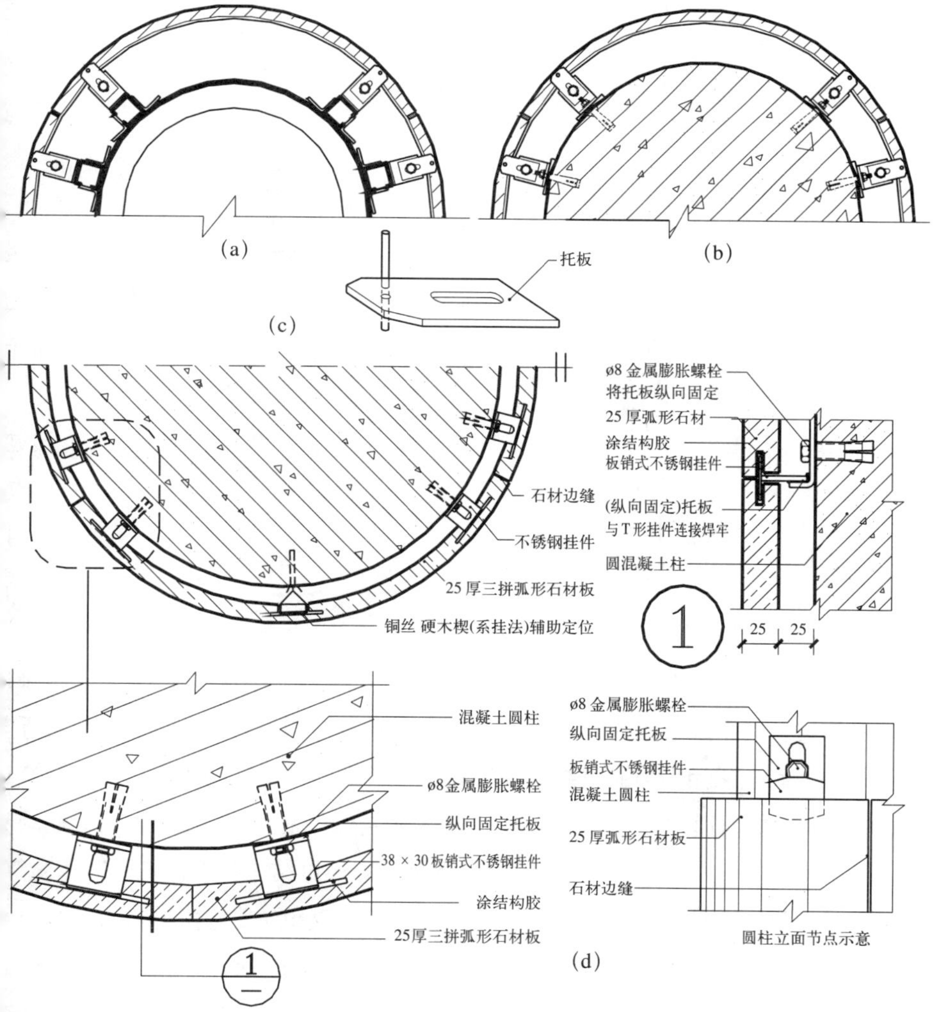

4-12 圆柱干挂施工做法示意

）钢骨架圆柱；（b）混凝土圆柱；（c）销钉式挂件；（d）直接式干挂石材圆柱饰面构造

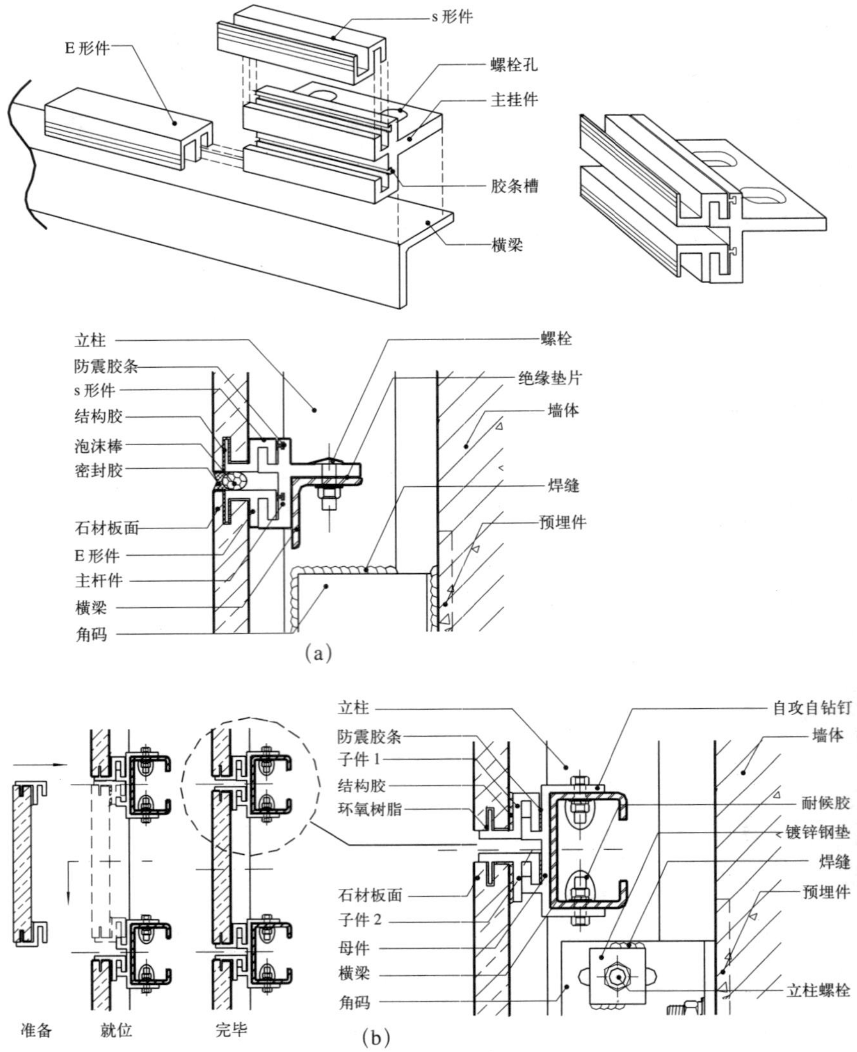

图4-13 小单元石材幕墙干挂示意
(a) 挂件形式之一；(b) 挂件形式之二

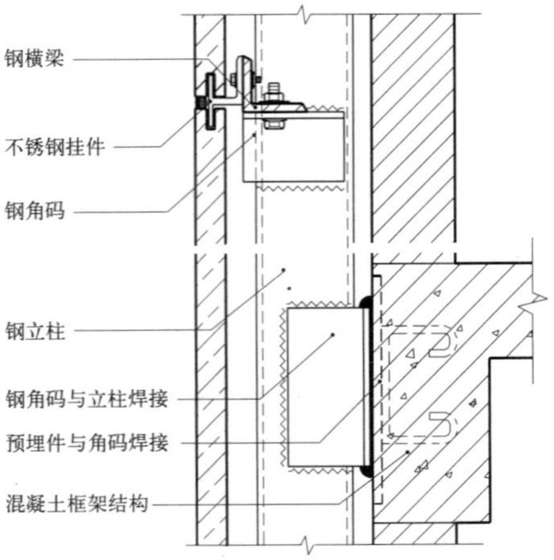

图4-14 骨架式石板干挂构造示意

1）幕墙设计要求

用于石材幕墙的石板，外形尺寸要求精确，石板厚度不应小于25mm，当采火烧石板时，其厚度应比抛光石材厚3mm，以满足结构等强度计算要求。石板金属挂件之间应采用大力胶（结构胶）粘结。考虑到石材较重，立面分格不宜大，单块石材板面面积不宜大于1.0m²。当主体结构是框架结构时，因为轻质填墙不能作为承重结构，如图4-14所示，金属骨架应通过结构强度计算和刚度验算能够承受石材板幕墙的自身重量、风荷载、地震荷载和温度应力的作用。由于架在建成后不便于维护，骨架的防腐蚀就变得很重要了，对此要有足够的重视，而建议采用铝合金型材制作，如需采用普通钢结构，应对钢材料进行热浸镀锌其他防腐处理，如图4-15和彩图46～彩图48所示。

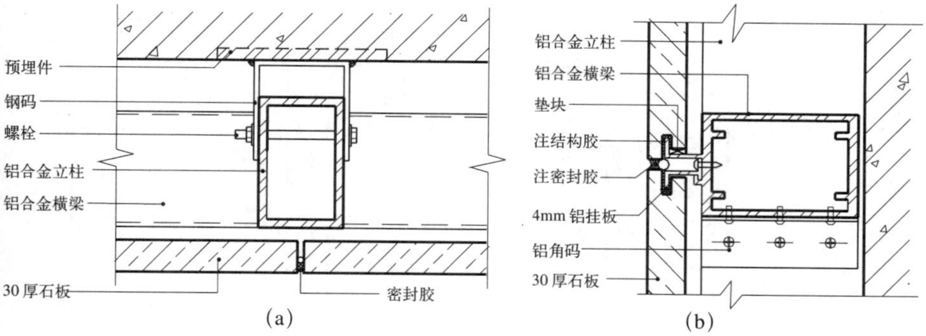

图4-15　深圳蛇口时代广场外墙干挂石材设计节点示意图
(a) 横剖面；(b) 纵剖面

2）形式及构造

①钢销式

钢销式连接是石材幕墙最早采用的连接方式，它通常在石板上、下边钻ϕ7～ϕ8的圆孔，钢销孔内用大力胶灌填，将ϕ5～ϕ6的不锈钢销插入板中，钢销连接不锈钢板，再与横梁连接。

在不锈钢连接件中由于T形钢销连接件在一个连接件挂上、下两块石板，造成石板安装拆卸比较困难，还容易使上面一块石材的自重传递到下面一块石材上，因而在大型石材幕墙工程中不宜被使用。大型石材幕墙工程多采用L形连接件，L形连接件每一个连接件只连接一块石板，解决了安装和更换石板困难的问题。另外钢销式连接通过钢销与石板之间接触传力，受力集中，容易破损，所以只在下面三个限制范围内应用：高度不超过20m；地震设防裂度不超过7度；石板面积不超过1m。如彩图49～彩图52所示。

②短槽式

短槽式连接是将石板上的圆孔改为有效长度为100mm的沟槽，将钢销改为30mm宽的挂钩板，使连接处接触受力面积加大，受力更为均匀，这种方式称为短槽式连接。短槽式连接采用的挂板厚度为3mm的不锈钢板或4mm厚的铝板，宽度为80mm。挂板应采用L形，一块挂板仅连接一块石板，以使拆装方便维修容易，如图4-16所示，见彩图53。

③通槽式

通槽式连接是在石板上、下两边开通长槽口，由通长的挂板拉结。采用的不锈钢挂板厚为3mm，若是铝挂板厚为4mm；槽口深17～22mm，宽6～7mm，挂板深入槽内应为15mm，槽内灌注大力胶。因为挂板与槽壁之间空隙仅1.5mm，结构胶粘结厚度太小，形成不了有效粘结，因此不宜采用结构硅酮胶作为胶粘剂。

④背栓式

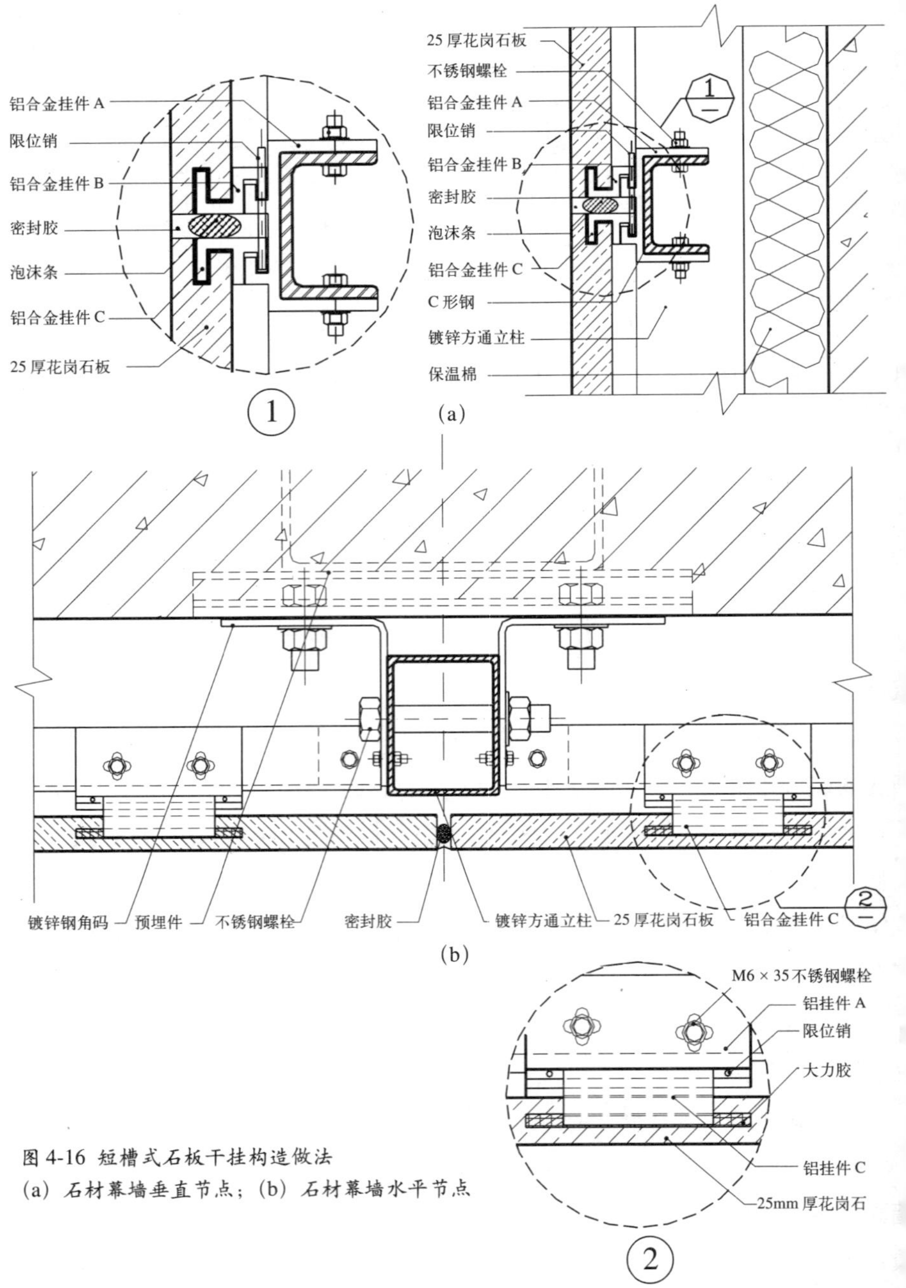

图 4-16 短槽式石板干挂构造做法

(a) 石材幕墙垂直节点；(b) 石材幕墙水平节点

背栓式连接是石材幕墙施工中采用的一项新型干挂技术，它是在石材的背面上钻孔，采用柱锥式锚栓连接，形成背部固定的锚固方式。这种连接的具体做法是用专用柱锥式钻头和专用钻机在石材背面上钻倒锥形孔，锚栓在无膨胀力的情况下装入圆锥形钻孔内，再按规定的扭矩扩压，使锚栓扩压环张开并填满孔底，形成凸形结合。这种锚栓破坏荷载高，安全度高，同时锚固深度小，从正面看不见连接点。背栓铝合金连接件可以用厂家生产的专用配套型材，也可以采用角钢焊接到横梁上，如图 4–17 所示。

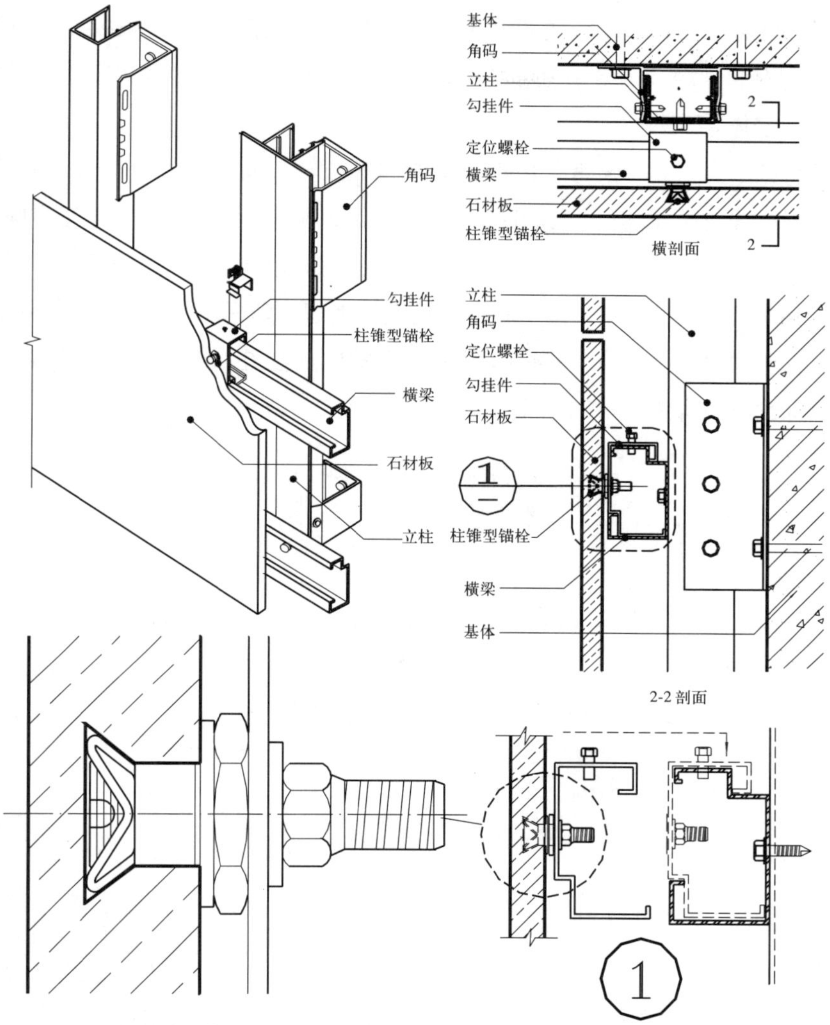

4-17　背栓式石材干挂示意

(5) 干粘法石材墙面

石材墙柱面干粘法工艺是近几年来在国内逐渐发展起来的新工艺，干粘法石材墙面是一种可以完全不用金属挂件，只使用环氧树脂型双组份石材专用粘接工程胶来固定石材的石材饰面做法。干粘石材饰面的做法同干挂石材做法相比较施工更为方便，且施工时无噪音及粉尘污染，内墙饰面使用时相对减少了空间占用面积，一些特殊部位如各种石材饰线、饰条的固定更显优势。

干粘做法可以将石材饰面直接粘贴在砖墙上或混凝土墙上，根据墙立面的高度和饰面石板与墙面净空距离的不同，可以分别采用直接粘贴法、加厚粘贴法、粘锚固法粘结。不过，石材干粘法一般宜在室内空间，且高度也不大于6m的墙柱面宜采用此方法。室外和圆柱面暂不宜采用。

干粘式做法还可以将石材饰面粘贴在钢骨架上。粘结时每块石材上必须有4个以上胶粘接点，粘接点距板边约100mm。粘接点面积应为40mm²粘接点处材料表面必须干净和干燥，钢骨架上粘结点钻ϕ5以上的小孔，使胶体能挤入钢骨架背面，形成胶体锚头。

钢骨架的做法是：通常采用8#槽钢做立柱，一般间距约为1.2～1.4m（有设计要求时按设计要求排部），采用∠40×4角钢为横梁，要求钢立柱垂直方向与饰面板竖向分缝位置对齐，偏差小于等于2mm，钢横梁水平误差小于等于1.0mm，钢骨架用单面焊缝满焊，横梁上石材粘接点位加焊小角码（用∠40×4角钢制作并作钻孔处理（孔径为ϕ5～ϕ10），确定石板粘贴位置，粘贴点位处材料表面擦干净涂胶粘牢，如图4-18所示。

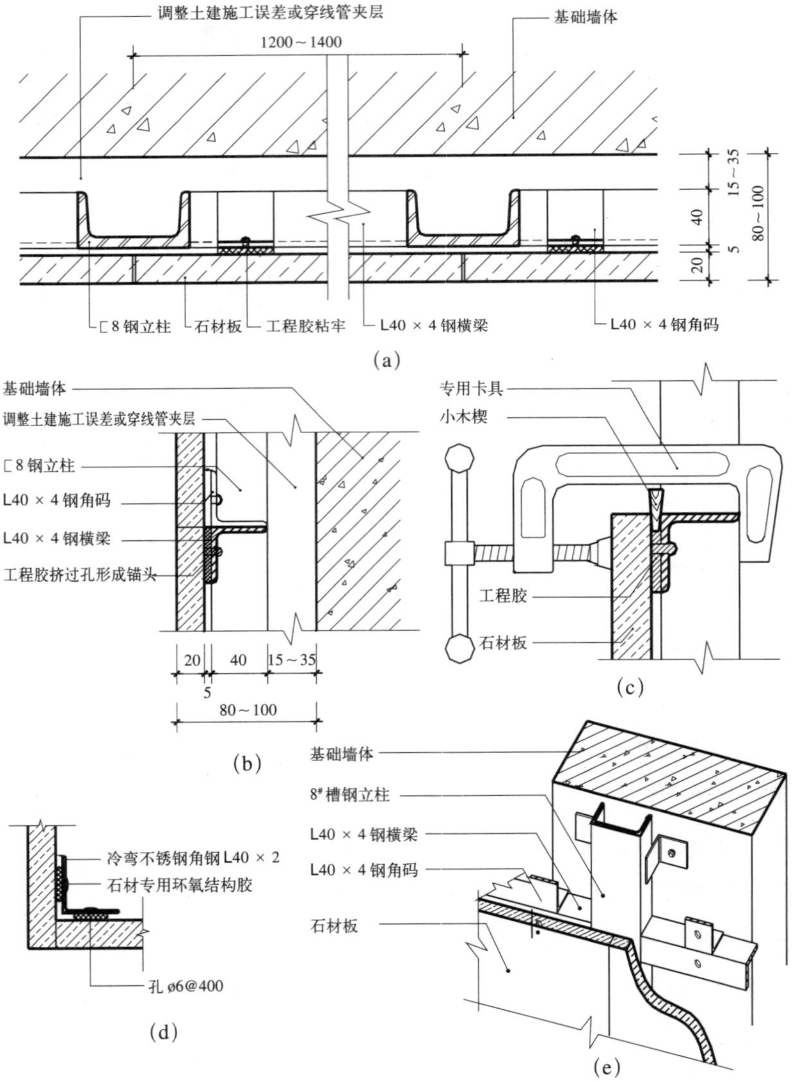

图4-18 钢架式胶粘石材节点示意

(a) 横剖面；(b) 纵剖面；(c) 临时固定；(d) 角连接固定；(e) 干粘石材连接构造示意

特别指出的是胶粘剂是干粘式做法中非常重要的原材料之一，它直接关系到石材面板的粘结质量，所以必须慎重选取优质胶粘剂（如美之宝大力胶等）并严格按照使用说明的指导操作。

（6）陶瓷岗板干挂

幕墙干挂陶板是由天然材料瓷土、陶土挤压成型后，经高温烧制而成。陶板表面分毛面和釉面两种釉面板，使用了hydrotect高科技专利技术使釉面陶板具有独特的自洁功能。由于该陶板自洁性强、重量轻、强度高、安装简便、整体性好，在欧美的建筑工程中被广泛应用，近年来在我国的一些建筑工程也相继被采用（彩图54）。

1）材料特性：由于陶板采用HT（hydrotect）表面处理技术，使陶瓷发生了全新的变化，它具有抗菌性，能够抑制藻类、菌类或苔藓类生长。它还具有靠雨水清洁，将残留污垢冲刷干净，使建筑物得以长久地焕发美丽光彩。

2）品种及规格：陶板的品种丰富，有KeraTwin（平板矩形）系列和KerAion系列，外形更有特点的KeraTwin系列目前有K1型、K3型和K12 型，其版面有平面板和条文板，色彩各异，有独特的质感，经久耐用。规格有400mm × 200mm、500mm × 250mm、500mm × 280mm、600mm × 250mm、600mm × 280mm、厚度为15mm或20mm。特殊规格还可以根据工程需要定做。

3）安装构造：目前我国还没有陶板幕墙的标准技术规范，所以设计计算应参照《金属与石材幕墙工程技术规范》。干挂陶板其构造原理与干挂石材干挂陶板幕墙的构造基本相同，区别在于陶板通过挤压成型，有独特的钩挂方式，所以与其连接的龙骨要采用与其配套的专用龙骨相连接。现以K3（沟槽式）系列为例作一介绍。

①龙骨安装：a.竖龙骨（立柱）安装可选择铝合金矩形管材、T型铝材或热镀锌矩形管材通过角码与墙体预埋件连接。b.横向龙骨应用专用的开口铝合金型材，并通长固定于竖向龙骨上，也可根据设计定距分段固定。横向龙骨之间的距离应根据所选用陶板规格尺寸决定。彩图55所示的竖向龙骨与角码、横梁与立柱采用不同金属材料时，其间接触面应采用绝缘垫片分隔，以避免电化学腐蚀。

②陶板安装：利用陶板背面的沟槽将陶板嵌挂于横向龙骨上，并在横向龙骨上的分段槽口处扣接金属减震弹簧片，确保陶板的稳固及柔性连接，以避免遇强压时陶板出现横向移动或陶板与龙骨之间碰撞发出噪声，如图4-19、彩图56、彩图57所示。

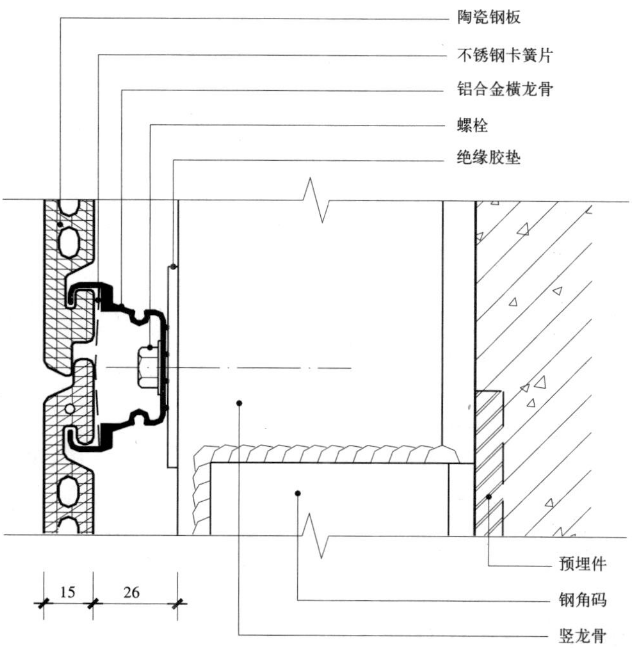

图4-19　沟槽式干挂陶板连接构造

4.2.4 贴板类墙面装饰

贴板类饰面是指用木板、胶合板、金属薄板、金属复合板、玻璃板及具有装饰吸音功能的面板通过镶钉、拼贴等方法所制成的内墙饰面，这类饰面适用广泛、安装简便，装饰效果非常丰富。

贴板类饰面虽然表面效果及材料品种有所不同且性能各异，但基层、找平层构造的处理工艺却基本相似，基本构造做法是：在墙体上固定龙骨，然后将罩面板安装在龙骨架上。根据饰面装饰的不同设计要求以及所用材料的各种特点，有的还需在龙骨架上设垫层板，然后再固定罩面板。

1.木墙面

用木质材料贴面的装饰面称为木墙面，由于木材具有很强的调温调湿特性，作为墙体装饰材料能够很大程度地改变室内温度和湿度，同时还具有很强的装饰效果，因而木墙面的使用范围非常广泛。

（1）木墙板

木墙板由龙骨、衬板、饰面板及木线组成。通过木龙骨用钉固的方法与墙体连接固定，一般用于立面装饰到顶。由于木材的天然纹理及质感具有极佳的装饰效果，能使人感觉高雅华贵、沉稳大方，所以木墙板常用于高级的室内装修。

木墙板通常是用同一种木质材料做饰面，也可以根据不同形式的风格和功能要求与其他材料搭配使用，与石材、金属、织物、玻璃镜等搭配，获得的效果可以侧重突出不同的表达内容。

木墙板使用的饰面板规格形式有薄实木木板材和人工合成木制品（胶合板、大芯板、刨花板等）。木墙面基本构造层次如图4–20所示。

木墙板设计时应注意的是：

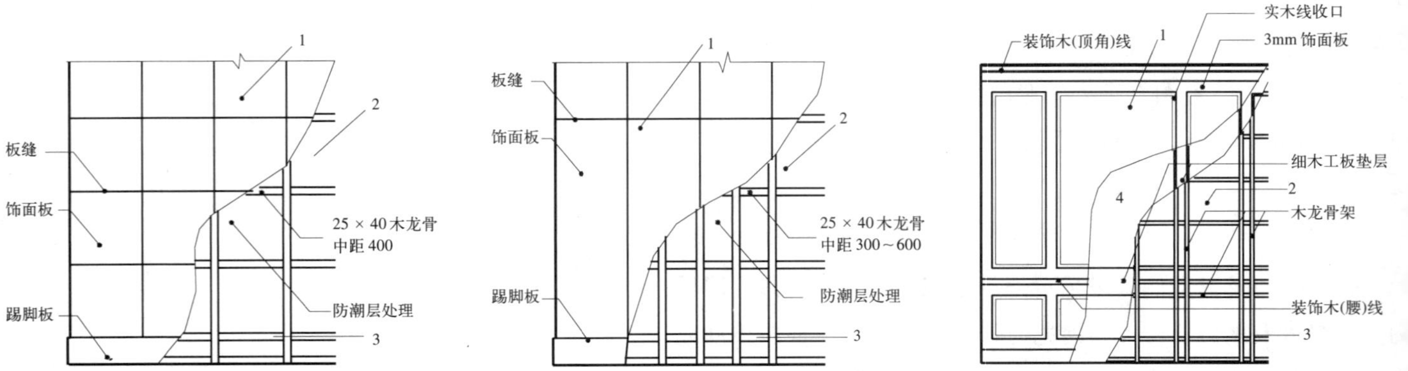

图4-20　木墙面分层构造示意
1—面层　2—基层　3—木龙骨　4—衬板

1）面层接缝

墙面的饰面木板可连续排列，也可纵横交错排列成“#”字格。由于材料的规格尺寸所限，在施工时不可避免的会涉及到接缝问题，处理接缝的办法一般可以平接或企口连接，也可以采用凹缝（明缝、拉缝）、V形缝或压条。当用实木做护墙板时，也可采用拼缝形式，如图4—21所示。面层接缝问题从示意图上看似简单，但这些细部的连接与收头在整体空间设计中都是比较关键的部位，如离缝的宽度，压条的材料质地与形式及比例等，在设计上必须仔细推敲充分考虑。

2）连接构造

木墙面的连接构造是：在墙体预埋防腐木砖（已建成墙面可打孔楔防腐木楔），然后在木砖（木楔）上连接木龙骨架，木龙骨间距一般为400～600mm（根据板材规格和面层接缝位置而定），竖向、水平两个方向间距相同，从而构成木龙骨网。彩图58所示的木龙骨截面尺寸通常为（25～45）mm ×（40～50）mm，面板的连接固定可以直接用钉固方法，也可以胶粘加钉接或用螺丝直接固定。在表面有造型时，可以在木筋网上先固定一层衬板，然后再根据造型需要装钉面层板。在安装龙骨前一定注意做好防潮层，不然木墙板受到潮湿的侵袭产生霉变，既破坏了表面效果，又缩短了使用寿命（彩图59）。

木墙面面层材料多采用胶合板（三夹板、五夹板等）、细木工板、中密度板、刨花板及防火板等板材，目前常见的木墙面主要由木龙骨和胶合板组合而成。

安装饰面板时应预先选好颜色及纹理相近的板材，编号后顺序安装固定。拼缝要平直，木纹要对齐。利用面层板自然纹理拼成所需花饰是一个重要的装饰手法，当装饰一个较大表面或整个房间都用同一种面材时，采用这种方式就显得更为重要。拼接后的面板由于纹理在不同方向上产生了变化，肌理对比愈加明显，加之光照的作用，可以使光线与纹理结合产生幻影缤纷的效果，使呆板的墙面变得生动起来，装饰效果惟妙惟肖。木饰面板拼花举例如图4—22所示。彩图60所示的

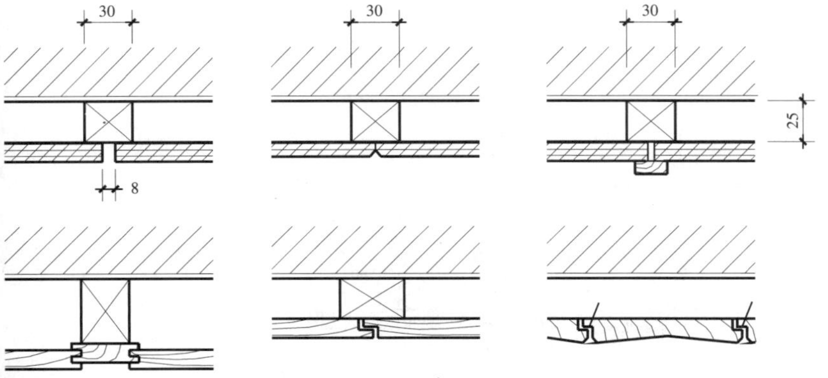

图4-21　胶合板、实木板木墙裙接缝形式

图4-22　木饰面板拼花

木墙面与其他材料的搭配一般来说虽表面形式多变，但其内部构造的原理相同，需要注意的是收边的处理方式。收边处理的方式可根据不同材料的规格及特性，决定其固定方式，比如木饰面与软包搭配，可以采用钉固；木饰面与玻璃镜面、铝板、防火板等搭配，可以采用胶粘；木饰面与石板搭配，可以用托压与胶粘等方法（图4—23）。

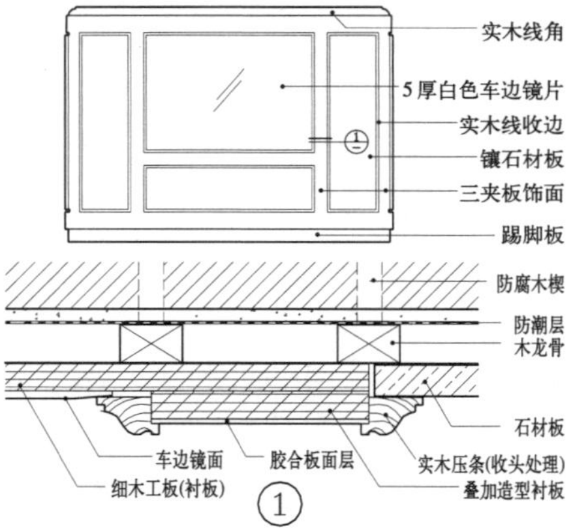

图4-23　凸凹形式木墙面与其他材料搭配分层构造示意

（2）木护墙裙

木护墙裙与木墙板的区别在于木墙裙不到顶（一般为900、1200、1500mm或1800mm），而木墙板则做到顶平面。其构造作法与木墙板基本相同，只是在端头收口处理有所不同。护墙板与顶棚交接处收口，木墙裙上端一般宜作压顶或压条处理，如图4—24所示。一般面层板常采用胶合板。当然也可根据形式要求采用其他材料，如用实木板做饰面层。

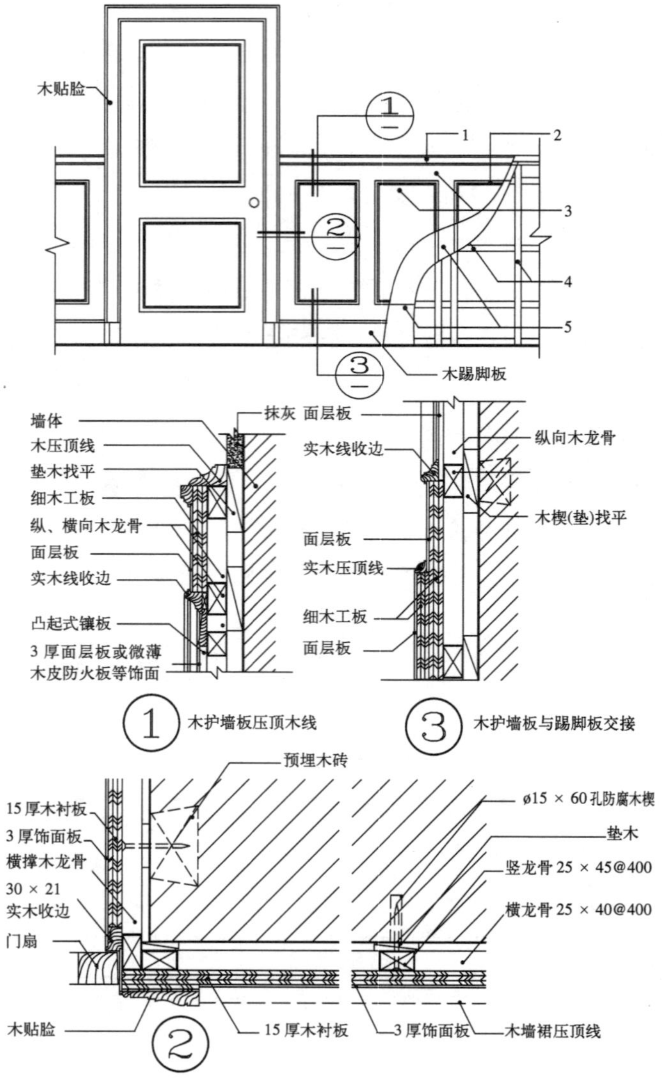

图4-24　木墙裙分层及构造示意
1—木压顶线　2—实木收边压条
3—面层板　4—木龙骨架
5—木衬板

(3）拼装式木墙板

拼装式木墙板（护墙板）与传统的木墙身最大的区别是不在现场以粘结钉牢的方式安装，而是按照设计要求在工厂预制木墙板，采用统一标准的配件通过和基层墙面预埋构件的搭接而成。这种制作形式做工精细、尺寸统一、施工快捷、安装方便，由于不在现场加工，可以降低施工中的噪声及对作业面的污染，同时也减小了资源上的浪费。虽然目前这种装配方式在国内还处在发展的初级阶段，但这是建筑装饰的一个发展趋势，应当引起足够的重视。

拼装式木墙板的一般构造是：首先在墙内预埋防腐木砖，间距为400～600mm，竖向、水平两个方向间距相同。在预埋木砖上连接固定通长横向龙骨（木龙骨断面25mm×50mm），然后将金属配件固定在木龙骨上，金属配件间距600～800mm（具体尺寸根据成品面板规格确定），最后将成品木墙板滑动就位，如图4–25、图4～26所示。

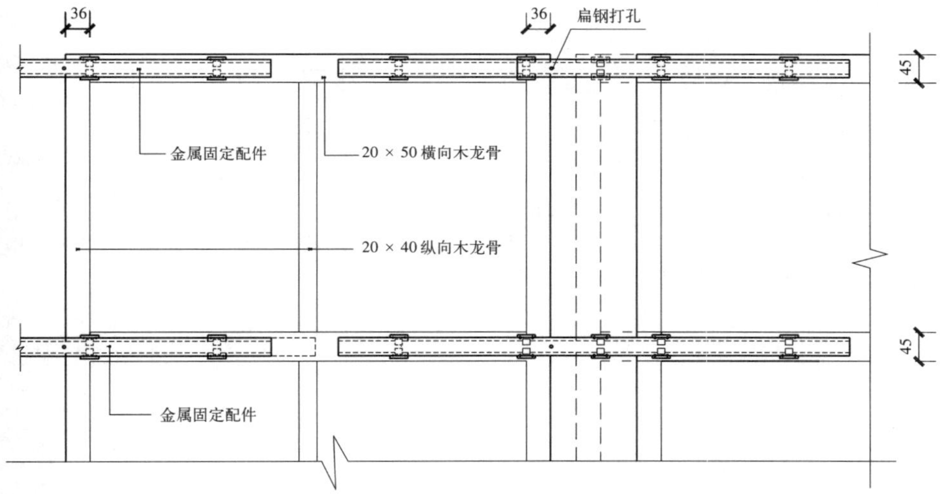

图 4-25　拼装式墙板背立面及配件示意

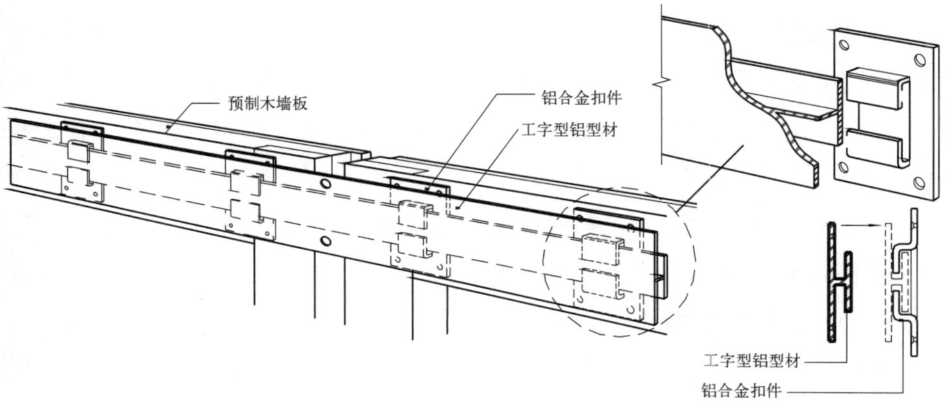

图 4-26　拼装式木墙板(背面)配件示意

安装要点：采用拼装式木墙板要求基础点平整，连接点精确度高，因此要严格控制相接固定点的垂直平整度，以确保安装质量。木龙骨及成品板背面均应预先做好防腐、防火的处理。

1）墙体预埋防腐木砖与横向木龙骨连接间隙可用垫木调节，使各横向木龙骨之间保持垂直平整，待符合要求后用木螺丝固定。

2）检查金属连接件符合要求后，就位固定在横向木龙骨上。固定点的垂直平整度偏差应小于2mm。如发现偏差，必须及时调整。

3）安装木墙板可从阴角开始，先将靠墙端的金属配件固定，然后将成品板顺序滑动安装就位，如图 4—27、图 4—28 所示。

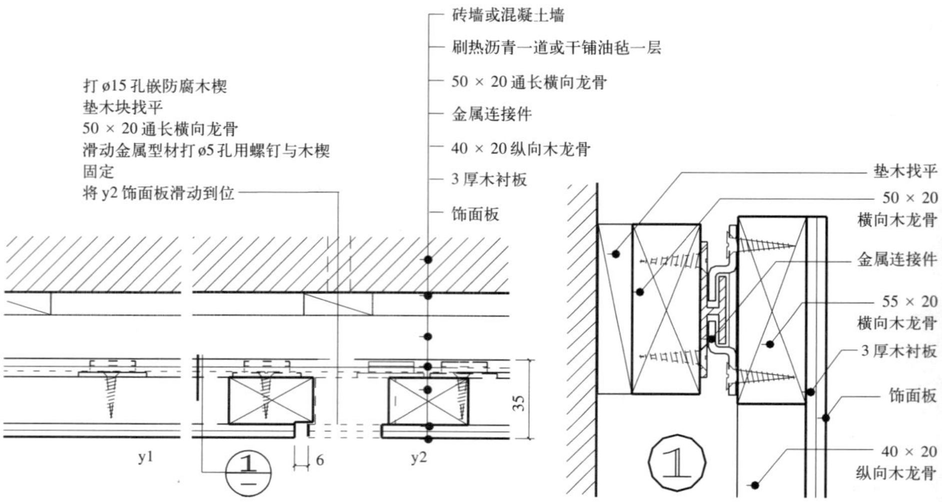

图 4-27　拼装式木墙板安装构造示意

2.软包墙面的多孔材料（如矿渣棉、自熄型泡沫塑料等软基层）

软包墙面是指用各种纺织面料、毡、皮革等材料组合成轻质不燃物作为对墙面的装饰。软包墙面具有柔软、吸声、温馨的特点，适用于防止碰撞及有声学要求的房间（如会议厅、多功能厅、娱乐场所等处）的墙面装饰。软包墙面既可以独立使用装饰房间，也可以与其他材料搭配组合，通过材料的质地和色彩的对比，相互衬托创造出更丰富的空间立面。

在这里需要指出的是，不是表面是软包织物就具有良好的吸音效果，因为多孔吸声材料的吸声性能与材料的厚度有着密切的关系，如果材料太薄，同样不能有效地起到控制声音作用。

要使软包具有一定的吸音作用，除软包面层要具有一定的厚度外（吸声材料的厚度至少要大于10mm以上），还应采用在软包面层后面设置空腔的方法，加强构

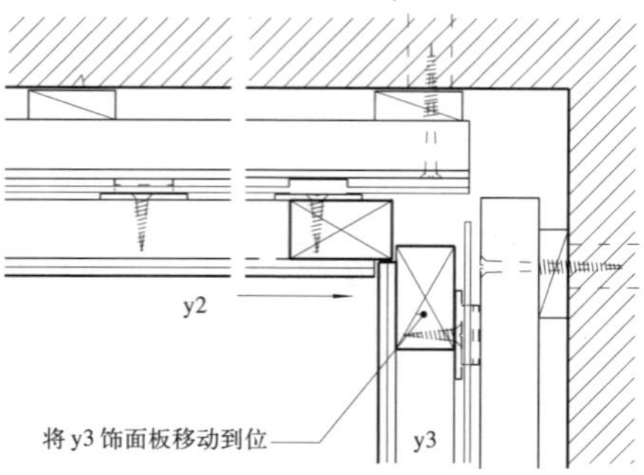

图 4-28　拼装式木墙板阴角收口示意

造的吸声作用。具体做法是应使基板和墙面有一定的空腔，空腔的距离应大于30mm，基板不要太厚，以五夹板或九厘板为佳，在基板上要开一定面积的孔洞和缝隙，如图4—29、图4—30所示。

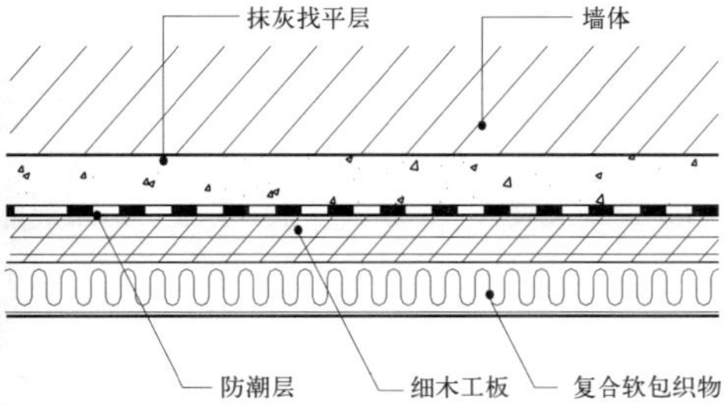

图4-29　普通软包构造

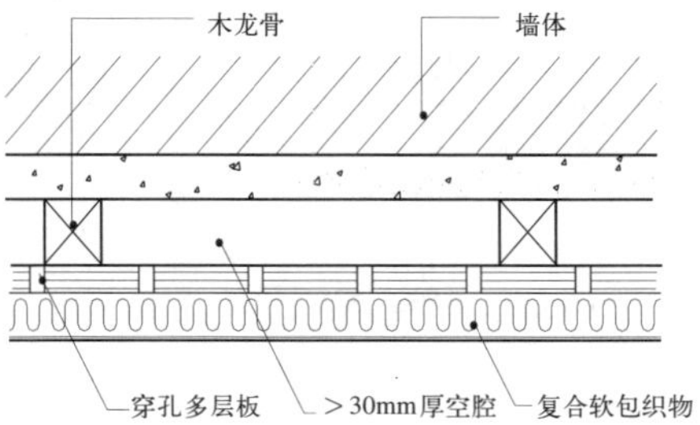

图4-30　具有吸声作用的软包构造

软包饰面由基层、中芯层和面层三大部分组成。

基层：基层包括木骨架找平层和胶合板衬底层（基板），其与墙面基层间的防潮处理与木护墙的做法相同。通常软包饰面的衬底层多采用胶合板制作。由于防火的需要，这里不得使用普通胶合板，而必须使用阻燃型胶合板。

中芯层：中芯层是吸声层，通常使用阻燃性泡沫塑料或矿渣棉制作。

面层：面层是软包饰面的最外层，通常使用装饰织物或皮革（人造革）充当。

（1）织物软包饰面构造做法

织物软包饰面的墙体基层处理要求与木墙面作法相同。织物软包饰面通常有两种做法，一是固定式软包，二是活动式软包。固定式软包适宜于较大面积的饰面工程，活动式软包较适用于小空间墙面装设。

固定式软包做法一般直接在墙基面上制作，其顺序为：先在墙基面上敷设木龙骨骨架、铺定胶合板衬板，再按造型设计将矿棉、岩棉或玻璃棉等软质材料粘贴固定，然后由上往下用织物面料包覆矿棉等软质材料，并用木线压钉装于衬板上，如图4—31所示。

活动式软包做法通常是在基层墙面上固定上下单向或双向实木线角，线角带有凹槽，上下线角或双向线角的凹槽互相对应，软包饰件分块事先做好（在胶合板衬板上采用泡沫塑料、岩棉板块、海绵块等作为填充芯材，外包织物面料），利用其弹性特点整齐而准确地卡装于木线之间。另一种活动式软包做法是硬边拼缝软包件（块），软包件（块）采用胶合板衬板四周圈定木条（木条一般不小于10mm × 10mm），内衬软质填充材料厚度应高出木条1～2mm，包附制作成单体，然后镶钉于墙面，如图4—32所示。

随着装饰材料的不断研发，目前出现了许多新型的成品软包装饰材料制品，如

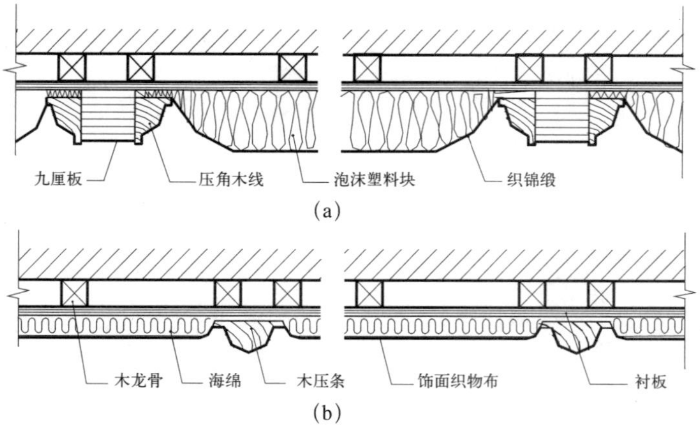

图 4-31　固定式软包示意

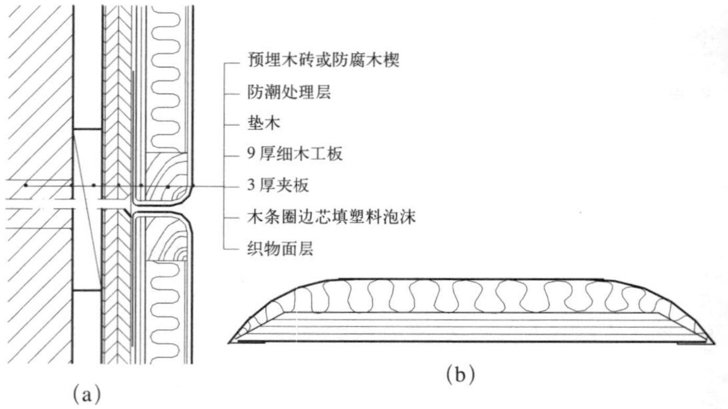

图 4-32　活动式软包块示意

法国的欧法斯特吸音装饰板等，其构造原理及安装方法与预制软包块基本相同，但表面更美观、平整，装饰效果更佳。

（2）皮革软包构造做法

皮革软包饰面有两种固定形式，即明钉（装饰）固定和暗钉固定两种。这里只介绍暗钉固定的构造做法。

1）基层处理：为了防止结构内的潮气造成软包基面板、衬板的翘曲变形，应首先做好防潮层处理。皮革软包饰面的基层要牢固，基板应有足够的强度。

2）在基层上按皮革软包的设计尺寸敷设纵横木龙骨，木龙骨间距通常为400～600mm。

3）面层固定：按设计尺寸预裁五夹板，将其平行于竖向龙骨的两条侧边，朝一个方向刨出 60° 斜面，以便于拼缝。安装时，从一端开始以胶合板压住皮革面层，压边 20～30mm 与龙骨固定，然后拉抻面料的另一端，使其平伏在五夹板（矿渣棉）上，用气枪钉固定于木墙筋上。用相邻的一块包有面料的五夹板（包斜边一端）将其压紧，同时压紧自身的软包面料，一起用气枪钉钉固于木墙筋上。继续安装即重复此过程，最后一块软包块的另一侧面料拉平后，连同盖压木装饰（收头）线钉牢于木墙筋上，如图 4–33 所示。

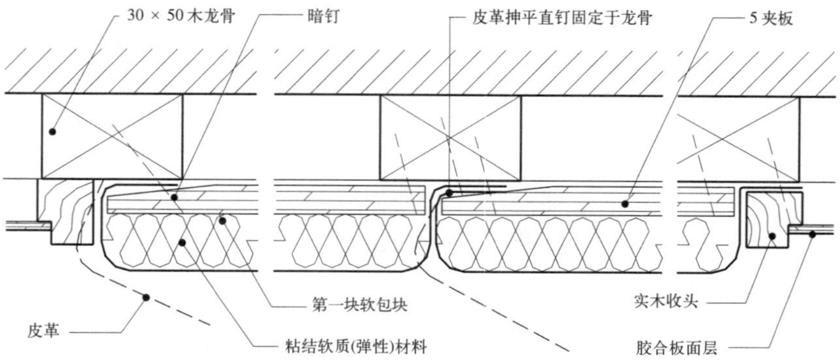

图 4-33　皮革软包安装示意

皮革软包也可以预制板块，用五合板四周加木边条中芯填塑料泡沫的方法做皮革软包墙面。这种方法更易于表面接缝平直，面层挺括，安装也比较灵活，更具整体装饰效果。

皮革软包预制板块的具体做法是：面层板预制是用五夹板四周固定木条，中芯添加塑料泡沫，将50mm左右宽、厚低于芯材1～2mm的木条，从中间锯开成60°角并刨光，分别固定在五夹板的两边，所不同的是一面退离板边9mm的位置上固定，另一面木边条冒出板边7mm，皮革铺钉时用力拽均匀，并用码钉、立时得胶固定在木边条的斜边上，然后将多余皮革用界刀割掉。拼装时可顺时针安装，先安装左侧板块，五夹板板边应对准木墙筋中线，用气钉枪直钉将五夹板固定在立筋上，钉距200mm。然后再将右侧板块紧插在已固定好的板块内，利用角度将此板卡牢，然后再用钉固定右侧，这样往复铺定安装。转角处应加收口线。软包板块宽超过60mm时应将五夹板改为九厘板。皮革软包墙面如图4—34所示。

3.玻璃墙面

玻璃装饰板的种类繁多，各种新型艺术玻璃的出现（如压型玻璃、热熔玻璃、彩釉玻璃、水晶玻璃、彩金玻璃等），使得艺术玻璃装饰效果更为丰富。这些玻璃与镜面玻璃最大的不同是它不直接反射周围影像，而是要借助于光线的渗透（主要指人工光）才能展现其绚丽的艺术效果。艺术玻璃的使用为建筑空间创造了生动的动感与色彩，令人震撼，能够激起人们更加丰富的艺术想象力。

（1）玻璃墙、柱面的特点

建筑物内部的墙面或柱面上，常常用玻璃和镜面进行装饰，通过这种表面光洁的材料，可使墙面显得规整，清丽大方。同时，大面积镜面还能起到扩大空间的作用；狭长的镜片条反射灯光及景物能呈现出重复多变的效果。镜面玻璃中的影像与真实物体间细微的偏差，更为建筑空间环境增添了一丝奇异与梦幻，给人惊异的感觉。

（2）玻璃墙面的装饰构造

玻璃墙面安装的方法大致可分三种：钉、粘、嵌压（托压）。每种做法都有各自的特点和适用范围：“钉”是以螺钉、各种玻璃专用钉为固定构件，将玻璃镜面固定在墙柱面或固定家具上；“粘”是以胶结材料将玻璃镜面贴在墙上或木基层上；“嵌压”（托压）则要求在玻璃镜面或艺术玻璃的四周或上下，用木材、金属型材、石材、塑料等将镜面固定在墙上。

1）钉固做法的构造

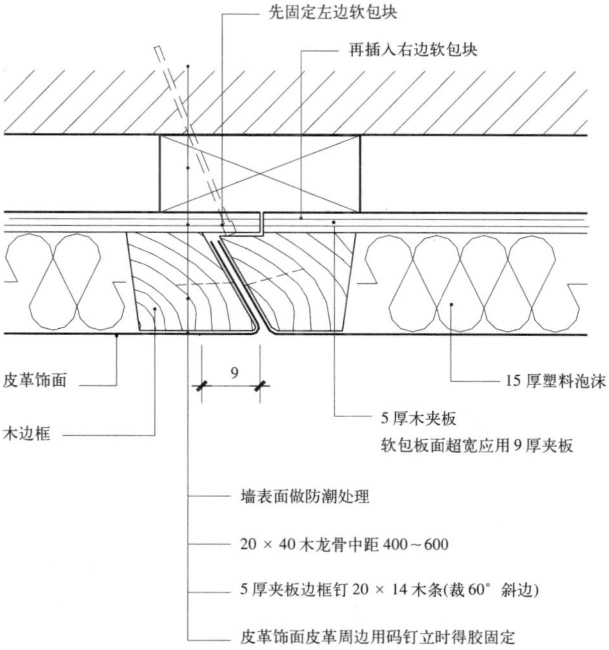

图4-34　活动式皮革软包示意

①基层处理：必须做好墙体基面的防潮层，防止潮气使木衬板变形、使水银脱落或镜面失去光泽。

②立筋：立筋处理同木墙板处理的方式相同。墙筋应按玻璃尺寸做成木框格。

③铺钉衬板：衬板为5～15mm厚的胶合板，与墙筋钉接，钉头需没入板内。

④镜面安装：根据装饰效果的要求在玻璃板上钻孔，安装所需各类金属（装饰）钉、直接将玻璃固定在衬板上，如图4—35所示。

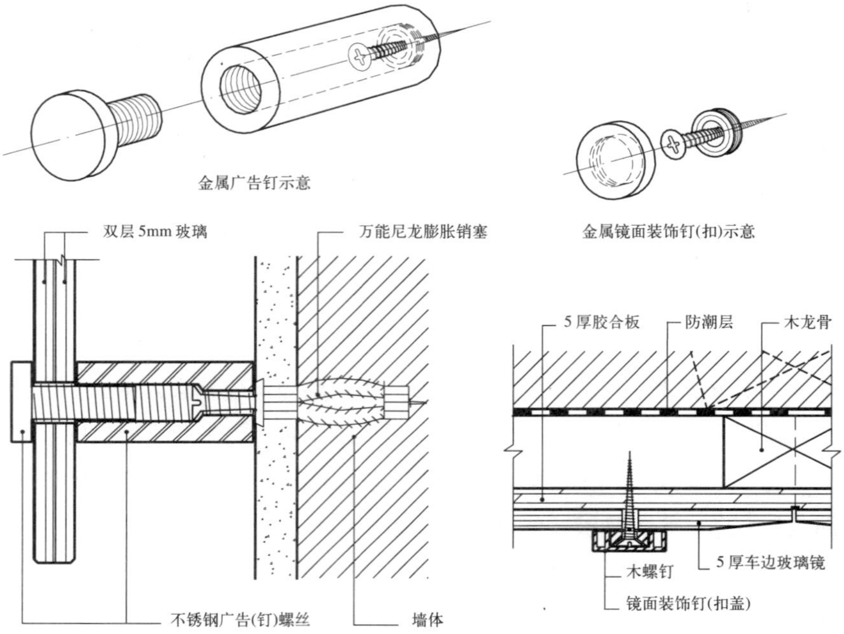

图4-35　螺钉固定玻璃示意

同样，根据具体工艺要求将镜面之间的缝隙用玻璃胶嵌严。

2）粘贴固定： 粘贴固定是将镜面玻璃背面涂刷一层白乳胶，用牛皮纸裱贴平整，粘牢后涂刷万能胶（贴牛皮纸的目的是避免直接涂刷万能胶可能腐蚀玻璃镀膜），然后将镜面玻璃粘贴于木衬板上，玻璃镜面四周要用玻璃胶均匀封严。此种玻璃镜面粘贴方法适用于较大面积的镜面玻璃安装。

3）嵌压（托压）固定： 嵌压（托压）固定方式主要是靠压条和边框将镜面托压在墙上。压条和边框的材质可以是木材，也可以是金属型材及石材等材料，长度同镜面边长相等。压条固定是从下向上进行，用压条压住两镜面间接缝处，安放上镜面后再固定横向压条。压条为木材时，在嵌条上采用钉固方式固定，其他材料应采用专用胶粘结等方法固定，如图4—36所示。

大面积单块镜面的安装多以托压做法为主，也可结合粘贴方法固定。

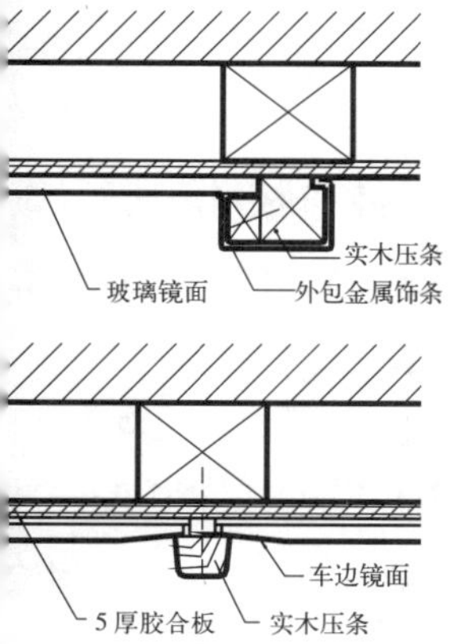

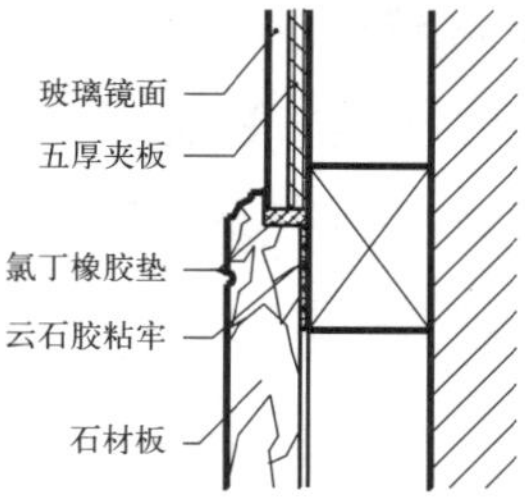

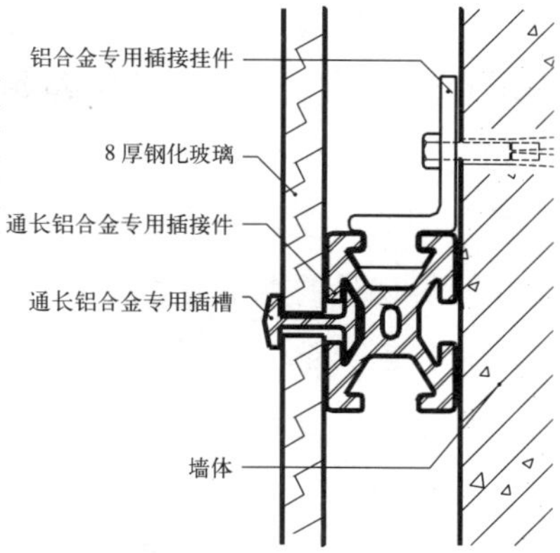

图 4-36　拖压固定镜面玻璃示意

柱面上的玻璃安装要求和工艺构造与墙面上玻璃安装相同。玻璃镜在方形柱面有转角时，转角处的衔接方法可以用线条压边、磨边对角和用玻璃胶收边等方式。采用线条压边法时，应在粘贴玻璃镜面上，留出一条木线条的安装位置，以便固定木线条。用玻璃胶收边时将玻璃胶注在线条的角位，也可注在两块玻璃镜面的对角口上。对于圆玻璃柱面应采用专用金属连接件固定，如图 4–37 和彩图 61 所示。

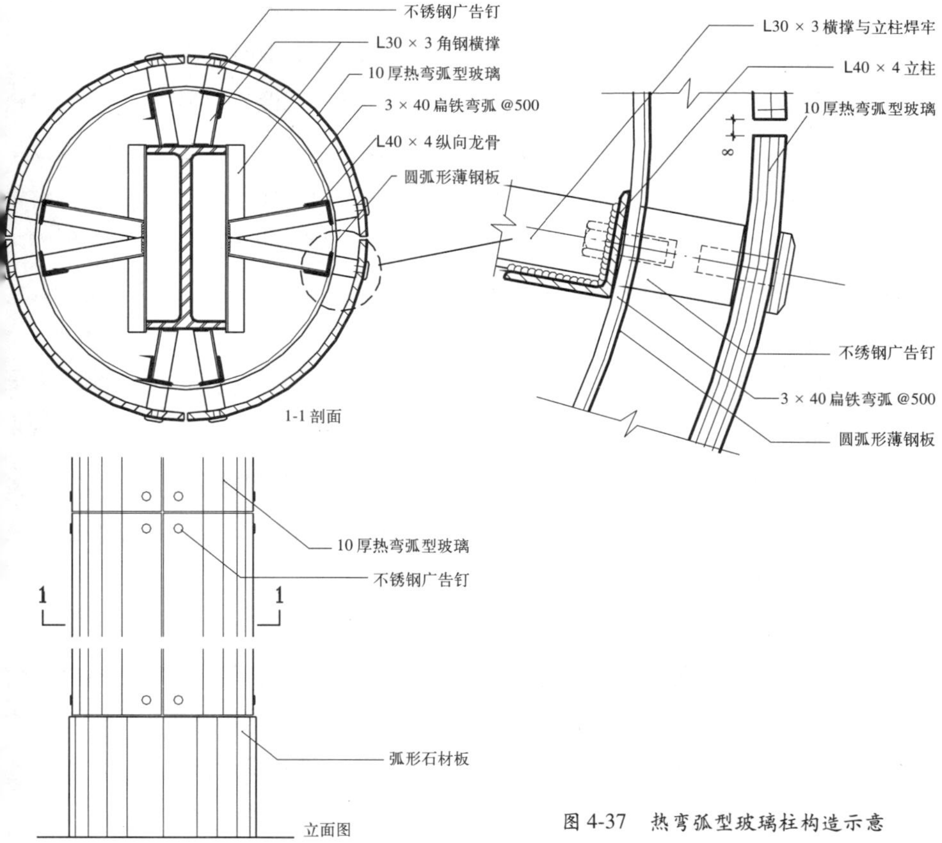

图 4-37　热弯弧型玻璃柱构造示意

4.金属板墙面

在现代建筑装饰中金属饰面板的使用越加广泛。这是由于金属饰面板表面平整光洁、色彩丰富、光泽耐久，具有较好的装饰效果，同时金属装饰板易于成形，能满足不同的造型要求而且还具有耐磨、耐腐蚀及施工方便等优点，所以在机场、会展中心等现代的大型公共建筑中被广泛采用。

（1）复合铝塑板

铝复合板也称铝塑板。铝复合板主要由三层材料复合而成：上下层为0.5mm厚高强度铝合金板，中间夹层为2～5mm厚的PVC、PE或其他化学材料芯板，表面涂层为氟碳树脂（PVDF）及聚脂涂层经过高温烘烤处理而成。由于复合铝塑板表面采用高强度铝合金，芯材则用密度较低的聚乙烯板材，不但强度高，而且还大大降低了板材的自身重量，与同等厚度的纯铝板相比，重量仅为纯铝板重量的1/2，不足同等厚度钢板重量的1/4。由于铝复合板夹层化学材料遇火时会产生毒气对人体造成危害，因此在设计使用铝复合板时要充分考虑所用的场所及部位，避免不必要的危险发生。

1）复合铝塑板的规格及特点

①复合铝塑板分为普通型与防火型两类。普通型复合铝塑板的上下两层铝合金薄板的厚度为0.5mm，其间夹2～5mm的PE（即聚乙烯塑料）经加工而成；防火型复合铝板系由两层0.5mm厚的铝板中间夹一层难燃或不燃材料而成。

②复合铝塑板表面涂层有聚氨酯和氟碳喷涂两种，用聚氨酯喷涂的表面，耐碰撞、耐摩擦，但长期在阳光紫外线照射下会逐渐褪色，因而比较适用于室内装饰；而用氟碳喷涂的板材表面光亮度好，附着力强、耐冷热、耐腐蚀、耐衰变、耐紫外线照射和不褪色，惟一不足之处是漆层硬度、耐碰撞性、耐磨性能比聚氨酯喷涂稍差，因而更适用于外墙面的装饰。经过国家消防装备质量监督检测中心测试，复合铝塑板的防火特性属于难燃材料。

③复合铝塑板成形性好，加工技术简单，可钉、可铆、可弯曲、可切削、可冲压、易于加工成复杂形状，还可在面层上印刷图案和文字，施工非常方便。复合铝塑板还有表面光洁平整、易保养、易清洗的特点。常见的复合铝塑板板材厚度为1mm、3mm、4mm等几种，规格尺寸为1220mm × 2440mm。复合铝塑板板材质量较轻，3mm厚的规格板材重量只有11.5kg。

2）复合铝塑板饰面的构造

复合铝塑板饰面主要由饰面复合铝塑板和框架组成，框架固定在基体墙面上，饰面板通常经折弯等造型加工后由金属连接件（挂耳）固定于框架上。

在室内墙面装饰中除上述构造外，还可以将复合铝塑板通过胶粘剂直接粘结在衬板上，衬板通过钉固连接龙骨架，龙骨架通过锚固连在基体墙面上。

①复合铝塑板内墙装饰

复合铝塑板内墙装饰一般采用1～3mm厚、表面涂有聚氨脂涂料的复合铝塑板材。复合铝塑板装饰饰面分为镜面铝塑板、镜纹铝塑板和普通各色铝塑板。

镜面铝塑板的板面经电镀制成镜面效果，光亮如镜，可取代镜面玻璃，颜色有铝本色、金黄色、墨色等多种，用以装饰墙面、顶棚，耐冲击、不破不碎。

镜纹铝塑板基本与镜面铝塑板相同，表面非常光亮，在镜面上有各种石材和木材的纹理，图案逼真，光滑优美，更能丰富墙面的肌理效果。

普通铝塑板最为常见，有红、黄、白、银灰及各种压纹板，使用也非常广泛。

复合铝塑板饰面的制作因材料特点所决定，板与板之间宜采用离缝方式处理。接缝处可根据选用板材的颜色嵌填相应颜色的硅酮密封胶。安装做法有胶结式和专用双面胶带粘接两种形式。第一种方式为胶结式，其做法是：a.固定龙骨：在基层面布置轻钢龙骨骨架，骨架间距最大为600mm。骨架配件选用最方便最直接的就是采用成品骨架，这里举上海拉法基小野田公司产品为例，将RD2（专用配件）固定卡以最大800mm的垂直间距直接固定到墙上，如图4—38所示，用小段龙骨水平固定在墙体上，间距同上。小龙骨两侧留出25mm间隙，以利通风。如采用木龙骨固定方法可参见木墙面构造有关内容。b.铺设衬板：可铺设纸面石膏板（其他板材也可），宜纵向铺设，垂直接缝必须落在竖龙骨上。用自攻螺钉固定石膏板。在纸面石膏板的上部及下部各留出13mm间隙，以保持纸面石膏板与墙基体间有适当的通风距离，如采用木制衬板应注意采取防火措施。c.粘贴面层：在复合铝塑板背面及衬板面层上分别均匀涂布胶粘剂（如立时得胶），待胶晾一定时间（用手试摸不粘手时）后，将复合铝塑板上墙就位并在各板接缝处留3～6mm的缝隙，同时与相邻各板抄平、调直，用手拍平压实（拍压时勿用硬物敲击），使复合铝塑板与衬板粘牢。注密封胶时先在板两边分别贴压敏胶纸条，然后在接缝处注密封胶，待胶干后再揭去板两边的压敏胶纸条。复合铝塑板板缝的大小宽窄如图4—39所示。

另外还有一种胶结式做法，就是在基面上采用泡沫质地的双面粘接胶带固定饰面层板。按面层板的板块尺寸在基层上纵横设置双面胶带，当板块的规格尺寸较大时，其胶带布置适当加密。板材就位时，其四个边均应落在双面粘接胶带上，以确保粘接牢固、平整。

第二种固定方式为定型折边固定。这种做法常用于大型空间墙面（如机场候机大厅等）。具体做法是：根据设计要求将复合铝塑板划线刨沟折成90°弯，边缘用铝角码、抽芯铆钉连接固定成箱形，上墙就位时用螺栓与金属龙骨连接固定，在单元板之间留的一定间隙，其内注密封胶（此做法同铝板幕墙相同），如图4—40所示。

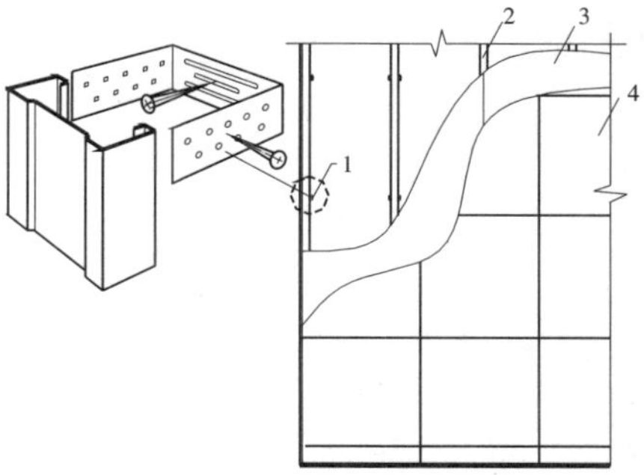

图4-38　复合铝塑板内墙粘贴分层构造示意
1—固定卡　2—轻钢龙骨　3—衬板
4—铝塑板面层

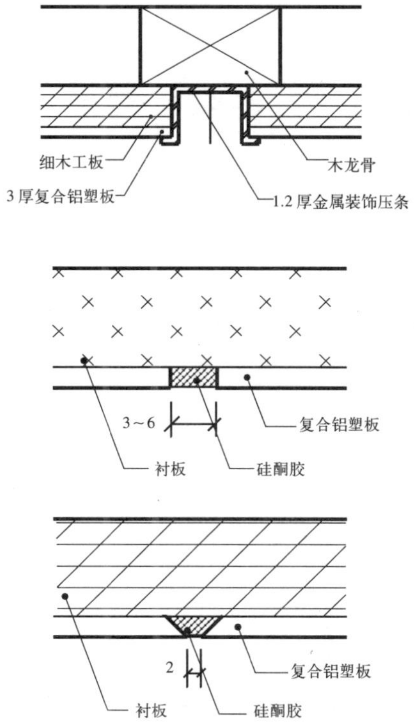

图4-39　复合铝塑板胶缝处理示意

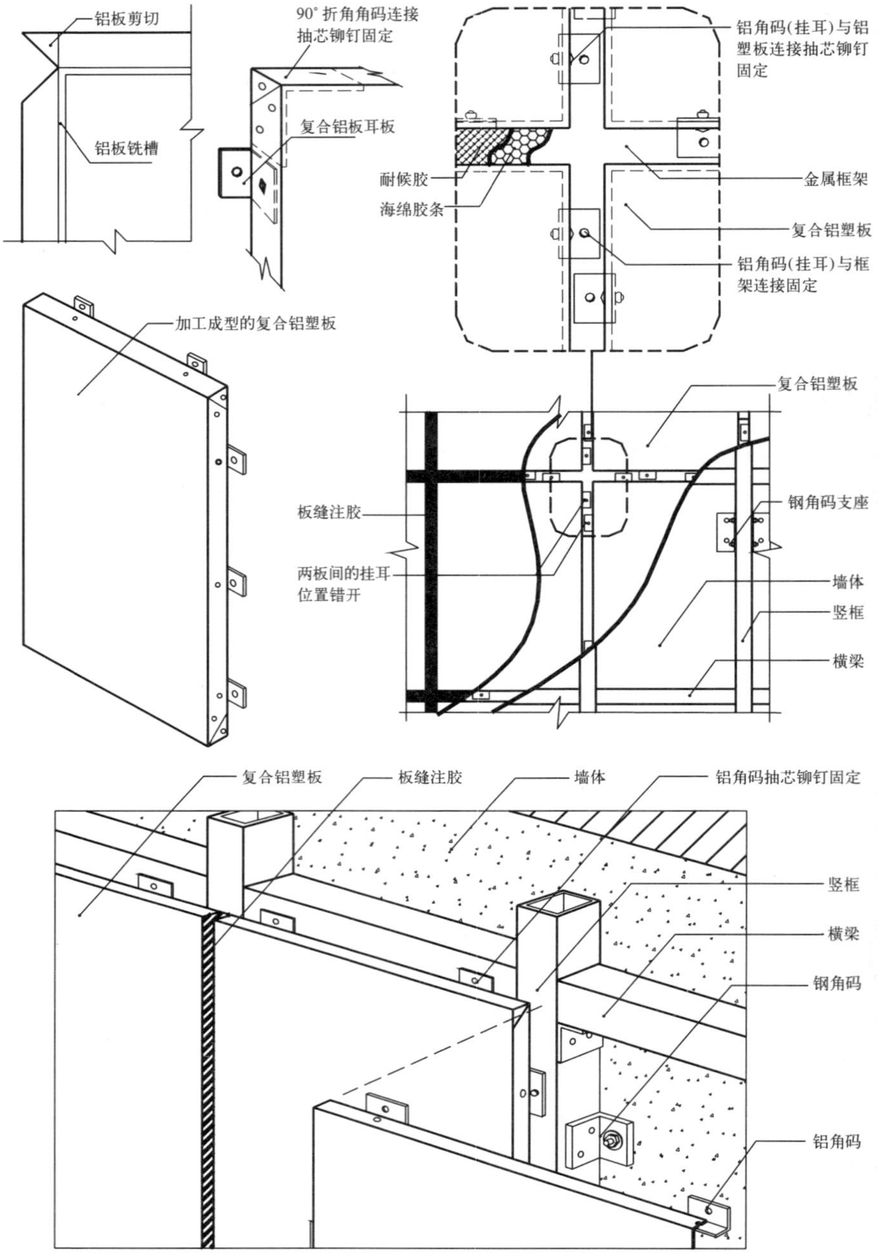

图 4-40　复合铝塑板构造做法示意

②复合铝塑板外墙装饰

用于外墙的复合铝塑板通常为 4mm 以上厚度的氟碳涂层板（彩图 62）。板材通过开槽折边能加工成方形、矩形、弧形等各种异型制品（彩图 63）。为使复合铝塑板块强度和刚度要求能够满足较大规格外墙板，当装饰板块尺寸较大时，要采取增强措施，如设置加强筋、方管骨架等。

a. 幕墙复合铝塑板的组成及构造

复合铝塑板幕墙主要由饰面板和框架组成，饰面板固定于框架上，由框架将其自重及所承受各种荷载通过连接件传递给主体结构。这里需要指出的是幕墙工程不同于一般的室内装饰工程，必须由具有资质的单位进行二次设计，并出具完整的施工图设计文件。

复合铝塑板幕墙骨架一般采用铝合金型材或型钢制作，安装时先安装立柱后安装横梁。通常先把角码固定到墙体预埋件上，再将立柱用螺栓与角码固定（彩图64）。立柱安装完后横梁与立柱采用螺栓连接或通过角码用螺钉连接。各种不同金属材料的接触面应采用绝缘垫片分隔，以防发生电化学反应产生腐蚀，如图4—41所示。

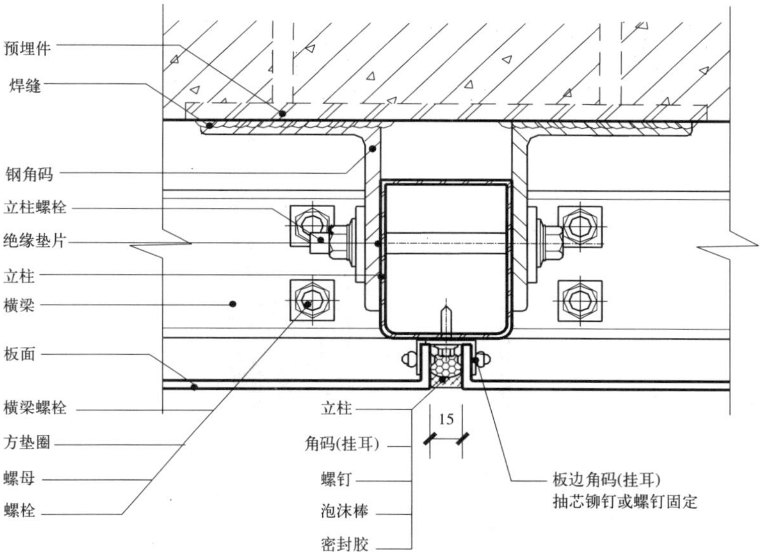

图 4-41　骨架固定节点示意

复合铝塑板使用时应采用弯折方式，单元板块制作方式是：将板材四周折边，折边处设边肋，板面较大的还要加中肋等加劲肋，以增加刚度防止变形。根据复合铝塑板应用特点和方便固定的要求，一般都将其边部折弯处加工出安装边，或另行加设金属成型件作安装连接件（挂耳）。进行安装固定时，将构件用螺栓拧到型钢或铝框架上，如图 4—42 和彩图 65 所示。

复合铝塑板固定后，板间接缝及其他需要密封的部位要采用中性硅酮密封胶进行密封。板与板之间的间隙一般为10～20mm，通常搭接胶缝的宽度是深度的1倍，但不能小于深度，宽度最小为6.5mm，深度不得小于6.5mm接缝防水设计是复合铝塑板设计中必须考虑的最重要的一项，是评估复合铝塑板造型饰面本身成功与否

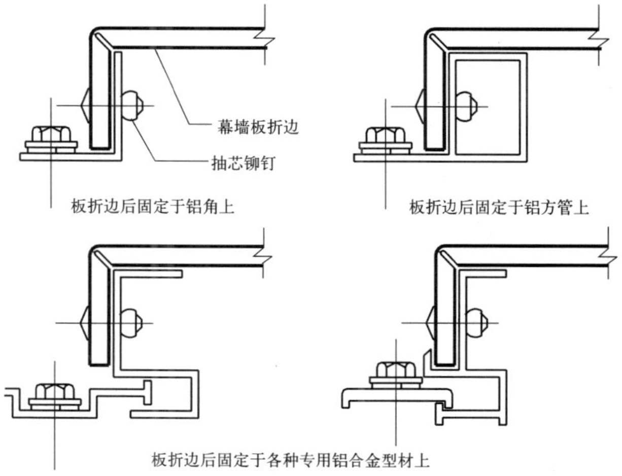

图 4-42　铝塑板折边及挂耳形式

以及是否耐久的关键因素（彩图66）。用于复合铝塑板表面填缝的对接胶缝，对造型的防水性能至关重要，特别是对于用胶合板做造型底衬，表面粘贴复合铝塑板的施工做法（如雨篷、挑檐等）尤为关键，不正确的胶缝设计，胶封不能起到有效的密封作用，会使希望的建筑装饰立面的外围护构件有良好性能、保持室内有一个良好环境的目标都不能实现。

b.复合铝塑板的节点

在复合铝塑板幕墙的设计中，通常有三种不同的连接构造形式，虽然节点处理方式略有不同，但其构造原理基本相同。

有正规横梁和立柱的系统：这种类型的幕墙有正规的立柱（多用箱形截面），立柱通过角码、预埋件与主体结构的墙体相连。横梁通过铝角码固定在立柱上，如图4—43所示。

有其他梁柱框架形式的复合铝塑板（铝板）幕墙：有些复合铝塑板幕墙的立柱截面形状不是箱形截面，而是采用了冷弯金属板的形式如图4—44、图4—45所示，有些只有立柱，没有横梁。

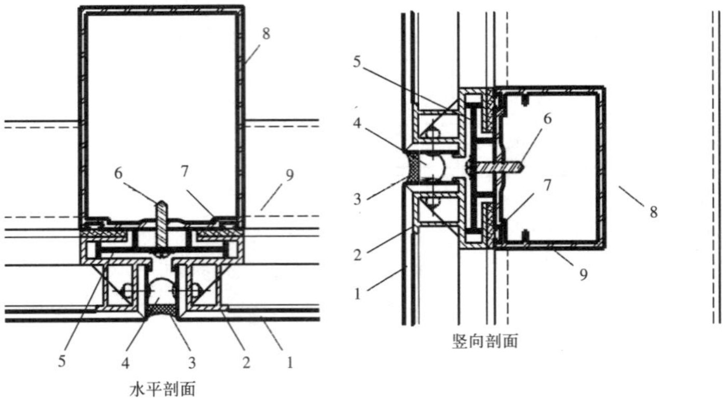

图4-43　专用框架幕墙类型
1—铝塑板　2—副框　3—密封胶　4—泡沫胶条　5—压片　6—自攻螺钉　7—胶垫　8—立柱　9—横梁

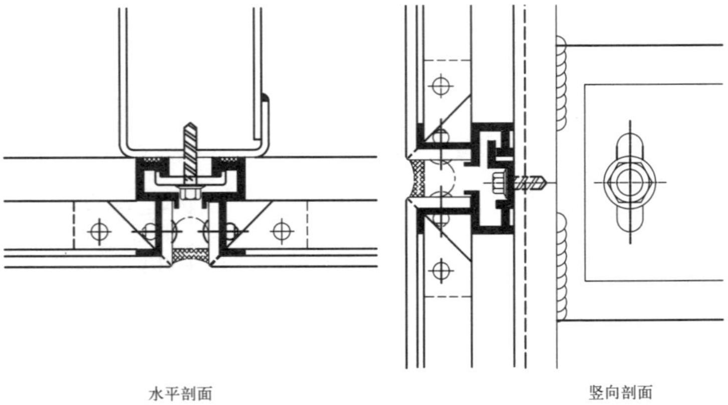

图4-44　冷弯金属板骨架幕墙类型

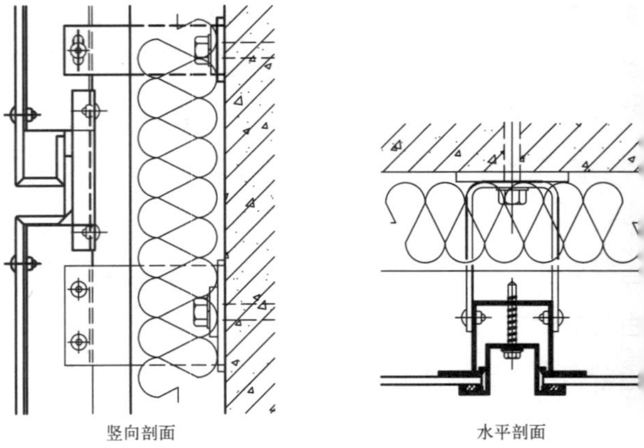

图4-45　无横[illegible]幕墙类型

在实体墙面上的复合铝塑板（铝板）幕墙：这时的复合铝塑板通常直接用角码、螺栓（后加螺栓）固定在基体墙面上，连接一般比较简化，只通过连接件上的长圆孔保持其微调范围，如图4—46所示。在幕墙节点构造设计中的水平部位的压顶、端部的收口、伸缩缝的处理、两种不同材料交接部位的处理等，不仅对立面装饰效果有着较大的影响，而且也关系到建筑物的结构安全与使用功能。因此，各厂商十分注重节点的构造设计，并相应开发出与之配套的骨架材料和收口部件，更加注重了组装流程的科学化，不仅设计先进，安装和改换效率高，而且安全度也得到提高。具体设计时应参阅有关专业技术手册，这里不再赘述。

（2）单层铝板

单层铝板是由厚2.5～3mm的纯铝板或铝合金板表面进行氟碳树脂滚涂后形成的板材。与复合铝塑板比，单层铝板强度高，折角处未削减厚度而耐久性好，喷涂后无颜色方向性，遇火灾时不产生烟雾，因而得到越来越广泛的应用。

1）单层铝板性能及加工特点

①单层铝板中纯铝板一般厚度为3mm，强度相对较低，加工容易。合金铝板常用厚度为2.5mm和3mm，强度高，坚硬，加工比较困难，用于幕墙的铝板不应小于2.5mm。

②单层铝板在加工时，按设计要求四边折弯成直角，在弯角处一般不开槽，直接弯转90°，注意此时折弯外圆弧半径不应小于板厚的1.5倍。铝板应按需要设置边肋和中肋，加肋的固定可采用电栓钉，也可采用结构胶或双面胶带粘贴，如图4—47所示。

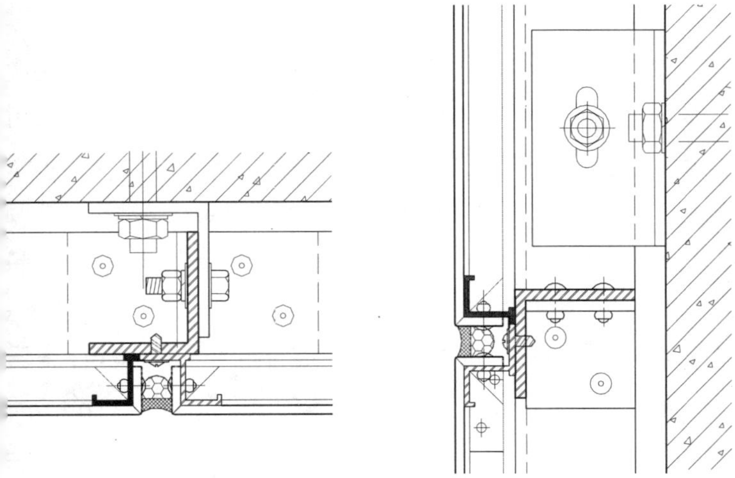

水平剖面　　竖向剖面

图4-46　直接连接在实体墙面上的幕墙类型

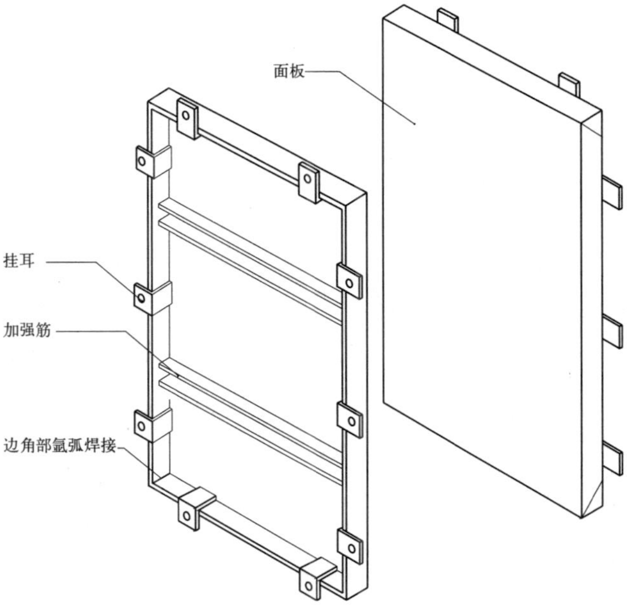

图4-47　单铝板板材构件

③单层铝板挂耳的固定可采用焊接、铆接或在铝板上直接冲压而成，保证位置准确，调整方便，固定牢固。

2）单层铝板的安装节点：单层铝板构件四周边应采用铆接、螺栓或机械连接相结合的形式固定，以保证固定牢固（图4—48）。

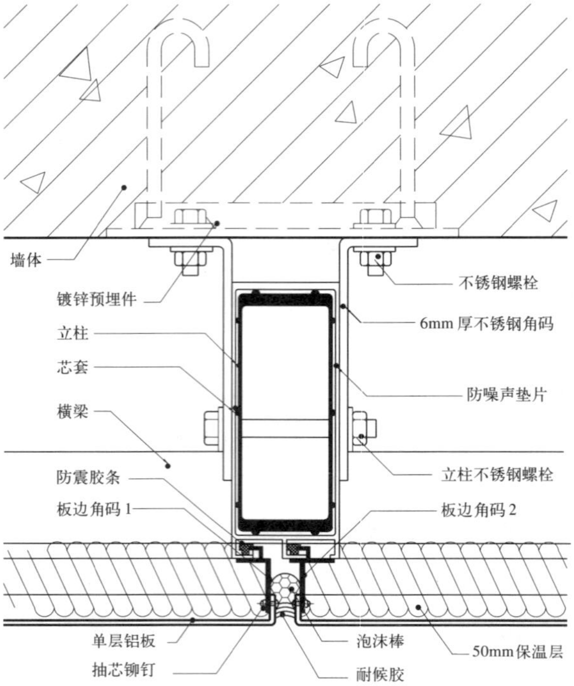

图4-48 单层铝板幕墙节点构造

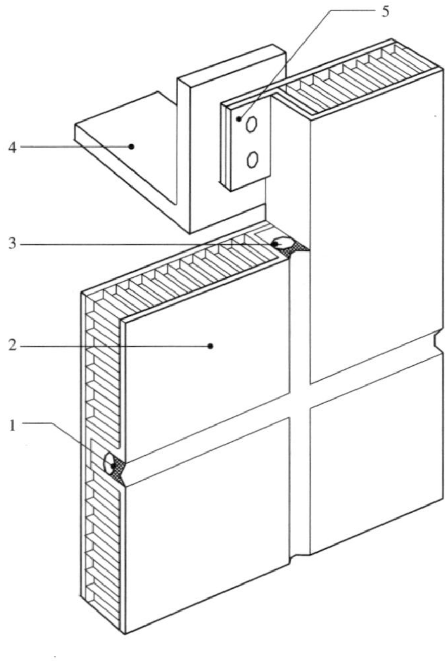

图4-49 蜂窝铝板幕墙构造示意
1—防水密封胶 2—蜂窝铝板 3—填充棒
4—钢或铝合金龙骨 5—连接角码

（3）蜂窝铝板

蜂窝铝板是用两块厚0.8～1.2mm或1.2～1.8mm的铝板，将用不同材料制成的蜂巢状芯材夹在中间而组成的板材，如图4—49所示。中间蜂窝芯材夹层可采用铝箔芯材、玻璃钢芯材、混合纸芯材等。蜂窝铝板总厚度为10～25mm。蜂窝芯材形状有波形、正六角形、扁六角形、长方形、十字形等。蜂窝铝板幕墙在设计时应根据幕墙的使用功能和耐久年限的要求，分别选用厚度为10、12、15、20mm和25mm的蜂窝铝板。

蜂窝铝板内外两层铝板厚度之和已超过2～3mm，有较高的强度，隔声、保温性能较好，作外墙时一般不必另加保温材料。蜂窝铝板的设计要求及构造做法与其他铝板幕墙基本相同，这里不再赘述。

除铝合金蜂窝板外，还有其他材料制成的蜂窝板，如钢蜂窝板、搪瓷蜂窝板、石材蜂窝板等。由于面板和蜂窝层的优化组合，使得蜂窝板具有重量轻、强度大、

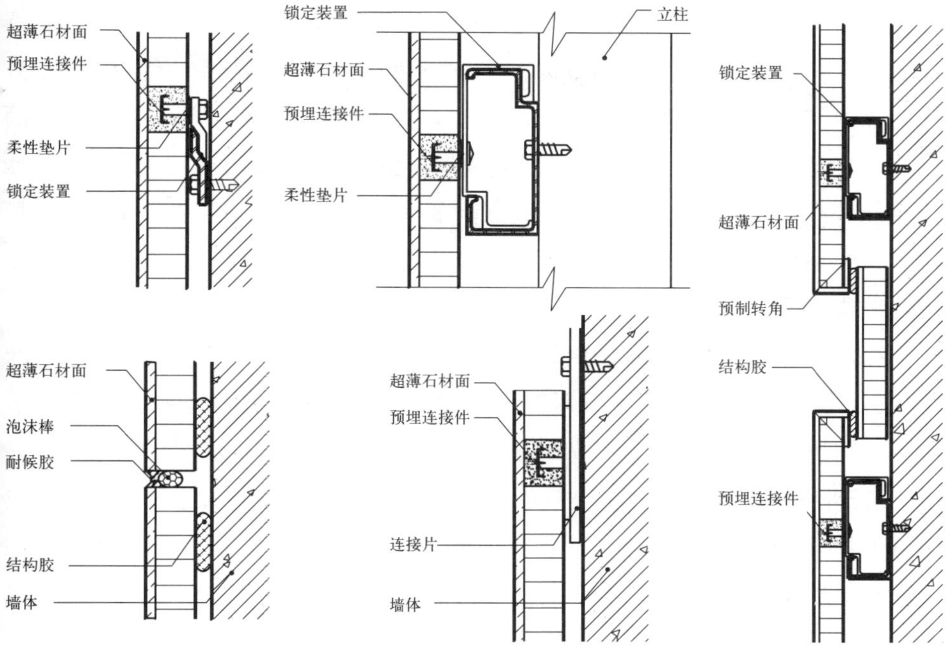

图 4-50 石材蜂窝板幕墙连接方式示意

刚度好等优点。如石材蜂窝板幕墙，其外表面面板为3～5mm厚的超薄型天然石材板，中间层为铝蜂窝，内层面板为铝板或玻璃丝增强树脂板，经玻璃丝载体胶膜复合而成，如图4－50所示。它与石材幕墙相比，具有重量轻（标准板仅重15kg/m^2，与6mm厚玻璃的重量相近，仅是外墙干挂25mm厚石材重量的1/5）、抗冲击（抗冲击强度比3mm厚的石材大10倍以上）、安全性好、易加工、力学性能好、节省资源及具有隔热、隔声的性能等优点，近年来国内外已有许多工程应用石材蜂窝板幕墙，取得了较好的装饰效果。

4.2.5 不锈钢板、彩色镀锌压型钢板墙、柱面装饰

1.不锈钢板饰面

不锈钢装饰板用于外墙、柱面装饰，不仅光亮夺目，而且经久耐用。由于不锈钢板表面平滑便于保洁，具有良好的抵抗大气腐蚀的特性，所以在许多公共建筑的外檐装饰工程中被广泛采用。不锈钢装饰板（薄板）可以加工成一般平板、带孔的或成型的异型板材、盖缝条、角材等，主要用作覆面、装饰线条，加工成盒状饰物等。

（1）材料特点

不锈钢是铬含量超过10%的所有钢材的总称。铬提高了不锈钢的抗腐蚀能力，铬与氧气结合，可在不锈钢表面形成富含铬的被动层，这一被动层对钢材起保护

作用，使钢铁在遭到腐蚀破坏后，经过一段时间可以自我修复。除了铁和铬，不锈钢还含有其他合金材料，其中最重要的是镍和钼。不锈钢从金属组织结构上分为奥氏体、铁素体和马氏体三种基本类型。奥氏体含镍量较高，抗腐蚀能力强，同时容易成型，易焊接，比其他类型的钢材应用更多；铁素体不锈钢含有铬和其他合金元素，但不含镍，常用于室内覆面装饰；马氏体不锈钢是不锈钢中含碳量最高的，并具有磁性。马氏体钢多用于制作各种仪器、扣件、弹簧等各种小零件，并不作结构使用。

在建筑装饰工程中经常使用的不锈钢平面板材，分反光率在90%以上的有光泽钢板（镜面不锈钢板）和反光率在50%以下的无光泽钢板（发纹不锈钢板）。镜面不锈钢板表面细腻光滑，光亮如镜，其反射率、变形率均与高级镜面相似，并有与玻璃不同的装饰效果，不锈钢板具有耐火、耐潮湿、易清洁、不易破碎、在与其他材料及固定件相互连接时极为方便等特点。

将钛合金镀在不锈钢板等基层材料的表面使其表面达到金光闪闪华贵无比效果的叫做钛金板。钛金板的使用方式和其他不锈钢薄板相同。

（2）一般构造

对于不锈钢薄板来说，其表面光洁度和表面处理方法将直接影响不锈钢薄板构造的形式（如采用对接或采用卡接），因而必须考虑其表面的纹理特征及光反射特性。

不锈钢薄板的热膨胀性也是在施工中必须要考虑的一个因素，尤其是在与其他结构件连接时，如果由于遇热膨胀而导致薄板之间形成“对接”的状态，则有可能使薄板发生弯曲，尤其在光滑的表面上，能更加清楚地显现这一弯曲现象。克服这一现象产生的途径之一是尽可能采用与不锈钢薄板的热膨胀系数相同的金属固定件。

对于钢板的固定和连接，螺丝和其他固定连接件的选择应视不同等级钢的强度而定。不锈钢薄板的硬度大于碳钢，因此不宜将自攻螺钉直接用于不锈钢薄板的连接，应首先在薄板上钻孔，然后将螺钉拧入孔中固定。固定件还必须与不锈钢薄板具有相同的抗腐蚀性能，这一点必须十分注意。

另外，若有与不锈钢薄板相连的其他材料，这些材料的性能也必须加以考虑。不锈钢薄板应避免与碳钢接触，以免影响其防腐能力（采用加工不锈钢板收口修边工具，如金属刷和金属锉用奥氏体不锈钢制作为好）。

安装不锈钢饰面板时应防止硬尖物划伤表面，表面划伤、基础不平整及接缝不当，都会影响不锈钢饰面板的表面装饰效果（这是由于不锈钢薄板表面极易变形的原因所致）。

1）骨架的布置与固定：首先在基体墙上做纵、横方向金属龙骨构成骨架，通过金属角码将骨架用螺栓、或电焊焊接固定。

柱面饰面的骨架有钢骨架、钢木混合结构骨架和木骨架三种。钢骨架用槽钢、角钢加工焊接而成，其衬底亦采用钢板衬，适用于室外体量较大的柱面；钢木混合骨架用角钢焊接骨架，用方木、胶合板作衬板，适用于室内体量较大的柱面。木骨架用方木和多层胶合板连接成框架，适用于室内体量较小的柱面，如图4—51和彩图67所示。

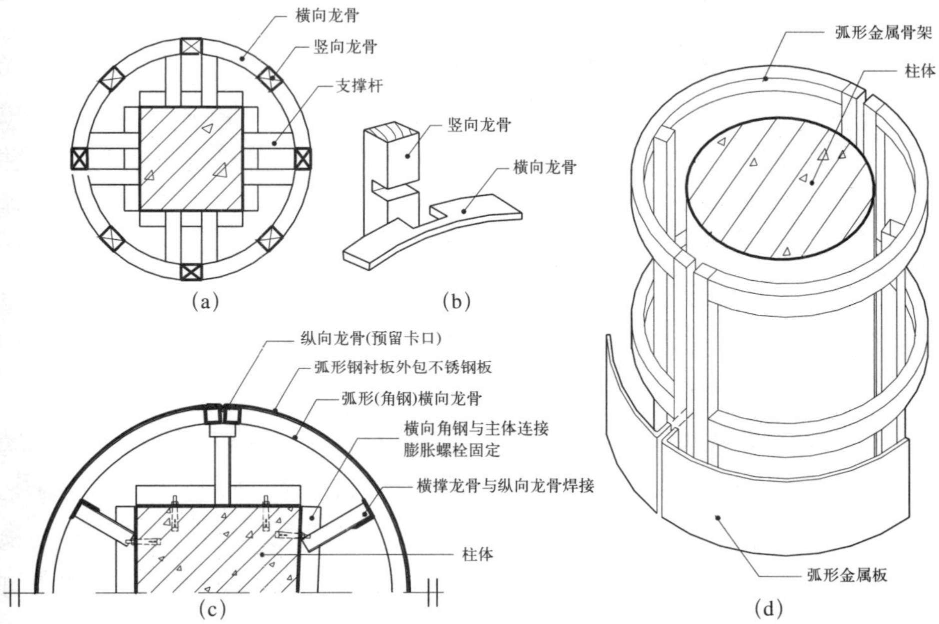

图 4-51　装饰圆柱龙骨骨架
(a) 木龙骨骨架；(b) 骨架连接；(c) 金属龙骨骨架；(d) 骨架连接示意

2）基层板的设置：根据金属薄板及连接方式铺设基层板（如镀锌钢板，胶合板等）以加强面板刚度和便于粘贴面板。

3）不锈钢面板的固定：将不锈钢面板用卡口或胶粘剂固定在底层板上。

4）板缝修饰：板缝的处理方法有两种：一是直接采用密封胶填缝；二是采用压条遮盖板缝。室外板缝应作防雨处理。

（3）安装工艺

1）在墙柱面上安装不锈钢板，通常用胶合板做基层。在平面上用万能胶把不锈钢板面粘贴在胶合板基层上，在转角处用不锈钢型材封边，并用硅酮胶封口。另一种方法与圆柱安装方法相同，如图4—52和图4—53所示。

2）圆柱上安装不锈钢板，通常是将不锈钢板按设计要求加工成曲面，一个圆柱面一般由二片或三片不锈钢曲面组装而成，安装的关键在片与片间衔接处，其方式有直接卡口式和嵌槽压口式两种，如图4—54所示。

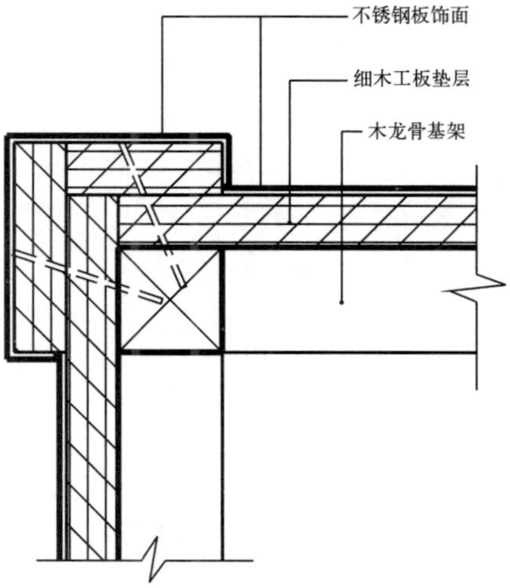

图 4-52　金属板方柱包面

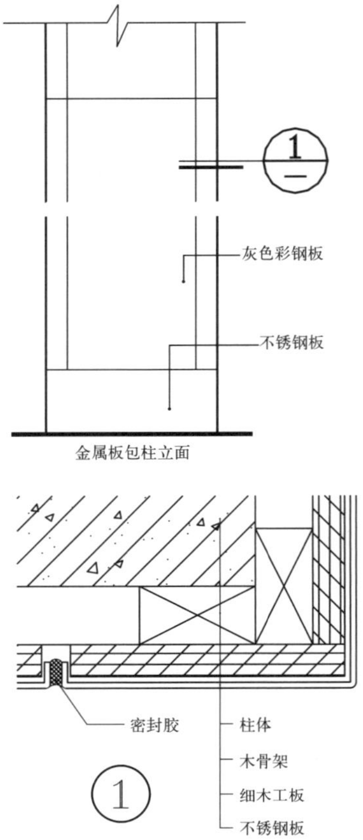

图 4-53　金属板方柱包面

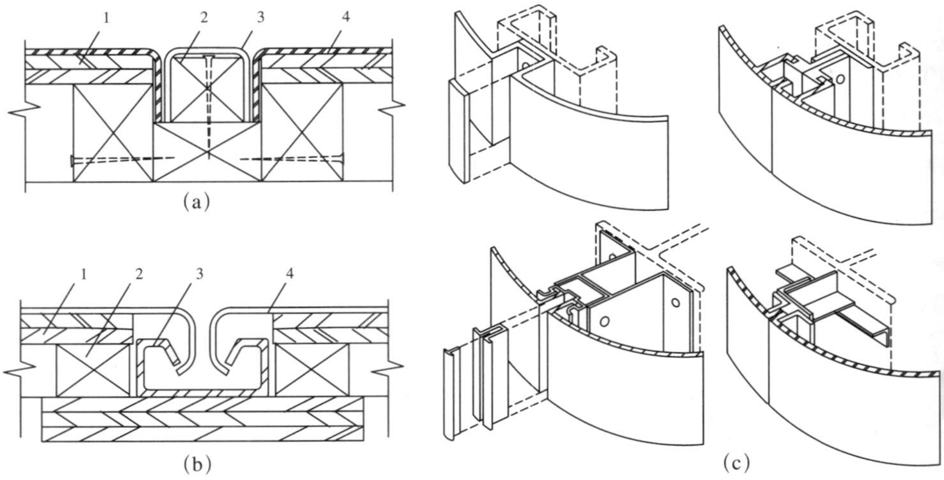

图 4-54　圆柱面不锈钢安装示意
(a) 直接卡口式；(b) 嵌槽压口式；(c) 几种嵌槽压口式示意
1—木夹板　2—垫木　3—不锈钢槽条　4—不锈钢板

2.彩色镀锌压型钢板

彩色镀锌压型钢板是近年来出现的一种新材料，这种薄钢板涂层分为底层（结合层）、面层（着色层与罩面上光）或再涂一层上光层（保护层），涂层的总厚度仅为40μm。涂层的结合力、韧性极高，因此在板压制时涂层不会出现微裂、镀层剥落等不良现象，同时也保证了不受大气侵蚀而生锈，为彩色钢板的压型加工制成各种线型断面创造了有利条件。彩色镀锌板材的颜色有多种，板材的厚度常见为0.5、0.75、1.0、1.5mm，板材的宽度多为1000～1200mm，长度可根据需要加工，这种板材作为饰面其表面现代味很强，既可以同不锈钢板相媲美包边角框，又可同铝板相同做墙体饰面板，被广泛用于机场候机大厅、会展中心等大型公共建筑空间的墙面。

由于彩色镀锌钢板的自重轻、刚度大、防腐蚀性能好、色彩品种多、加工简便且价格较复合铝塑板等金属装饰板便宜，因而为装饰设计提供了更加广阔的选择余地（彩图68～彩图70）。

彩色镀锌钢板的安装构造做法（图4—55）与不锈钢薄板相同。

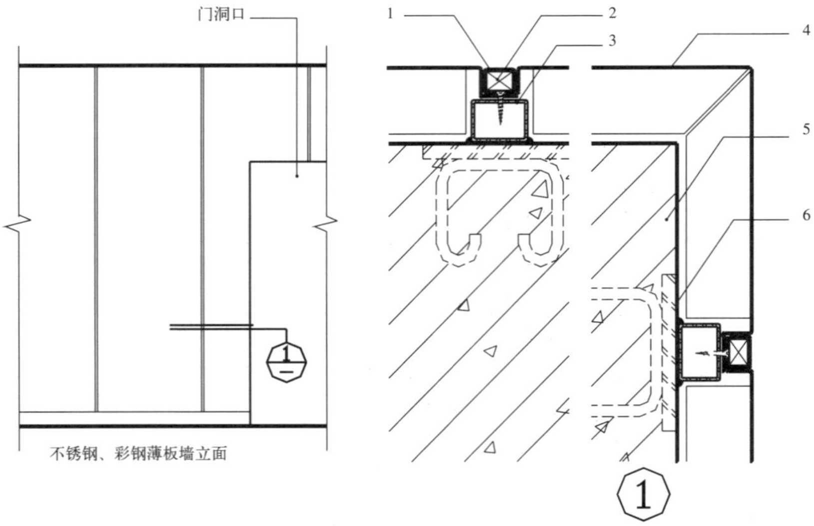

图 4-55　不锈钢、彩钢薄板墙柱面构造示意
1—不锈钢槽条或彩钢条、铝板条　2—垫木　3—金属方通
4—不锈钢薄板或彩钢条、铝板　5—混凝土方柱　6—预埋件

4.2.6 裱糊类墙面构造

墙面的裱糊是室内装饰中常用的手法，裱糊对墙面即起到很好的遮掩和保护作用，又可以创造出特殊的装饰效果。裱糊卷材不仅广泛用于墙面、柱面，也可用于吊顶。目前的裱糊卷材花色及种类繁多，不仅有装饰性的色彩及图案，而且还有通过压花、印花、发泡等手段，仿制许多自然的外观形色，如仿木纹、石纹、瓷砖、金属、皮革、锦缎和各种织物等，效果十分逼真。裱糊卷材因其色彩丰富、质感多样、图案美观、装饰性强、施工方便，取得装饰效果突显，深受人们的喜爱。其中，壁纸墙布是裱糊类饰面使用最为广泛的贴面材料。

1.裱糊类饰面特点

(1) 裱糊类饰面装饰性强：裱糊类材料色彩、纹理和图案丰富，品种繁多，运用得当可形成绚丽多彩、高贵华丽、生动温馨、古雅精致、性格彰显、自然逼真等多种装饰效果。

(2) 经济合理：通过运用现代技术工艺处理仿天然材料的纹理和图案制成的壁纸，其逼真程度极高，有的可让人产生难以置信的错觉，因此，既满足了所需装饰效果的需要，又比所模仿的同等效果的装饰作法经济合理（彩图71）。

(3) 施工简便：裱糊类工艺与其他施工方法相比由于减少了许多复杂的工艺过程，使得施工较为单一简便，且提高了工作效率。

2.裱糊类饰面的设计选择原则

用于墙面裱糊的贴面材料很多，有各类普通壁纸、金属壁纸、墙布、丝绸锦缎和微薄木皮等。根据设计的要求，壁纸既可独立裱糊装饰墙面，追求整体色调和质感效果，也可以与其他材料搭配结合，组成不同的形式和风格，使其达到更丰富、更具魅力的装饰效果。

选择裱糊饰面要全面考虑地域、环境场合、民俗习惯和个人爱好性格等方面的因素，往往同一种壁纸（布）等材料在两种不同的环境场合使用，会产生完全不同的效果。选择裱糊饰面还要从使用的部位及功能上考虑，比如公共建筑的走廊墙面，可以选用耐磨性能较好的布基壁纸或织物墙布。选择壁纸图案时，应考虑要裱糊的墙面所在空间的面积，图案的大小应与空间面积的大小相协调。厨房、卫生间等特殊的空间及位置选择壁纸，还要考虑防潮防霉的要求。

3.裱糊类饰面材料的种类与特性

(1) 纸基涂塑壁纸

纸面涂塑壁纸是以纸为基层，用高分子乳液涂布面层，再进行印花、压纹等工序制成的卷材。它具有色彩丰富、图案装饰性强、易于擦洗等特点。同时还具有较好的透气性，更新比较方便容易。

(2) 特殊壁纸

1) 金属壁纸：金属壁纸是以特种纸为基层，将很薄的金属箔压合于基层表面加工而成。具有金色、银色的抛光表面，华贵又富丽的装饰效果异常突出。当今在高级公共厅堂中，适度点缀一些金属壁纸装修，则有画龙点睛之妙。

2) 贴金箔：用油漆将极薄的金箔贴于图案或特殊制品（如家具的浮雕花纹、金字、佛像等）的表面，以形成经久不褪、闪闪发光的金膜。贴金用的金箔分真金箔和人造金箔（合金箔）。真金箔用真金锻打加工制成，根据厚度和重量分为重金箔、中金箔和轻金箔三种。重金箔用于室外制品的装饰，中金箔适于家具和其他室内制品的装饰，轻金箔只可用于圆缘等装饰。合金箔只宜用于室内制品的装饰，而且其表面必须涂饰无色的清漆，以防变色。

3) 波音软片：波音软片是一种自粘性饰面材料，既可用于墙壁裱贴也可用于家具台面，使用波音软片时要求基面平整，基面做到硬、干、光，裱贴时不必刷胶，可用吹风机加热辅助裱贴平整。

(3) 玻纤贴墙布：玻纤贴墙布是以玻璃纤维布作为基材，表面涂布树脂，经染色和挺括处理后印花而成的一种新型卷材。这种墙布本身有布纹质感，经套色印花后有较好的装饰效果，具有耐水擦洗、价格合理、工艺简单等特点，玻纤贴墙布的另一个特点是它属于非燃烧体，使用玻纤贴墙布有利于减少建筑物内部装修材料的燃烧荷载，不足之处是它的覆盖能力稍差，当基层颜色有深浅变化时，容易在裱糊面上显现出来。涂层一旦磨损破碎时有可能散落出少量玻璃纤维，故须注意保养。

(4) 锦缎饰面：锦缎为高级墙面装饰织物，我国很早就有使用锦缎裱糊墙面的记载。其特点是绚丽多彩、古雅精致、雍容华贵，具有独特的质感和触感。由于锦缎的价格较高、裱糊比一般壁纸难度大、较潮湿地区容易霉变等因素，限制了锦缎作为墙体饰面的应用范围。通常锦缎饰面用于环境要求较高的高级宴会厅、会客厅等高级接待场所。

(5) 微薄木饰面：微薄木是用天然木材经机械旋切或刨切加工而成的薄木片（厚度多为0.2～0.5mm）。微薄木片通常是选用名贵树种及材质优良的木材加工而成，其特点厚薄均匀、纹理清晰、保持了天然木材的真实质感。微薄木有一般及拼花两种。旋切纹理均系弦向，花纹粗大，变化多端，但表面裂纹较大。刨切纹理排列有序，色泽统一，表面裂纹小，易于拼接。由于微薄木是由天然木材加工而成的，因此，其表面与木板材的处理手法一样，可以着色，可以涂刷各种油漆或做成蜡克等，微薄木的这一特色使它更易为人们所接受。

4.裱糊类饰面构造

裱糊材料均是薄形的饰面材料，它主要通过胶粘的方法粘到平整的基面上。这些基面不但要光洁平整，而且要具有一定强度以保证裱糊饰面的质量。同时要求基层含水率要小于8%，基层抹灰的龄期要大于7d。目前常见的基层墙面主要有：砂浆基层、胶合板基层及石膏板基层。为了避免基层吸水过快，基层应做封闭处理，即在基层表面满刷稀释清漆一道（也称草油），这样可有效的保证裱贴质量。

（1）基层处理

基层墙面主要有水泥砂浆基层、胶合板基层、石膏板基层等。

1）混凝土及抹灰基层面处理：首先将混凝土或抹灰面气孔、麻点、凸凹不平处填刮平整，空裂处应剔凿清理再重新刮腻子磨平，然后通刮、横向批刮腻子。腻子做到光滑平整均匀，尽量刮薄，干后打磨，刮第二遍腻子时要求与前一遍的批刮方向相同。注意墙面线角及边棱要整齐，特别是整个房间的阴角和阳角部位应刮方正、顺直，无裂纹崩角，以防止裱糊时出现空鼓，影响美观及粘贴质量。刮腻子的目的不仅是为了找平，也是为了增加壁纸与基层之间的粘结性能。

2）木基层处理：要求接缝不显接茬，接缝、钉眼应用腻子补平并满刮油性腻子一遍（第一遍），用砂纸磨平。木夹板的不平整主要是由于钉接造成的，在钉接处木夹板往往下凹，非钉接处向外凸，所以第一遍满刮腻子主要是找大平面。第二遍可用石膏腻子找平。除认真刮腻子外，要注意胶合板之间要留出2mm左右的距离，然后用腻子嵌平。如要裱糊金属壁纸等特殊材料，基面平整度要求极高，稍有不平或沾染粉尘，都会在金属壁纸贴裱后明显地看出，所以木基层上的处理应与木家具打底方法基本相同，即批刮腻子三遍以上。在刮第二遍腻子时采用石膏粉配猪血料调制腻子（腻子原材料的重量配比为石膏粉：猪血＝10：3）。

3）石膏板基层处理：对于石膏板处理批刮腻子主要是在对缝处和螺钉孔部位，钉眼做防锈处理后用嵌缝腻子处理板缝，贴牢接缝带，然后批刮腻子，注意先顺平大面，然后再找平修整，至平整光滑为止。

另外，不同基体材料的对接处，如木夹板与石膏板、木夹板与水泥抹灰面、石膏板与水泥基面之间的接缝，应用棉纸带或穿孔纸带粘贴封口。以防止裱糊后的壁纸面层被拉裂撕开。

在基层涂擦防潮涂料和底胶目的是为了防止裱糊饰面材料因受潮而脱落。当基层含水量较高时，一般都要刷或喷一层防潮涂料。防潮底漆用酚醛清漆和汽油或松节油调配，其体积配比为清漆：汽油（或松节油）＝1：3。底漆要薄而匀，不宜厚。底胶可喷可刷，刷底胶的目的，一是防止墙身吸水太快，引起胶粘剂脱水，从而影响壁纸的裱贴，二是促使基层吸水速度一致，可以克服由于吸水速度不一致造成的表面干湿不均的现象。

若面层贴波音软片，要在对基层进行一般处理后，再增加打磨次数和刷二遍清漆。

（2）胶粘剂的选择

裱糊用胶应选择水溶性的，施工和清洗都要很方便，对基层和底纸都要有良好的粘结力，要具有一定的防潮性，在干燥后还要有一定的柔性，以适应基层和饰面材料因温度的变化产生的胀缩，还应有一定的防霉性。

（3）壁纸粘贴前的准备

1）闷水：是指用清水湿润壁纸，使其能够得到充分的胀缩，以免在裱粘时遇到粘贴剂而发生不均匀伸缩起皱而影响粘贴。没有经过闷纸程序的干纸涂胶，或未能让纸充分胀开时就涂胶，壁纸上墙后虽然也能被固定，但由于壁纸会继续吸湿膨胀，表面就会出现大量的气泡褶皱，影响装饰效果。

普通壁纸刷胶前必须先将壁纸在水槽中浸2～3min，取出后抖掉余水静置20min；复合纸质壁纸由于湿强度较差，禁止闷水润纸，可在壁纸背面均匀刷胶后，将胶面对胶面对叠放置5min左右后再贴，这样效果会比较好；玻璃纤维基材的壁纸（布），遇水无伸缩性，因而无需闷水；无纺贴墙布也无需闷水润纸；纺织纤维壁纸也不宜闷水，裱贴前只需要用湿布在纸背稍揩一下。

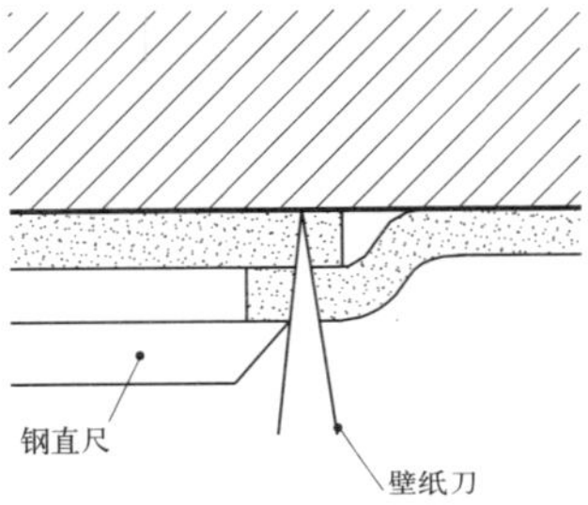

图4-56　壁纸重叠裁割

2）刷胶：对于不同的裱糊饰材料的涂胶方法也有不同的要求。纸背带胶的壁纸纸背面及墙面均不需刷胶粘剂，裱糊墙面时可将裁好的壁纸浸泡在水槽中，然后由底部开始，图案面向外卷成一卷，1min后即可裱糊上墙。如果裱糊顶棚时，壁纸背上还应涂刷一层稀释的胶粘剂。PVC壁纸裱糊墙面时，可只在墙面上刷胶，在裱糊顶棚时则常在墙基和纸背上刷胶；对于较厚的壁纸、墙布，如植物纤维壁纸、化纤贴墙布，应对基层和纸背都刷胶；玻璃纤维墙布、无纺贴墙布，只需在基层墙面上刷胶后直接裱糊；金属壁纸在裱糊前也要浸水，但浸水时间较短1～2min即可，然后晾放5～8min，再在其背面涂胶，胶液为专用的壁纸粉胶；锦缎刷胶与其他饰面材料有所不同，锦缎柔软光滑，应先在锦缎背面上浆，并裱糊一层宣纸使其挺括，以方便裁剪裱糊，裱糊上墙时，需在基层涂刷胶粘剂。

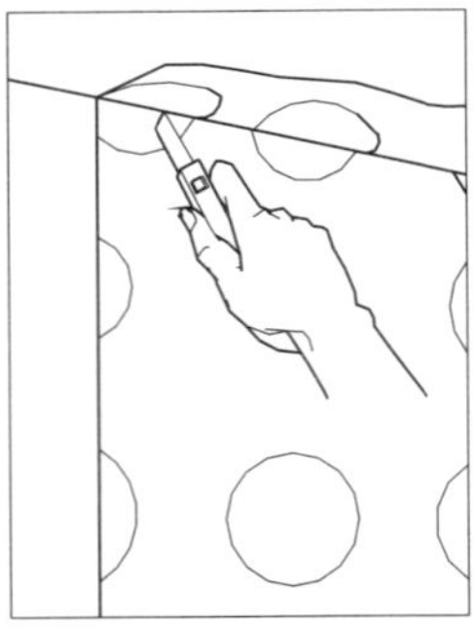
图4-57　裱糊后裁割多余部分壁纸

3）工艺程序

①弹线：在底胶干躁后在基层上弹画出水平、垂直的线，作为操作时的依据，以保证壁纸裱糊后横平竖直，图案端正。

②裱糊：裱糊壁纸时，首先要垂直，然后对花拼缝，再用刮板抹压平整。原则是先垂直后水平，先细部后大面，先图案后拼缝。拼缝的形式有对接拼缝、搭接拼缝和重叠裁拼拼缝（图4—56～图4—59）等。此时应注意，切勿在阳角处拼缝。除了常规的直式裱贴外，还有斜式裱贴。裱贴前的找规矩中增加找斜贴基准线这一工序。斜式裱贴壁纸（布）比较浪费材料，通常是根据一定的装饰风格要求采用这种设计形式。

③空鼓、气泡处理：发现空鼓，可用壁纸刀切开，补胶液重新压复贴牢，小的气泡可用注射器对其放气，然后注胶液压牢。

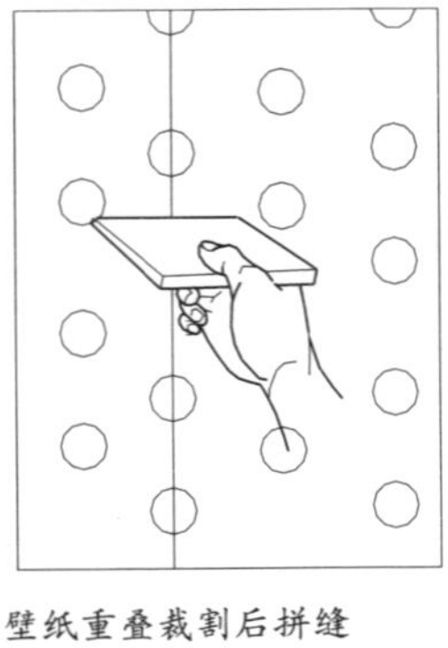
图4-58　壁纸重叠裁割后拼缝

另外，吊棚裱糊时贴纸第一张纸通常贴近主窗，与墙面平行进行裱糊。

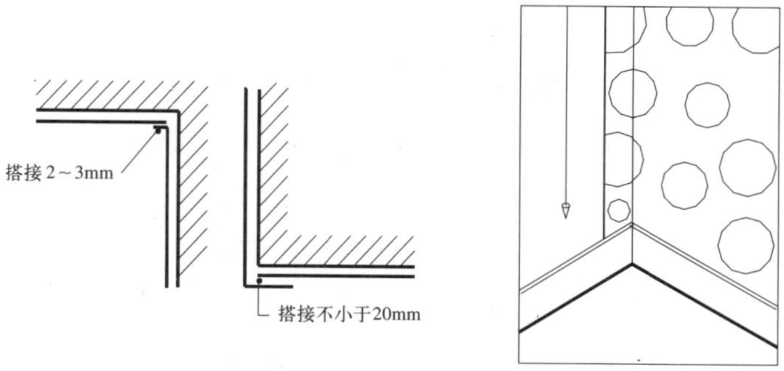

图 4-59　阴阳角搭接示意图

（4）特殊裱贴

1）裱贴金箔：贴金的基层表面必须经过仔细的加工，表面务必平滑坚硬，在所饰物体表面上涂刷广漆或特种清漆［亚麻仁油：铅黄：松节油=1000克：65克：适量清漆（视粘度而定）］，涂层要薄，为防止在雕刻的花纹深处和线脚凸处淤积太多漆料造成干后皱皮，一般要涂2～3遍，等头道漆干后可涂第二、三道。当涂层已干至指触不粘，但尚保存有粘着力时，即可粘贴金箔。贴金时，将金箔精心地铺在待贴表面上，每张金箔的边缘应稍稍重叠，然后用细软而有弹性的平头涂金笔贴平，再用排笔掸去多余的金箔。发现有漏贴处，要立即补贴，最后涂一层广漆或颜色较浅的大漆。

2）裱贴微薄木：微薄木在粘贴前应用清水喷洒，然后放在平整的纤维板上晾至九成干，使卷曲的微薄木伸直后方可粘贴。在基层上以化学浆糊加老粉调成腻子，满涂两遍，干后以0# 砂纸打磨平整，再满涂清油（清漆＋香蕉水）一道，然后在微薄木背面和基层表面同时均匀涂刷胶液（聚醋酸乙烯乳液：108胶=7：3），不宜有漏胶的部位，涂胶后晾置10～15min，当被粘贴表面胶液呈半干状态时，即可开始粘贴。接缝处采用衔接拼缝。在拼缝后即用电熨斗烫平。微薄木贴完待干后，可按木饰面的常规或设计要求，进行漆饰处理。应注意此时微薄木宜选用0.5mm左右的木皮饰面，以避免木皮太薄不易打磨到位，影响品质效果。

3）裱贴波音软片：贴裱波音软片时，先将波音软片的自粘底纸层从头撕开一条口，对好垂直线粘贴在饰面的上沿口，然后自上而下一边撕开底纸层，一边用木块或有机玻璃夹片将波音软片刮贴在基面上。如表面粘贴不平，可用吹风机加热，用干净布在加热的表面处揉擦，可恢复平整。也可用电烫斗加热，但要注意一定要调到中低档温度。

5.吸声地毯（毡）墙面

地毯（毡）是用于地面的较高档的室内装饰材料。它具有柔软、隔声及减少噪声等级的作用，还具有舒适、色泽艳丽等特点，将它用室内墙面装修既能满足吸声功能，又能给人以温暖、静谧、华丽高雅的感觉，其效果可以与软包墙面媲美。

用于墙面的吸声地毯（地毡），应注重选择难燃、质轻的地毯（地毡）。

吸声地毯（毡）墙面制作的操作程序是：①制作木基层；②粘贴（装钉）地毯。

制作木基层时先在抹灰找平的墙面上划线（按设计的吸声地毯尺寸分格在墙面上进行分格），然后在墙上钻孔（孔深60mm左右），塞入防腐木楔，做防潮层后，敷设木墙筋或木龙骨架，装钉时注意找垂直和大面平整，然后敷设胶合板，铺钉胶合板式对缝应在木筋上。最后是粘贴、装钉地毯饰面。如罩面选用质轻的小规格地毯（如500mm × 500mm的成品方块地毯），则在木基层上按地毯规格和设计要求划线，然后用胶粘贴地毯于墙上，并用气钉枪在有木墙筋位置进行钉加固。涂胶（立时得胶或FN—309胶）时应在木基层和地毯背面同时均匀涂胶，刮胶后应晾置5～10min，待胶液部分挥发后再进行粘贴。

用成卷地毯做吸声地毯墙面时，首先按设计要求在木基层表面划线，再按实量尺寸裁割地毯。裁割地毯应尽可能不损伤毯面的绒毛。从地毯正面划线裁割时，必须沿地毯经纱裁割，从地毯背面划线切割地毯时，吃刀深度应掌握在正好割断地毯背部的麻线而不损伤正面的绒毛。裁好的地毯应立即编号，与粘贴位置对应。在地毯背面刮抹胶粘剂时，要用专用的V形齿胶抹子，将粘结胶刮抹在木基层粘地毯位置线框内，适当晾置后即可粘贴地毯。粘贴时将地毯上边缘对准相应位置线，撑平后粘贴并用气枪钉固定，然后撑拉、擀平地毯（向下、向两边擀），边撑拉擀平边用气枪钉钉固下边和两边，最后用剪子把边沿不齐的绒毛修整齐。继续粘贴时注意每块地毯绒毛方向要一致。最后镶钉压边、盖缝木线。

4.2.7 喷涂类墙面构造

涂料在建筑或构件表面干结成膜，这层膜称为涂膜，又称漆层。过去大多数涂料是以油料为主要原料制作的，故称为油漆。如今以合成树酯和乳液为原料的涂料产品已大大超过油料为原料的涂料产品，还有以无机硅酸盐和硅溶胶为基料的无机涂料也已被大量应用，因此标准规定油漆与涂料应统称为涂料。但因“油漆”的称呼已被人们习用，所以目前市上的许多涂料仍以“漆”来命名。

1.常用墙面涂料及性能

（1）建筑涂料分类

建筑涂料分类见表4—4，常用建筑油漆、涂料按涂饰部位可分为：外墙涂料、内墙及顶棚涂料、木材饰面油漆、金属饰面油漆、地面油漆、涂料。按特殊功能分类有：防水涂料、隔热涂料、防火涂料、防腐涂料、防霉涂料及防锈漆等。

（2）常用油漆、涂料的特点及适用范围

1）外墙涂料：外墙涂料根据装饰质感可分为薄涂料、厚涂料、复层涂料。常用外墙薄涂料的特点及适用范围见表4—5。常用外墙厚涂料和复层涂料特点及适用范围见表 4—6。

2）内墙及顶棚涂料：常用内墙及顶棚涂料的特点及适用范围如表 4—7 所示。

建筑涂料分类　　表 4-4

序号	分类方法	涂料种类
1	按涂料状态分	1）溶剂型涂料　3）乳液型涂料 2）水溶性涂料　4）粉末涂料
2	按涂料的装饰质感分	1）薄质涂料　3）复层涂料 2）厚质涂料
3	按主要成膜物质分	1）油脂　9）烯类树脂 2）天然树脂　10）丙烯酸树脂 3）酚醛树脂　11）聚酯树脂 4）沥青　12）环氧树脂 5）醇酸树脂　13）聚氨基甲酸酯 6）氨基树脂　14）元素有机聚合物 7）硝基纤维素　15）橡胶 8）纤维酯、纤维醚、元素无机聚合物
4	按建筑物涂刷部位分	1）外墙涂料　4）顶棚涂料 2）内墙涂料　5）屋面涂料 3）地面涂料
5	按涂料的特殊功能分	1）防火涂料　4）防结露涂料 2）防水涂料　5）防虫涂料 3）防霉涂料

常用外墙薄涂料的特点及适用范围　　表 4-5

名称	主要成分及特点	适用范围及施工注意事项
建 81 外墙涂料	主要成分为苯乙烯 - 聚丙烯酸酯，无毒、无味、耐水、耐酸碱、耐冻	用于外墙，喷、刷均可，要求基层平整无灰土及粘附物。最后施工温度 5℃，干燥时间 2h
SA-1 型乙 - 丙外墙涂料	主要成分：聚醋酸乙烯 - 聚丙烯酸，无毒、无味、耐老化、耐水、耐酸碱	适用于水泥砂浆、混凝土外墙墙面。喷、刷、滚涂施工均可。两次涂饰间隔时间 4h 以上。最低施工温度 0℃。干燥时间小于 2h
有机无机复合涂料	主要成分：硅溶胶，耐污染、耐洗刷、耐水、耐碱	室内外墙面喷、刷均可，最低施工温度 2℃
高级喷瓷型涂料	底层、面层为防碱底漆（溶剂型）；中层为弹性类涂料耐水、耐酸碱、耐磨良好	适用于混凝土、砂浆、石棉瓦楞板等墙面；底层涂料可喷、涂施工；中层涂料喷、滚、刷均可；面层涂料必须在中层充分干燥后进行。最低施工温度 5℃

常用外墙厚涂料和复层涂料特点及适用范围表　　表 4-6

名称	主要成分及特点	适用范围及施工注意事项
PG-838 浮雕漆厚涂料	主要成分：聚丙烯酸酯，具有鲜明的浮雕花纹，耐水、耐碱、耐冻、耐紫外线	适用于水泥砂浆、混凝土、石棉水泥板、砖墙等墙面，可用喷涂施工，涂层干燥后再罩一遍面层罩光涂料，施工温度 5℃，实干 24h，表干 30min
彩砂	主要成分：苯乙烯、聚丙烯酸酯，无毒、不燃、耐强光、不褪色、耐水、耐酸碱、耐老化	用于混凝土墙面及砂浆墙面喷涂施工。本品严禁受冻，风雨天禁用，最低施工温度 5℃
乙 - 丙乳液厚涂料	主要成分：聚醋酸乙烯 - 聚丙烯酸酯涂层厚实，外观美丽耐候性好	用于水混砂浆、加气混凝土、石棉水泥面等，可喷、滚、刷施工，如果太稠，可用水烯释，最低施工温度 8℃，干燥时间 30min
丙烯酸拉毛涂料	主要成分：来已烯、聚丙烯酸酯，有较好的柔韧性和耐污染性，粘结强度高，耐水、耐碱	适用于水泥砂浆基层墙面或顶棚，滚、弹施工均可。最低施工温度 5℃，表干 30min，实干 2h
JH8501 无机厚涂料	主要成分：硅酸钾	适用于外墙饰面，喷涂、滚涂均可，施工时应先在基层上涂封底料，最低施工温度 0℃，大风、雨天不得施工

常用内墙及顶棚涂料特点及适用范围　　表 4-7

名称	主要成分及特点	适用范围及施工注意事项
LT-1 有光乳胶涂料	主要成分：苯乙烯、聚丙烯酸酯，无着火危险，能在潮湿面施工	用于混凝土、灰泥、木质基面，刷、喷施工均可，严禁掺入油料和有机溶剂，最低施工温度 8℃，相对湿度 ≤ 85%
JQ-831、JQ-841 耐擦洗涂料	主要成分：丙烯酸乳液，无毒、无味、保色、耐酸、不易燃、耐水、耐擦洗 100～250 次	适用于内墙及家具着色，刷涂、喷涂均可，不能与溶剂型涂料混合，表涂料太稠可用水稀释，最低成膜温度 5℃
乙-乙乳液彩色内墙涂料	主要成分：聚乙烯醇，无毒、无味、成膜坚硬，平整光滑，耐水	用于水泥砂浆、石灰砂浆、混凝土、石膏板、石棉水泥板等基层，滚、刷、喷均可，不宜用铁制容器包装，最低施工温度 10℃
乙 - 丙涂料	主要成分：聚醋酸乙烯 - 聚丙稀酸酯，耐火、保色、无毒、不燃、外观细腻	适用于墙面，可用水稀释，喷、滚、刷均可，一般一遍成活，最低施工温度 15℃，表干小于等于 30min，实干 24h

续表

名称	主要成分及特点	适用范围及施工注意事项
803 涂料	主要成分：聚乙烯醇缩甲醛，无毒、无嗅、涂膜表面光洁，耐洗刷性 100 次	适用水泥墙面，新旧石灰墙面，涂刷施工。不可加水或其他涂料，最低施工温度10℃表干 30min，实干 2h
膨胀珍珠岩喷涂浆料	主要成分：聚乙烯醇、聚醋酸乙烯，质感好装饰效果似小拉毛	适用于木材、水泥砂浆等基层的天花及顶棚，喷涂施工，涂料不能长期装于铁桶中，也不宜长期暴露于空气中，最低施工温度 5℃
206 内墙涂料	主要成分：聚氯乙烯 - 偏氯乙烯，无毒、无味、耐碱。各种气体、蒸汽等只有极低的透过性	适用潮湿的基层的内墙。 本涂料分两组份，配比为色浆：氯 - 偏清漆 =4：1
过氯乙烯内墙涂料	主要成分：过氯乙烯树脂，属溶剂型涂料，具有较好的防水耐老化性	用于内墙装修，本品有刺激性气味，不宜喷涂作业
水性无机高分子平面状涂料	主要成分：硅溶胶，外观平滑无光，具有消光装饰作用	适用于厨房、卫生间、走廊等墙面，顶棚喷涂，最低施工温度 5℃
乳胶漆（丙烯酸乳胶漆、乙丙乳胶漆、苯丙乳胶漆）	丙烯酸乳胶漆，主要由丙烯酸共聚乳液、水及颜料组成，施工安全、干燥迅速、不燃不爆、光泽柔和、耐候性好	适用于室内外混凝土及木质和金属表面刷、滚涂施工，成膜温度 0℃
	乙丙乳胶漆主要成分是：乙丙乳液	分有光与无光两种，适用于内外墙面，成膜温度 0℃
	苯丙乳胶漆主要成分苯乙烯和丙乙烯酸酯共聚乳液	分有光、半光、无光三种，适用于内外墙面，成膜温度 0℃
多彩内墙涂料	底涂 - 醇酸树脂涂料；中涂主要成分是丙烯酸树脂；面涂主要是合成树脂清漆，本品具有良好的耐久性、耐油性、耐化学腐蚀、耐擦洗、有满意的透气性、难燃性	适用于室内各种基层的墙面、顶棚，底涂施工前基层含水率应低于10%，刷涂时应注意通风、防火，面涂用喷涂施工涂料勿用水或稀释剂稀释。表干 2h，实干小于 24h

2. 常用涂料施工方法

（1）建筑涂料选用原则

一般选用建筑涂料除要考虑装饰效果外，同时还应考虑涂料本身的性能适合于建筑物何部位方能满足使用功能的要求、什么样的基层应选择何种相应涂料才能使其粘结牢固等，另外还应结合涂料的耐火性、墙面装修施涂周期及涂料本身价格因素等进行综合考虑。

（2）建筑涂料的配套使用

一般地讲，涂层之间宜采用同类涂料配套可以获得较好的涂层系列和效果，非同类涂料配套有时也能显示优越的涂层性能，但要慎重。

1）配套原则：①底层涂料通常选用防腐性能好、涂膜坚韧、附着力强的涂料并要求具有抵抗上层涂料的溶剂作用的性能；② 面层涂料要求与底涂（或中除结合好、坚硬耐火、耐候性好、抗腐蚀性好、流平性好、光亮丰满。

2）配套分类：①过氯乙烯涂料与硝基涂料、环氧树脂涂料类结合力差，应与同类涂料配套，或与醇酸类涂料、聚氨酯类涂料配套；②沥青涂料组分复杂与其他涂料组分性质的差异很大，涂层之间的附着力差，不宜相互配套使用③油性涂料特别是高油度涂料，不宜作挥发性涂料的底层涂料，因挥发性涂料可将底层涂料咬起。一般说，挥发性涂料可作为油性涂料的底层涂料；④当采用耐溶性不良的颜料（矿物颜料或有机颜料，如大红粉等）的涂料，不宜作底层涂料，因为它与上层涂料配套后容易产生渗色现象，特别是上层用强溶解性溶剂涂料，如硝基涂料、过氯乙烯涂料、丙烯酸涂料等都会产生渗色现象而破坏装饰效果；⑤涂层之间的收缩性、坚硬性和光滑性等一定要协调一致，切忌相差太大上下两层涂料的热胀冷缩性质应基本一致，否则会发生龟裂或早期脱落。

（3）涂料饰面施工方法

涂料涂施方法通常有：刷涂、滚涂、喷涂、抹涂、刮涂五种，涂料饰面的施工方法应视涂料的性质、被涂饰面的基层情况而选定。

1）施涂程序

①外墙复层涂料施涂主要程序：复层涂料一般都由封底涂料、主层涂料和罩面涂料组成。封底涂料施涂通常采用喷涂或刷涂，主层涂料采用喷涂方法。

②内墙复层涂料施涂主要程序：内墙复层涂料由封底涂料、主层涂料和罩面涂料组成。

2）施工要点

基层处理首先要清除基层表面灰尘及其他粉末状粘附物。空鼓的地方直接将空鼓部分铲除重做基层；小裂缝修补只是产生裂缝用防水腻子嵌平或用压力灌浆法进行修补；大裂缝修补用密封材料填于缝隙内，并用竹板等工具将其压平；孔洞修补时 3mm 以下孔可直接用水泥。

软包墙面是指用各种纺织面料、毡、皮革等材料组合轻质不燃合物砂浆填待其固化后，打磨平整，也可用“干捻砂浆”办法；表面接缝错位、凸凹不平应打磨或剔凿处理凸出部分；凹下部分用聚合物砂浆填平；麻面及脆弱部位的处理应首先洗净需处理部位，然后用聚合物腻子或砂浆刮平或抹平。

批腻子前对基层的处理：抹灰墙面一般浆活和内墙水性涂料可采用30%左右的108胶水；油性涂料可用熟桐油加汽油配成清油在基底上涂刷一层；有些涂料配有专用的底漆或基底处理剂。

混凝土内墙一般浆活或刷涂料，可先用4%的聚乙烯醇溶液，或30%的108胶水，或2%的乳液喷刷于基层，晾干后批腻子。若墙面上施涂耐擦洗及防潮防火涂料，则应采用强度相当、耐火性好的腻子。外墙面禁用大白腻子。

基层处理后可以将涂料施涂于基层面上。

复习思考题

1. 简述抹灰墙面的构造层次。
2. 简述面砖构造做法及基本要求。
3. 简述石材板饰面有哪几种挂法及石材干挂与石材幕墙的区别。
4. 简述木墙面装饰构造层次并绘出构造详图。
5. 简述有哪几种形式的软包墙面并绘出活动式织物软包的构造做法。
6. 简述玻璃墙面的构造做法。
7. 简述复合铝塑板特点及内外墙材料的要求。
8. 简述金属板墙面的构造做法。

第五章
门 窗 装 饰 构 造

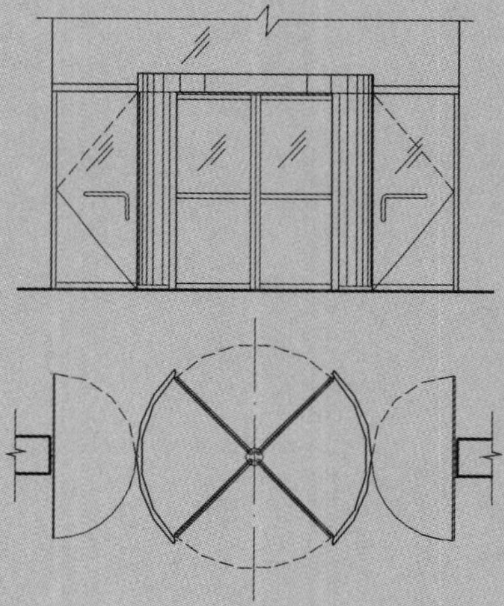

第五章　门窗装饰构造

建筑的门窗是建造在墙体上连通室内与室外的开口部位，是建筑物的重要组成部分。门窗除了具有采光、通风和交通等主要功能外，还应依据其所处环境起保温、隔热、隔声、防雨、密闭、防腐、防盗等作用。

5.1　门窗的功能与设计要求

门窗的设计，主要根据建筑的使用要求和视觉效果决定其形式、尺度和材料。门窗（特别是外门窗）应具有足够的气密性、水密性和抗侧刚度，造型要美观，构造应合理坚固、耐久，开启灵活，关闭紧密，便于清洁和维修，并符合《建筑模数协调统一标准》的要求，以降低成本和适应建筑工业化生产的需要。

5.1.1　门的功能与设计要求

门的主要功能是交通联系，可供人流、物流通过和防火疏散之用，兼有通风、采光等作用。

门按所处位置有外门和内门之分。

外门是建筑室内外出入口的分隔构件，应具有相应的围护性和防盗功能，包括保温、隔热、密闭、防火、防水等作用。内门则主要用于室内空间分隔与联系。门也是建筑装饰设计的重点部位之一，因此，门除了满足使用功能要求和各项物理指标外，还要满足美观的需要，门的尺度、比例、色彩、造型、质地等均要符合建筑室内外环境总体风格的要求。

就门的主要功能而言，门是人和物体进出房间和室内外的通道口，因此门的大小、数量、位置和开启方式，均要满足人流、货流和消防交通疏散的要求。为了消防安全，主要交通疏散通道上的门必须开向疏散方向。

5.1.2　窗的功能与设计要求

窗的主要功能是采光、通风和瞭望。窗在建筑设计中应注意如下要求：

（1）采光方面要求：外窗是天然采光的有效手段，为了创造良好的室内光环境，窗的设计首先应注意进光量的大小、光分布状况和光质情况。采光窗的面积与室内面积之比称采光系数，其大小反映了室内的明亮程度。因此，应选择好合适的窗户的形式和面积。另外，虽然都是长方形的窗户，由于横放和竖放，尽管采光面积相同，但由于光照深度不一样，效果相差很大，竖放的窗户适合于进深大的房间，横放则适合于进深浅的房间，如果采用顶光，亮度将会增加6～8倍之多，如图5–1所示。

(2) 通风方面的要求：外窗上的可开启构成了自然通风口，对于室内通风、换气起重要作用。

(3) 围护作用的要求：外窗属于外围护构件，其围护性能要求与外墙相似，应有良好的保温、隔热、隔声、防火、防雨、防风等性能。由于玻璃热导散失相当于同面积围护墙体的2～3倍，要求较高的房间宜采用双框双玻璃窗或单框中空玻璃窗的方法改善其围护性能。由于木制材料的特性（即便是处理过的），一般很难达到满意的密封效果，目前塑钢制品新型铝合金型材（可阻断冷热桥）及复合木窗效果较好。

(4) 建筑形式的要求：窗是建筑立面设计的重要组成部分，其比例、尺度、位置、色彩、质地均要考虑建筑的立面风格。

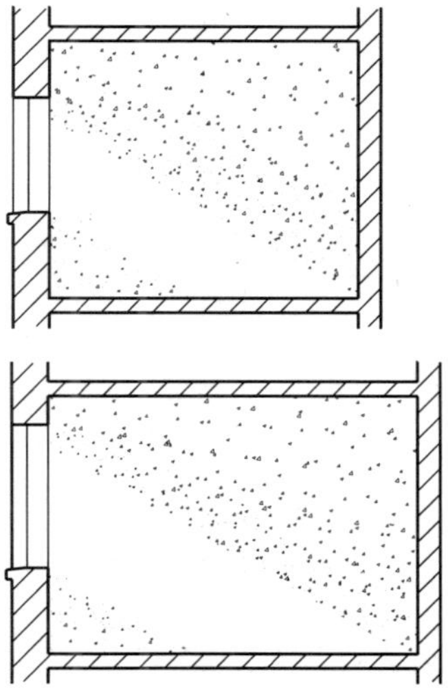

图5-1　横放与竖放窗户对房间的采光影响

5.2　门窗的形式与组成

门窗按其制作的材料可分为木门窗、钢门窗、金属彩板门窗、铝合金门窗、塑钢门窗等。

门窗按其开启形式可分为平开门窗、推拉门窗、折叠门窗、固定窗、悬窗等。

门窗按其使用功能可分为一般工业与民用建筑门窗，特殊工业及民用建筑门窗，如保温门窗、隔声门窗、密闭门窗、闭光门窗、防火门窗、防射线门窗、防盗门窗、泄爆门窗等。

5.2.1　门的形式

门的形式及分类如图5–2所示。

1.平开门

平开门是水平开启的门，它的铰链装于门扇的一侧与门框相连，使门扇可以围绕铰链转动。门扇可为单扇、双扇和向内开、向外开启。平开门构造简单、开启灵活、关闭紧密、易于维修，是建筑中最常见、使用最广泛的一种门。

2.推拉门

推拉门开启时门扇沿轨道向左右滑行，一般可做成单扇或双扇，也可以做成双轨多扇或多轨多扇。推拉门的设计尺寸较为灵活，可适用于各种大小的门洞口。推拉门门扇受力合理，刚度较大，不易变形，开启时不占空间，门扇可隐藏于墙内或悬于墙外，特别是门扇隐藏于夹墙内的这一形式，更易于室内造型装饰。但推拉门存在密闭不严，构造比较复杂的缺点。

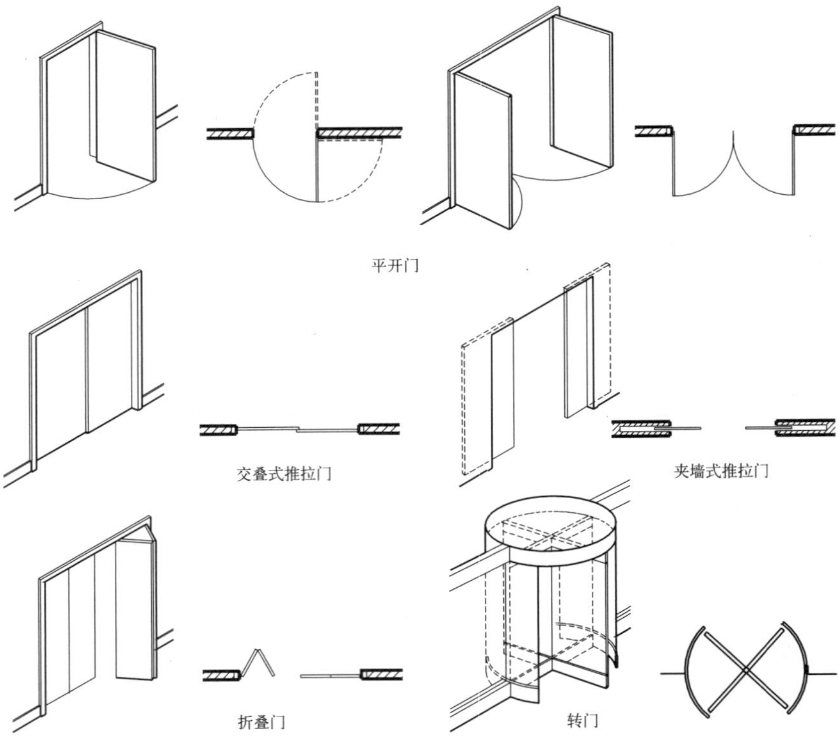

图 5-2 门的形式及分类

3.折叠门

折叠门是由两扇以上门扇相连，开启时门扇互相折叠在一起，适用于宽度较大的门洞或空间狭小处。折叠门在构造上一般分为侧挂式和推拉式两种。这种门占用空间小，但是构造复杂。

4.转门

转门是由两侧两个固定的弧形门套和可绕中轴垂直旋转的门扇构成，门扇可做成三扇或四扇，绕竖轴旋转，这种门保温性能较好，对隔绝室外冷空气有一定作用，适用于寒冷地区及有空调的公共建筑的外门，但不能作为疏散门，当设置在疏散口时，应在转门旁另外设置疏散用门。

5.2.2 门的组成与尺度

一般由门框、门扇和一些配件组成。按照门的材料不同其门框、门扇分为木质、铝合金制品、塑料、金属、全玻璃等类，也有门框材料用石材或金属材料而门扇是采用玻璃材料的。门的尺寸应按使用要求、安全性能和建筑物的立面造型来决定。一般民用建筑门的高度不宜小于2000mm。如果门设有亮子时，亮子高度一般为300～600mm，则门洞高度应为门扇高加亮子高，再加门框及门框与墙间的缝隙尺寸，即门洞高度常见为2400～2700mm。公共建筑大门高度视需要适当提高，一般为2100～2300mm。公共建筑的门的宽度和居住建筑也有所区别，一般来说公共建筑的门，由于进出的人多一般单扇门为950～1000mm宽，双扇门为1500～1800mm宽；居住建筑的门略小一些，外门约900～1000mm，房间门800～900mm，厨房门700～800mm，厕所门650～700mm；双扇门1200～1600mm，宽度在2000mm以上时，则应做成多扇加固定门。因为门扇过宽会由于过重和刚度不足而产生变形，不利于开启。

5.2.3　窗的形式

窗可分为侧窗和天窗两大类，侧窗设置在内外墙上，是建筑中主要类型的窗；天窗设置在屋顶上，多用于展厅、饭店厨房、别墅等建筑中。此外，有些窗的设置已不仅仅局限于满足建筑的通风、采光的功能，而对建筑的风格、景色、格调、气氛的体现也具有重要的作用，如梯形凸窗和转角窗等。具体到窗的形式一般是针对窗的开启方式来说的，而窗的开启方式主要取决于窗扇铰链的位置和转（滑）动方式如图5–3所示。通常的开启方式有以下几种：

（1）平开窗：铰链安装窗扇一侧与窗相连，向外或向内水平开启。同平开门一样，有单扇窗、双扇窗、多扇窗及内开窗、外开窗之分。平开窗构造简单，开启灵活，关闭紧密，制作维修方便（如果是铝合金窗和塑钢窗等材料的平开窗，则要求材料和制作相对比较严格），是民用建筑广泛应用的一种窗。

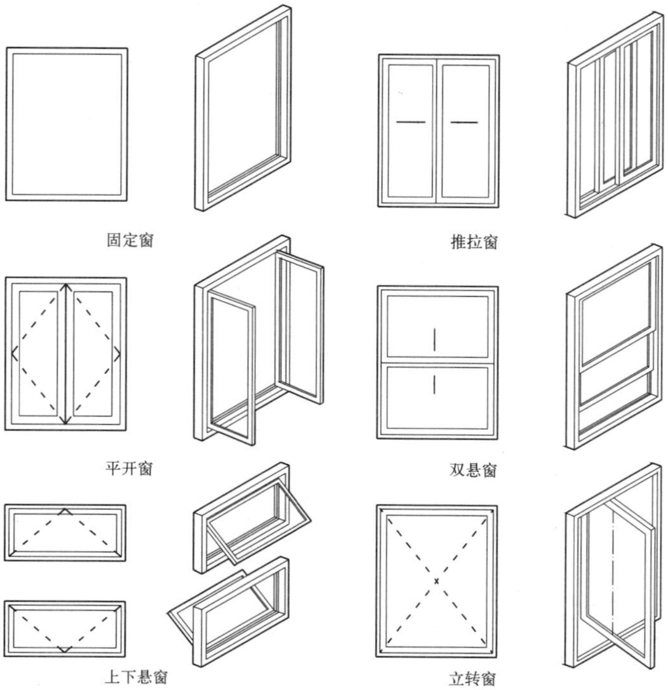

图5-3　常见窗的形式

(2) 固定窗：固定窗无窗扇不能开启。固定窗的构造简单，其玻璃直接嵌固在窗框上。具有采光、隔声和观望等功能。固定窗密闭性好，但不能通风。

(3) 悬窗：根据铰链和转轴位置的不同，可分为上悬窗、中悬窗和下悬窗，铰链安在窗扇的上边，称为上悬窗，一般向外开，防雨好，多用做外门和窗的上亮子。铰链安装在窗扇下边的，称为下悬窗，一般向内开，通风较好，不防雨，不能用做外窗，一般可用于室内门的上亮子。

在窗扇两边中部装水平转轴，开启时窗扇绕水平轴旋转，开启时窗扇上部向内，下部向外，称为中悬窗。这种窗对挡雨、通风有利，平且开启易于机械化，故常用作高大空间建筑的高侧窗。联动上下悬窗可用于保温、密闭、隔声等围护要求较高的环境。

(4) 立悬窗：是在窗的上下边设垂直转轴，转轴可设在中部或偏于一侧，开启时窗可绕轴旋转。其优点是开启方便，通风采光好，也便于擦窗，但防雨性能较差。由于窗框接缝处易向室内渗水，因此常需在上部加遮雨措施，下部采用暗裁口。立悬窗构造复杂，不便设置窗纱，一般只用于不常开启的窗。

(5) 推拉窗：推拉窗是指窗扇沿导轨或滑槽滑动的窗形式，分水平推拉和垂直推拉两种。与平开窗相比，推拉窗的窗扇受力更为合理，适于安装大块玻璃板面，透光率较高。推拉窗立面风格简洁，且具有开启不占用空间的特点，是目前金属及塑料窗应用较为普遍的形式之一。

5.2.4 窗的组成

窗一般由窗框、窗扇、贴脸板、窗台板等部分组成，如图5-4所示。

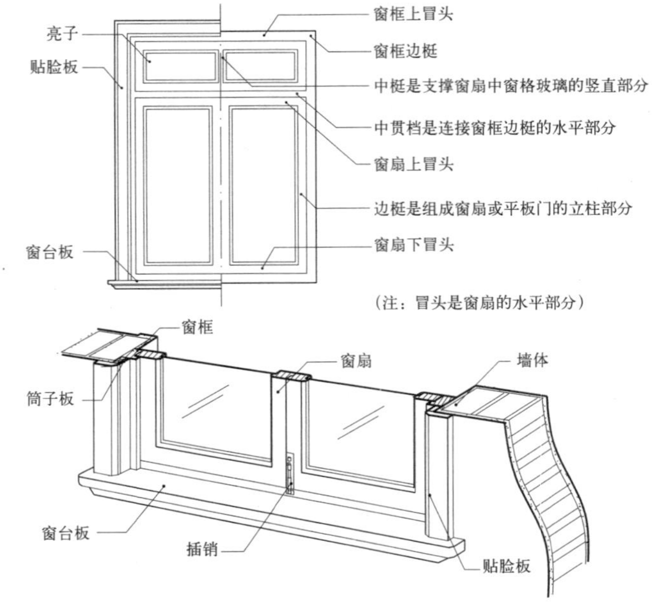

图5-4　窗框架的基本组成

窗框和窗扇的材料以木质、铝合金、塑料（塑钢窗）最为常见。筒子板贴脸及窗台板可采用木质、石材及复合铝塑板等材料。

5.3　门窗的基本构造

在建筑装饰供材中，门窗有各种形式的材料和成品，通常设计人员可根据需要选用各种形式的成品门窗，也可根据成型门窗框和门窗扇材料进行设计，然后由工厂或施工单位组装而成。门在装饰工程中设计形式较多，而窗则相对较少，现场施工中主要对其进行安装固定。因此，这里主要介绍在装饰工程中常见的门窗构造（如木门、推拉门、玻璃无框门等），对于一般成品门窗不再一一介绍。

5.3.1　木门窗的构造

建筑的内门大多还是采用木门，由于木材的质地使门具有较强的温暖感，同时木材易加工也容易满足各种造型的装饰要求。

1. 木门的构造

木门的种类很多，有平开门、推拉门、弹簧木门、木转门等，但最常见的有平开门和推拉门几种。

木门一般是由门框、门扇及五金件组成。

（1）门框

门框又称门樘，一般由两根竖直的边框和上框组成。当门带有上亮子时，还有中横框，多扇门则还有中竖框。因扫地困难，容易磨损，所以内门一般无下槛，如果有需要保温、隔声、防风、防水和防昆虫入侵等要求的门还应设下门槛。

门框与门扇之间要开启方便，又要有一定的密闭性，因此门框上留有裁口，或者在门框上钉小木条形成裁口。

门框与墙的结合位置，一般都做在开门方向的一边，与抹灰面齐平，这样门开启的角度较大。当然也可以将门樘的位置安装在中间，如图 5-5 所示。

由于门的悬吊重力和碰撞力较大，门框四周的抹灰极易开裂，甚至震落，因此抹灰要嵌入门樘铲口内，并做木贴脸木条盖缝。贴脸木线一般约 10～20mm 厚，30～80mm 宽，为了避免木线挠曲，在木线背后开槽可使其较为平服。贴脸木线与地面踢脚线收头处，一般做有比贴脸木线放大的木块，称为门蹬与墙的连接。还可根据形式的需要在洞口内侧设筒子板。门框靠墙面与抹灰相接处应裁凹槽，也叫绞灰口，有利于门框与抹灰的咬接。

门框与墙的连接固定可用“立口”和“塞口”两种方法将门框固定。

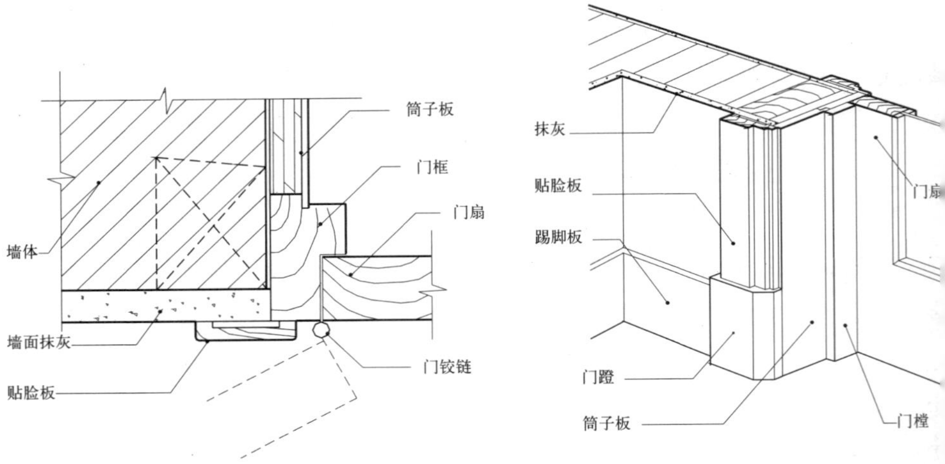

图 5-5　门的构造

所谓“立口”是先立门框，后砌墙体。为使门框与墙体连接牢固，应在门框上槛两端各伸出120mm左右的端头，俗称“羊角头”。这种连接方法的优点是可以使门框与墙结合紧密，缺点是影响砌墙速度。

塞口是先砌墙并预留出门洞口，同时预埋木砖。木砖的尺寸为 120mm × 120mm × 60mm。木砖应做防腐处理。木砖沿门高按每 500～600mm 加设一块，每侧应不少于两块。门框的外围尺寸应比洞口小 10～30mm。门框用钉固法与墙固定。为了保温、密闭，门框与墙间的缝隙应用沥青麻丝嵌填或用聚苯发泡剂填冲。塞口构造由于没有工序交叉，施工效率较高，是目前普遍采用的方式，如图 5-6 所示。

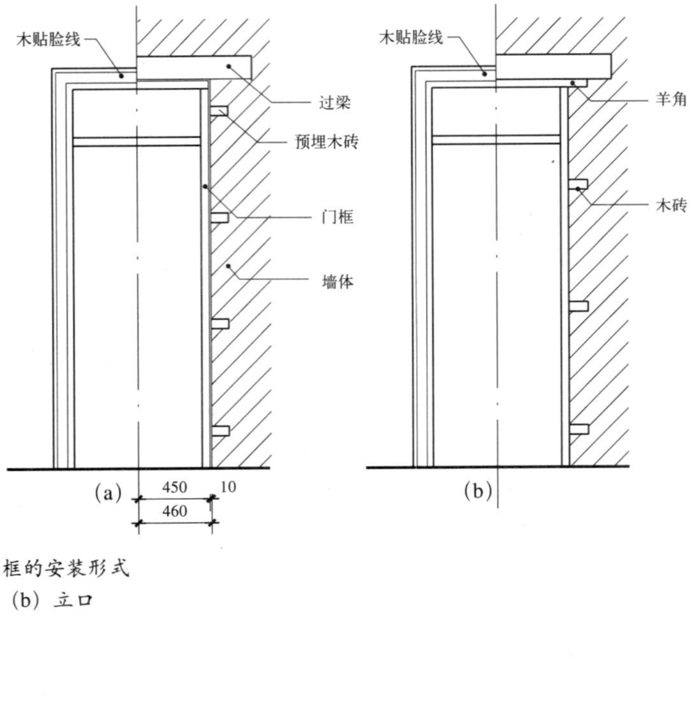

图 5-6　门框的安装形式
(a) 塞口；(b) 立口

(2) 门扇

各种不同的木门其主要区别在于门扇，木门扇按其构造方式可分为镶板门、夹板门等。这两种门都可以加装玻璃或木百叶，以满足不同的使用功能要求如图5–7、图5–8所示。

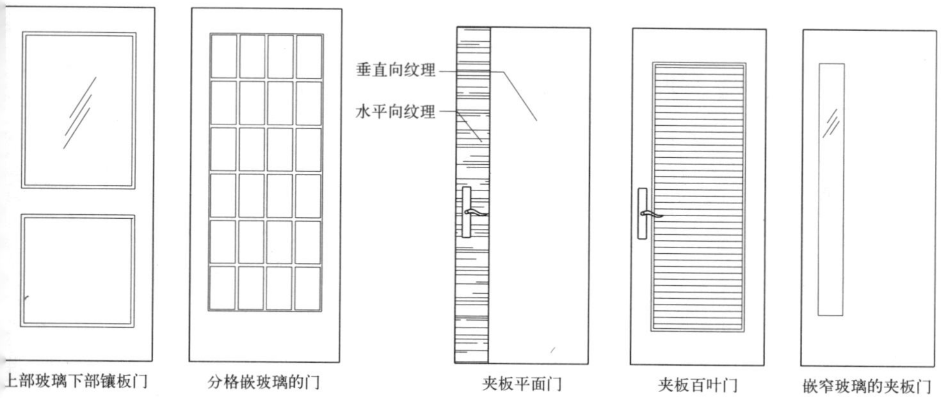

图5-7　镶板门、夹板门形式

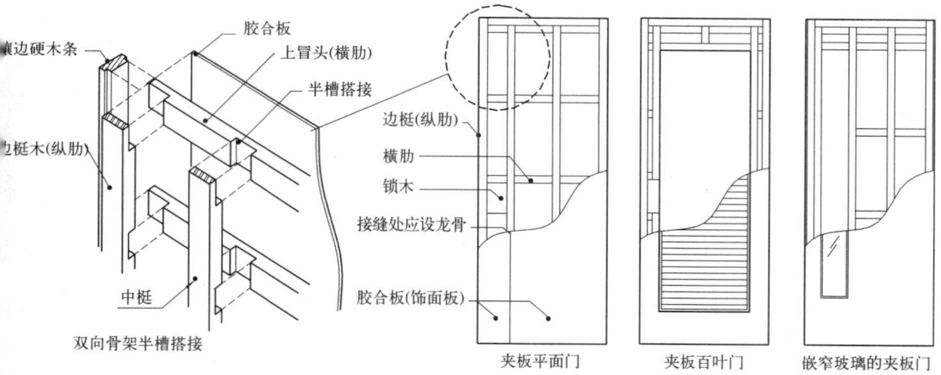

图5-8　夹板门骨架形式

①镶板门：镶板门是由上冒头、中冒头（可为数根）、下冒头和边梃组成骨架，内装门芯板而成。门扇的边框尺寸通常是厚度一般为40～45mm，纱门30～35mm，上冒头和门边梃的宽度为75～120mm，（由于需要安装锁具的因素，木边梃尺寸不宜小于90mm）下冒头因视觉习惯通常比上冒头加大50～120mm，中间的冒头和竖梃一般同上冒头和边梃的宽度。中冒头为了弥补装锁开槽对材料的削弱，可视其所需适当加大。门芯板可为木板、胶合板、塑料板、硬质纤维板、玻璃等。门芯板可用10～15mm板拼装成整块，镶入边框。木门芯板的拼缝应结合紧密，防止日后木板干缩而露缝。门芯板与边框的镶嵌结合可用暗槽、单面槽及双边压条等构造形式，如图5–9所示。门芯板换成玻璃即成为玻璃门。此时应注意玻璃板的安

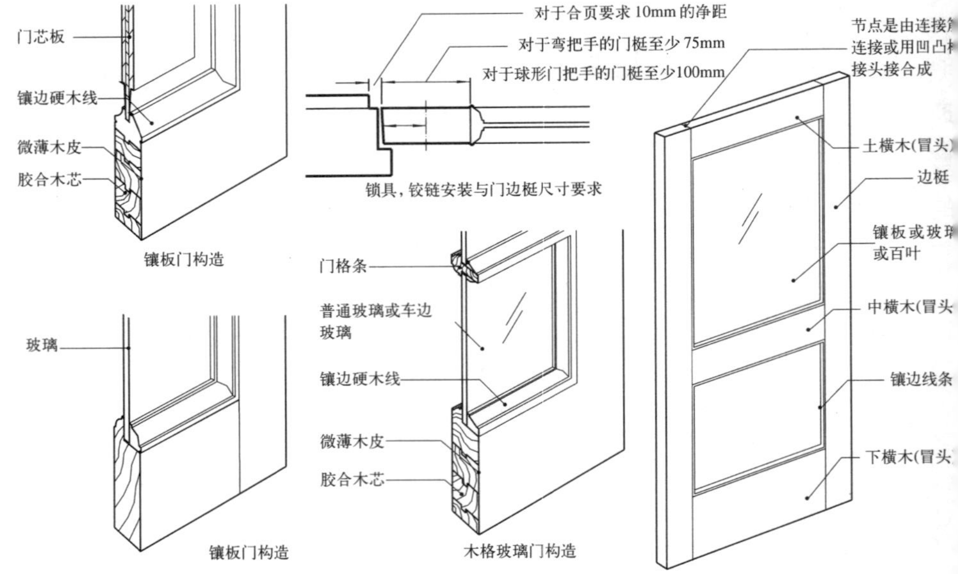

图 5-9　镶板(玻璃)门构造示意

装尺寸应小于木边框的尺寸2～3mm，同时木压条内填充玻璃胶以防止因木材胀缩变化和振动而导致玻璃炸裂。

②木夹板门：夹板门采用组框式骨架，面层覆以胶合板制做成整扇。它中间为轻型骨架双面粘贴薄板，四周用木条板镶边，装门锁处另加附加木，表面可根据不同形式的需要，选用不同材质的板材做饰面。木夹板因其简练、形式多变、制作简便、体轻且强度高，不宜翘曲变形等特点，是现代装修中最常用的一种形式，既适用于住宅也适用于各种办公空间及高级宾馆饭店的内门。

木夹板门的骨架一般用厚28～36mm、宽36～60mm两面刨光的木料做边框，中间为#格形纵横肋条半槽咬接，厚度同边框，宽度15～30mm，视肋距而定，肋距一般在200～400mm之间（肋距应根据两侧胶合板不同的厚度及饰面夹板形态及材质变换的衔接位置中缝而定），如图5-10所示。

夹板门的四周一般采用10～15mm厚木条镶边，这主要是有利于保护胶合板端面不宜遭碰撞翘起；有利于调整与门框设缝间距。清油饰面时可使用与饰面板材相同或纹理近似材质的镶条，以保证门扇颜色上的整体统一、协调、美观。

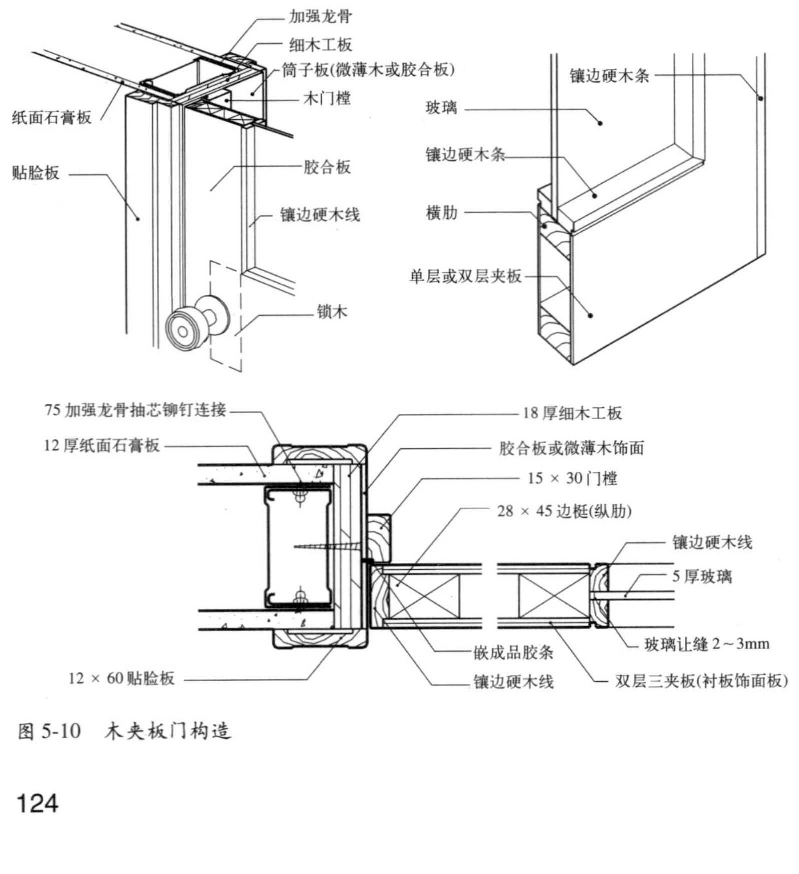

图 5-10　木夹板门构造

夹板门的面板一般用胶合板,也可以用硬质纤维板或塑料板,通常用胶结压合的方式固定。饰面板材既可以通体使用，也可以利用一些木材纹理的特性及光照产生的光影综合考虑裁拼板面，这样不仅会产生更新奇夺目的肌理效果，而且能更充分地利用材料,造价比通体平板门成本还低。图5—11所示的是合理裁拼用板的一个实例。

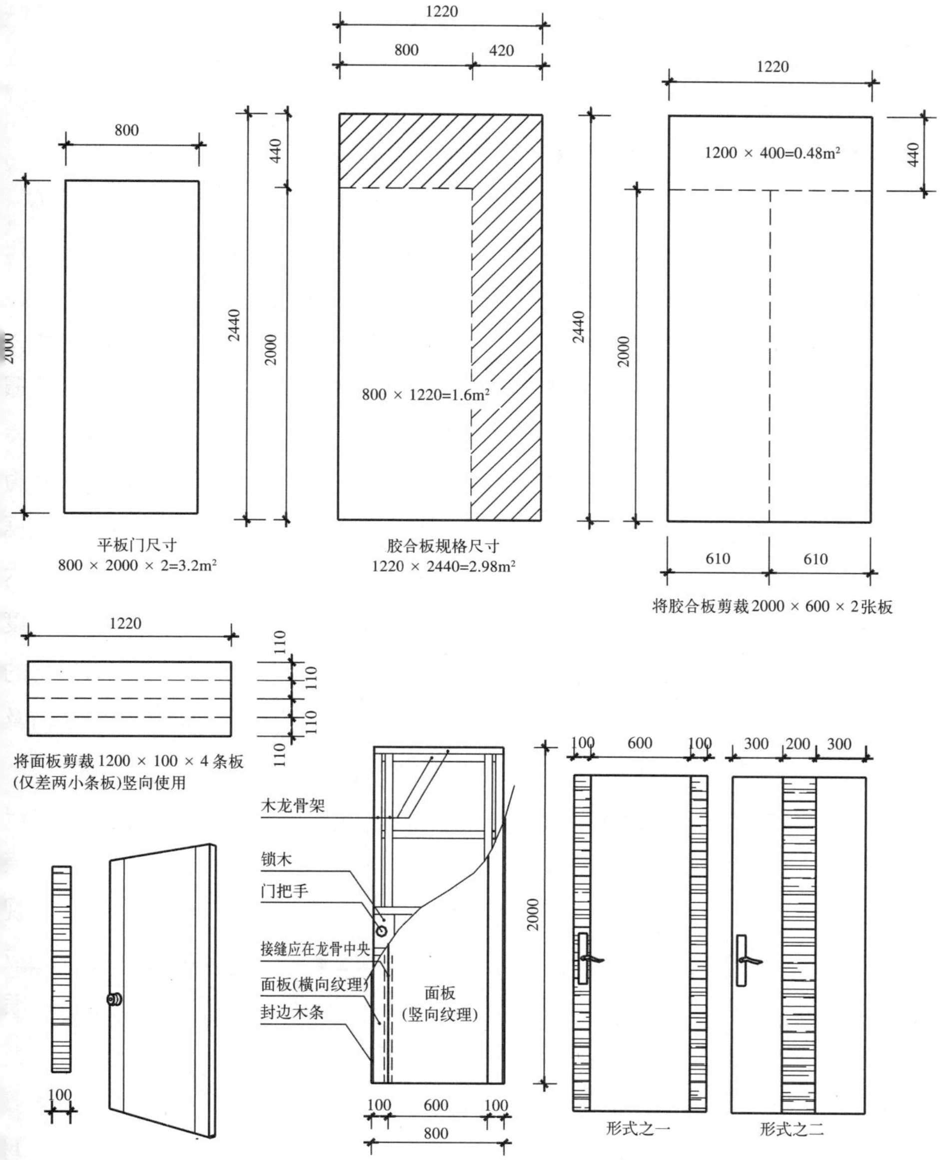

说明：如果做单面门用胶合板3.2m²需用标准板材1.22m × 2.44m 2张，板材利用率仅为54%左右，如若用拼裁手法制作此门的话(如图所示)仅用一张板材，没有余料,(比所需面积差0.22m²两小条板)可使板材利用率提高46%左右，而且克服了平板门表面单一呆板的形式，增强了视觉效果。

图5-11　胶合板拼裁使用示意

另外，需要指出的是有一种“夹板门”是用双层厚夹板（细木工板等）通过钉固胶结的方法固定，表面粘贴胶合板，四周封木条。这种方式需要非常平整的厚夹板才能保证不会出现空鼓，需要很大且均匀的压力才能粘接平整，而且门扇的自重较木骨架门重量大，同时与铰链的连接强度也不高，加之门在开启关闭常常振动等因素都会影响门的正常使用，所以这种做法结构不合理，质量自然也就不高，因而不宜应用。

③拼板门：拼板门一般有厚板拼成的实拼门和单面或双面拼成薄板拼板门等。拼板门虽坚固耐用，但费料而笨重，可做单扇或双扇。过去拼板门由于很经济，常用于院门及库房门（比较粗糙的结构中）。目前这种门已很少使用，大都因设计风格需要才使用这种门作为装饰烘托环境气氛，如图 5–12 所示。

薄板拼板门用15～25mm左右厚木条板，拼成单面或双面的拼板门。薄板拼板门一般需有骨架和拼板结合共同作用。为了防止因自重而引起的挠度变形，可在骨架内用木料做 1～2 条斜撑，或用扁钢螺栓做横斜向拉条。

实木拼门用40mm左右厚的木条板拼成，木条板每块宽度约100～150mm，为了防止木料收缩裂缝常做成高低缝、企口缝或镶木条拼缝等，并在板面铲三角形或圆形槽。拼板的横向连接常用 ϕ 12 直径三至四道通长螺栓串通拧紧，螺母处作暗槽并用木料镶平。较大的实拼门自重较大，普通铰链无法承受，常用扁钢两至三道以螺栓拧紧在每块木条板上，扁钢的一端弯圆为转轴的套环。为了防止因自重过大而引起的挠度变形，可加钉一条斜向扁铁拉条，如图 5–13 所示。

④推拉门：推拉门一般由门扇、金属吊轨、导向定位槽、门框及五金件等组成。门扇挂在轨道行走装置上，可向两侧推拉移动。推拉门有单扇、双扇或多扇，可以藏在夹墙内或贴在墙面外，如图5–14所示。推拉门门扇可用由玻璃或木门芯板组成的框架门和全玻璃门。不过这里主要介绍的是最常用的夹墙式木推拉门，其特点是门扇尺寸比普通门扇更灵活，通常为双扇对称，便于造型设计，容易体现

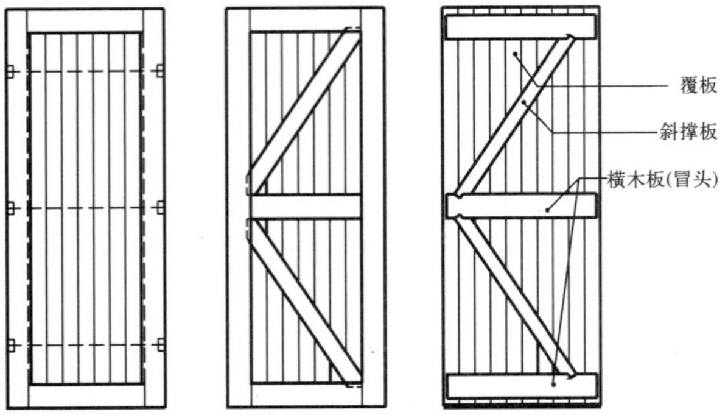

图 5-12 拼板门的类型

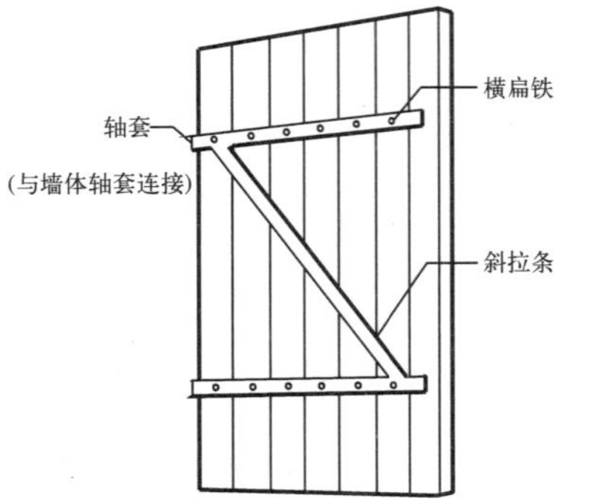

图 5-13 实拼板门的形式

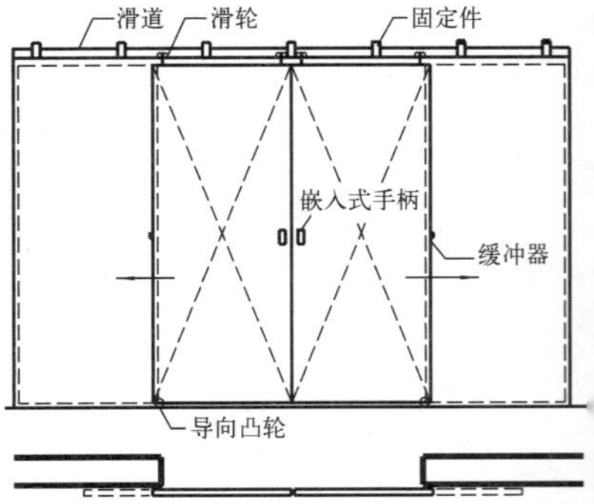

图 5-14 外挂式推拉门平、立面示意

装饰效果。推拉门的开启为伸缩滑动方式，它不需要旋转空间；从这一点看，也较为节省空间。推拉门适用于分隔房间，常用于住宅、酒店及办公空间，但一般不宜做过道门。

夹墙式木推拉门一般为封闭式滑轨以伸缩式行走，一对滚轮在双轨上滑动。滑轮的选用应根据门扇的尺寸及重量确定。为了保证门在垂直状态下稳定运行，下部应安装导向装置。门边梃应装门缓冲器或门止档，以降低因振动引起的噪声。具体构造作法如图 5-15 所示。

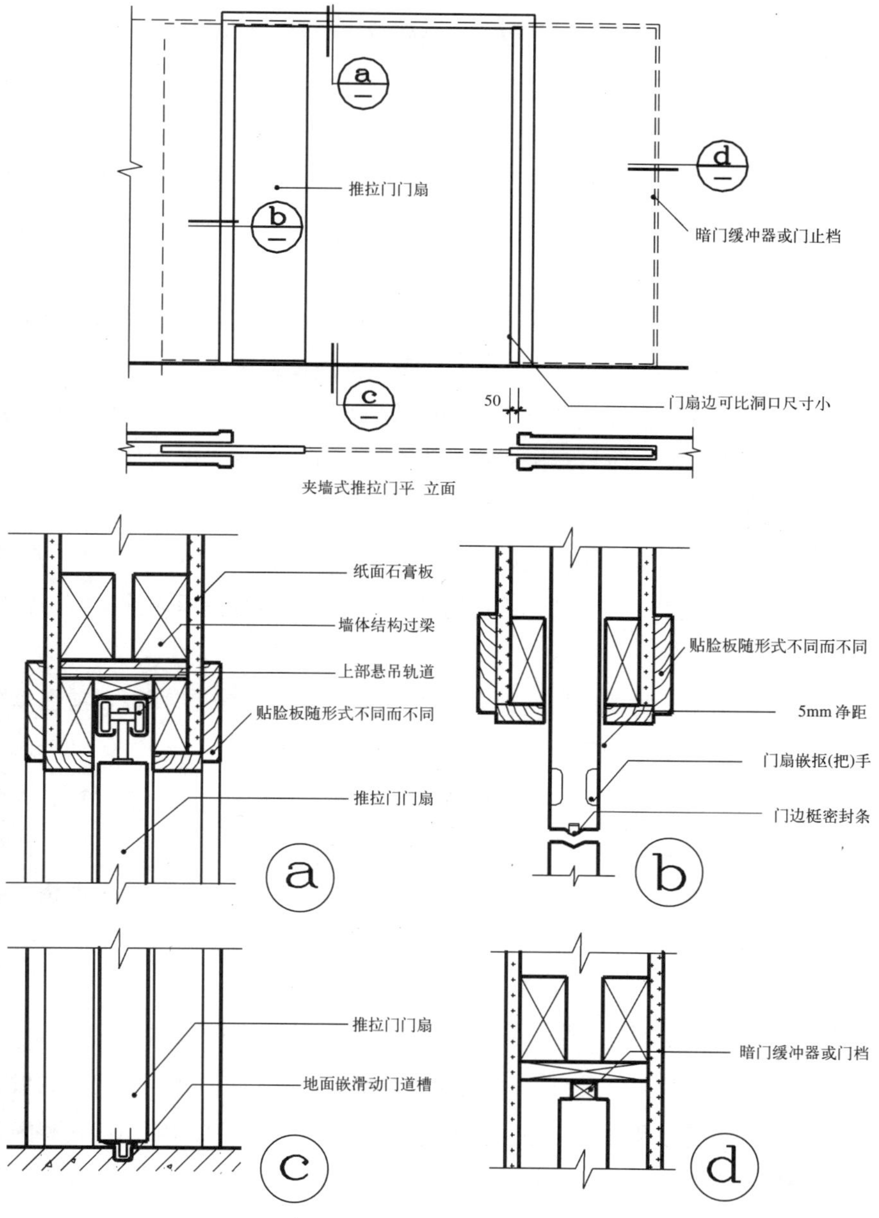

图 5-15　夹墙式推拉门构造示意

2.木窗的构造

窗（各种材质窗户均包括在内）一般由窗框、窗扇（包括玻璃扇、纱扇）、窗五金及附件等部分组成。

（1）窗框

窗框是由上框、下框、边框、中横框、中竖框组成。在高度方向有两个及以上窗扇时，要设中横框；在宽度方向有三个及以上窗扇时，要设中竖框（参见图5–4）。

窗框的断面形式与门框类似，在构造上应有裁口、咬灰口及背槽处理。根据窗扇的层数，裁口有单裁口和双裁口之分。

窗框的安装与门框一样，有后塞口和先立口两种方式。塞口时洞口的高宽尺寸一般应比窗框尺寸大10～20mm。如果采用填充发泡剂塞口工艺，洞口与窗框间隙应适当缩小一些。

窗框在墙体中的位置有立中、内平和外平三种状态。内平要设贴脸板，立中或外平要设窗台板。

（2）窗扇

窗扇一般由上冒头、下冒头、窗棂（或叫窗芯）和边梃组成。边梃、上下冒头及窗棂都设裁口，一般深约10～12mm，便于安装玻璃或窗纱。裁口一般设在外侧用玻璃胶或成品橡胶条及油灰嵌缝，还可以用木条固定玻璃。两窗扇相交处俗称碰头缝，为提高窗的气密性和水密性，应在相接的两边梃上做高低缝盖口，必要时加钉盖缝条。

窗扇玻璃一般用普通平板玻璃，如果是专业厂家的生产的高级木复合窗（塑钢窗、做断桥处理新型铝合金窗）还可以使用中空玻璃以提高保温效果，防止热传递和声传递。

普通木制窗由于材质特性的因素，其气密性及水密性较差，所以目前在建筑工程中也较少采用，更多地是用在烘托室内气氛的装饰上。

虽然窗户的材料及形式较多，但基本构造原理相同，因此，仅以木窗为例。

目前各生产门窗的专业厂家都能提供多种规格及开启方式的成套产品，还可根据设计图纸进行加工，加之窗户几乎全是外围护构件，技术指标要求严格，所以一般不宜现场加工制作。

5.3.2 厚玻璃门构造

厚玻璃门是指采用厚度为12mm以上的玻璃板经加工后直接用作门扇的玻璃装饰门。玻璃门既可以用作外门也可以用作内门。玻璃门一般由活动门扇和固定玻璃两部分组合而成。厚玻璃门一般采用平板白玻璃、钢化玻璃、雕花玻璃、彩印图案玻璃等厚玻璃板，具有透明度高、加工精细、耐冲击、机械强度高等特点。厚玻璃无框门现代感极强，适用于各种公共建筑的入口，因而目前已被广泛采用。

厚玻璃门按开启方式分为手推门和自动门两种。形式上门夹有大门夹和小门夹之分。手推玻璃门采用门顶枢轴和地弹簧人工开启，电动门安装有自动开启装置。

1.手推厚玻璃门

手推厚玻璃门一般有两种不同的形式：一种是有门框（或横梁）固定玻璃做法，另一种是直接用玻璃门夹把玻璃门扇同玻璃隔断进行连接固定，如图5-16所示。

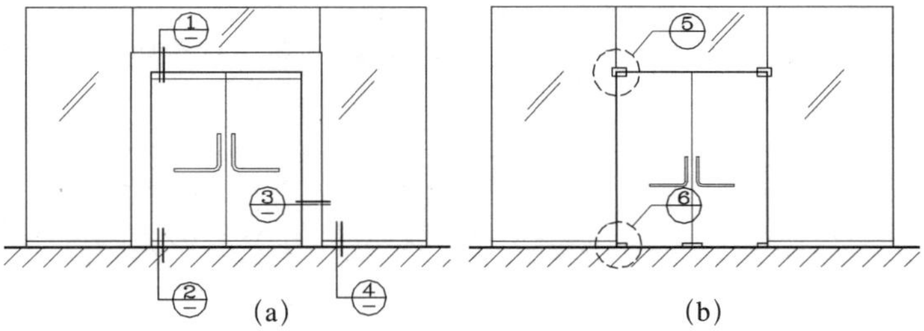

图5-16 厚玻璃门的形式
(a) 有门框玻璃门立面图；(b) 无框玻璃门的形式

这两种形式主要根据造型上不同风格的需要而定，其构造原理相同，都是通过上枢轴（定位销）和地面地弹簧与门扇上下横档铰接固定实现的，其技术要点是要注意门扇与上枢轴（定位销）与地簧轴中心线在同一垂线上，以便玻璃门扇开关自如。玻璃门构造应注意以下几点：

（1）有框玻璃门门框横梁上固定玻璃的限位槽应宽窄一致，纵向顺直。一般限位槽宽度大于玻璃厚度2～4mm，槽深10～20mm，以便安装玻璃板时顺利插入，在玻璃两边注入密封胶将玻璃固定牢固。

（2）无竖框玻璃隔断的边框一般情况下均嵌入墙、柱面和地面的饰面内，边框槽口宽度应大于玻璃厚度2～4mm，待玻璃插入卡好固定后，再覆盖墙、柱、地面的装饰面层，并用硅酮结构胶或玻璃胶封严。

（3）边框不嵌入墙、柱、或地面时，则应对边框进行装饰，一般饰面材料多用金属板，如不锈钢等材料，经加工后将饰面材料粘贴或卡在边框上，然后在槽口处打硅酮结构胶或玻璃胶，如图5-17所示。图5-18为无框厚玻璃门扇与顶枢轴和地弹簧的连接示意。

2.电动感应门

感应自动对拉门的门扇采用铝合金或不锈钢做外框，也可以是无框的全玻璃门，一般用微波传感器进行开启控制。若人或物被卡在门中间时，自控电路会自动停机，安全可靠；若预停电，还可手控。感应自动门的结构精巧、布局紧凑、开闭平稳，运行可靠。适用于宾馆、饭店、写字楼等公共建筑用门。

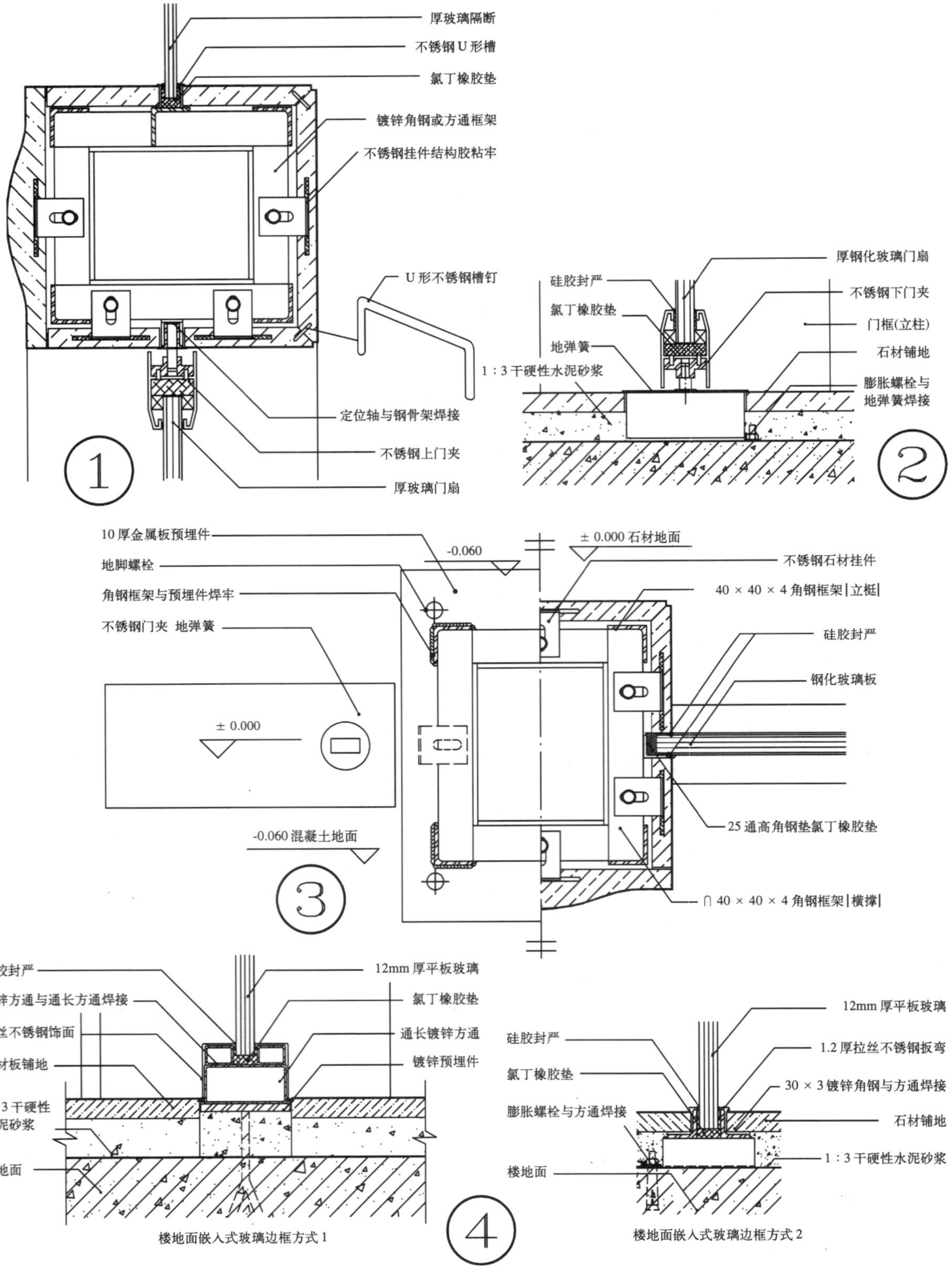

图5-17 有框(横梁)厚玻璃门构造

在自动门的滑动扇上部为吊挂滚轮装置，下部设滚轮导向结构或槽轨导向结构。自动门的机电装置装在设于自动门上部的通长机箱内，如图 5—19 所示。

由于对拉门的密封保温性能较差，通常结合加装门斗使用效果更好。

5.3.3　转门的构造

转门是一种装饰性较强的门，它开启轻盈，密封性能好，能达到防风保温的效果，同时对控制人的流量也有一定的作用。主要用于酒店、银行、大厦等高级公共建筑中。

转门为三或四扇门连成风车形，在两个固定弧形门套内旋转的门。转门有手推

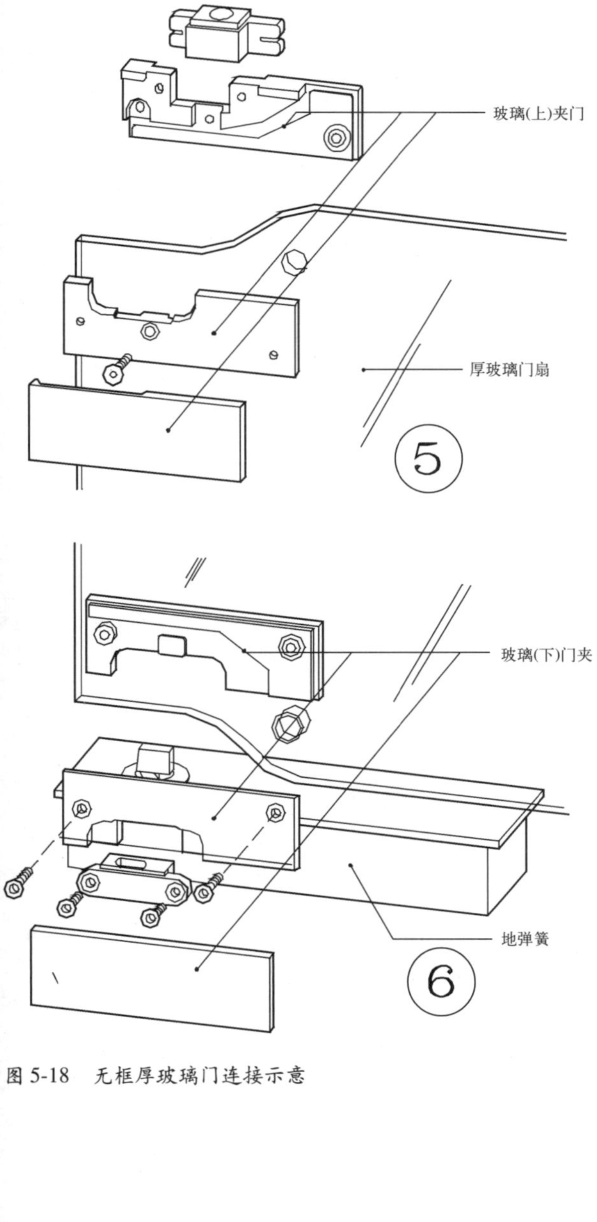

图 5-18　无框厚玻璃门连接示意

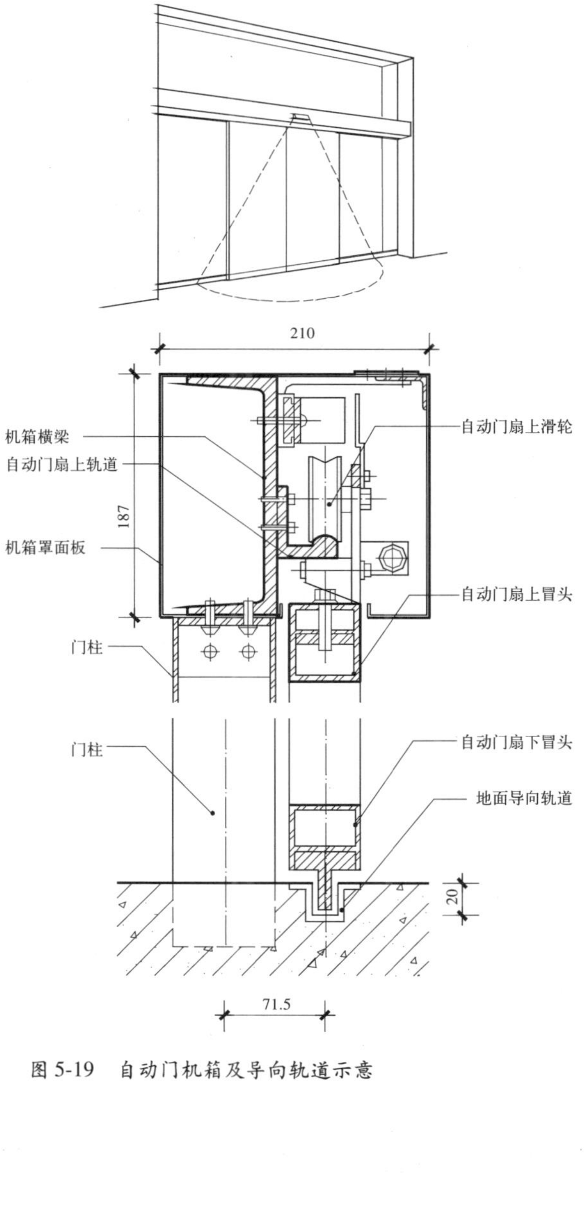

图 5-19　自动门机箱及导向轨道示意

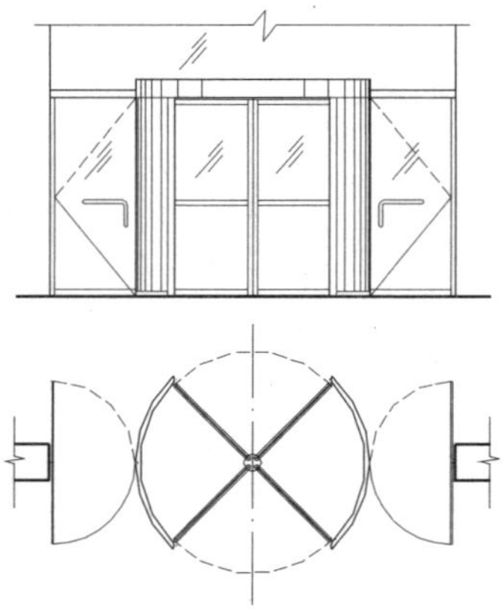

图 5-20　转门示意图

式和自动式两种。旋转门旋转方向通常为逆时针，V 型手推式旋转门在旋转主轴下部设有调节阻尼装置，以控制门扇的惯性转速，保持旋转平稳。自动式旋转门可根据需要的旋转速度进行调整。旋转门的常用规格很多，由最小 1650mm（手推式）到最大 4800mm（自动式）近二十余种。从材料上分有铝质、钢质和金属玻璃转门三种类型可供选择。

转门不适用于人流较大且集中的场所，更不可作为疏散门使用。设置转门需有一定的空间，通常在转门的两侧加设玻璃辅门，以增加流通量，如图 5-20 所示。

复习思考题

1. 门的功能及设计要求是什么？
2. 窗的功能及设计要求是什么？
3. 简述门框的安装形式。
4. 绘出平开木门的节点详图。
5. 简述手推厚玻璃门有哪几种形式。

第六章
隔墙及配件装饰构造

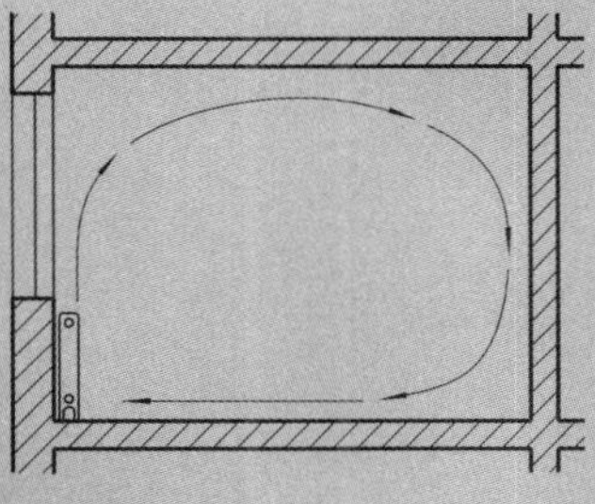

第六章　隔墙及配件装饰构造

6.1　隔墙、隔断的概述

隔墙与隔断是用来分割建筑物内部空间的非承重构件。隔墙与隔断的区别在于分隔空间的功能要求及其拆装灵活性不同。

隔墙高度是到顶的，既能在较大的程度上限定空间，又能在一定的程度上满足隔声、遮挡视线的要求。隔墙一经设置，往往具有不可更改性，至少是不能经常变动的。

隔断从高度上说一般不到顶，但也可以是到顶的。隔断的作用仅是限定空间范围，在隔声、遮挡视线方面往往并无要求或要求较低，甚至具有一定的空透性能，以使两个分隔空间有一定的视觉交流等。比如有些办公空间是用通高玻璃隔断分割空间，虽然也做到顶，但隔声和遮挡视线的能力相对较差。另外，隔断的形式也比隔墙灵活，如推拉、折叠式隔断（常用于酒店宴会厅、会展中心等），虽然也可以做到顶，关闭也有一定隔声能力和遮挡视线能力，但是可以根据需要随时打开，使分隔的两空间连通到一起。一些空透屏风式隔断本身就通透分割了空间，又因是不同形式的博古架式样更显得灵活多变。

隔墙要求自重轻、厚度薄、刚度和稳定性好、具有一定的隔声能力，对于一些特殊部位的隔墙还应视要求具有防火、防潮、防水、防射线等能力。

隔断除应具备以上能力以外，移动灵活还应是它的另一能力体现。

6.2　隔墙

6.2.1　隔墙的种类及特点

轻质隔墙按其构造方式可分为三大类，即砌筑式隔墙（如普通粘土砖、空心砖、加气混凝土砌块等砌筑的非承重墙），立筋式隔墙（如灰板条抹灰隔墙、木龙骨、轻钢龙骨、石膏龙骨各种面板隔墙等），条板式隔墙（如加气混凝土条板隔墙、空心石膏板隔墙、碳化石灰板隔墙、石膏珍珠岩板隔墙及各种复合板隔墙等）。

1. 砌筑式隔墙

砌筑式隔墙是用粘结砂浆将预制块材砌筑成非承重墙体，常用在比较永久的分室墙上，它的隔声性、耐久性和耐湿性都比较好，但它的自重较大，而且必须是湿作业施工。

（1）粘土砖隔墙：这种隔墙是用普通粘土砖、粘土空心砖顺砌或侧砌而成。普通粘土砖半砖顺砌隔墙是较为常用的形式，构造上应注意墙的稳定性。若高度超过3m，长度超过5m，通常每隔5～7皮砖，在纵横墙交接处的砖缝中放置两根ø6mm的锚拉钢筋。在隔墙上部和楼板相接处，需用立砖斜砌。当隔墙上设门时，则需用预埋件或木砖将门框拉结牢固。

（2）砌块隔墙：它是用比普通粘土砖体积大、堆密度小的超轻混凝土砌块砌筑。常见的有加气混凝土、泡沫混凝土、水泥炉渣砌块等。砌筑方法与加固措施与砖隔墙相似。采用防潮性能差的砌块时，宜在墙下部先砌3～5皮粘土砖。

（3）玻璃砖隔墙：即用特厚玻璃砖或组合玻璃砖砌筑的透明砖墙。玻璃砖具有隔热、隔声的作用及绝缘、防水、耐火、防结露的特点。无论是天然光还是人造光，玻璃砖的单元能做到对光的控制，以满足功能要求或造成戏剧性效果。玻璃砖应用范围很广，整面墙、窗、内部隔断、隔墙、天窗、楼板和楼梯等部位，都可以使用玻璃砖。因此，玻璃砖特别适合高档住宅、酒店、体育馆及健身娱乐等场所，用于控制透光、眩光和太阳光的场合。

2.立筋式隔墙

立筋式隔墙是指由龙骨（骨架）和墙面材料组成的轻质隔墙。这种隔墙形式重量轻、厚度薄、干作业，是目前应用比较广泛的工业化隔墙形式。常用的隔墙龙骨有木龙骨和金属龙骨两种。另外，一些利用工业废料和地方材料制成的龙骨也常有使用，诸如石棉水泥骨架、浇注石膏骨架、水泥刨花板骨架等等。面层材料目前多用各种预制板材。

（1）木龙骨隔墙：木龙骨隔墙的优点是质轻、壁薄、便于安装和拆卸。缺点是不耐火、水和隔声性能差。隔墙是由上、下槛、立柱和斜撑组成龙骨，然后在立柱两侧铺钉木板条（灰板条），抹麻刀灰，即为木板条隔墙。为了防水、防潮，可先在隔墙下部砌3～9皮粘土砖。也可在立柱两侧钉三合板或纤维板及纸面石膏板，即为木龙骨罩面板隔墙。另外，在木框架上部分或全部安装上大面玻璃，即为玻璃隔墙。

（2）金属龙骨隔墙：金属龙骨隔墙（这里主要指轻钢龙骨纸面石膏板隔墙）一般用薄壁轻型钢做骨架，两侧用自攻螺钉固定纸面石膏板或其他人造板，是目前应用最为普遍的工业化隔墙形式。

（3）石膏龙骨隔墙：石膏龙骨隔墙是用石膏作龙骨，两侧粘结或钉固纸面石膏板、水泥刨花板及石膏条板等。

3.条板隔墙

条板隔墙是指那些不用骨架，其单板高度相当于房间的净高的板材拼装成的隔墙。隔墙用条板常有加气混凝土板、多孔石膏板、碳化石灰板、水泥木丝板等，厚度大多为60～120mm，宽约600～1200mm，高度同房间实际高度。安装时在楼、地面层上用对口木楔在板底将板楔紧，纵向板缝用胶结材料粘结。

6.2.2 隔墙的构造

隔墙工程近年来发展迅速，许多新型的建筑材料和施工方法已被广泛采用，本章对某些施工方式的隔墙如粘土砖隔墙、砌块隔墙、灰板条隔墙等类隔墙的安装施工不再做介绍。下面主要介绍在装饰工程中常用的隔墙构造。主要有：木龙骨夹板隔墙、轻钢龙骨纸面石膏板隔墙、玻璃砖隔墙等。

1.木龙骨木夹板隔墙

木龙骨夹板隔墙是指由木龙骨（骨架）和木夹板材料组成的轻质隔墙，在装饰造型中与其他材料的隔墙相比，它可以做成普通墙面，做异型隔墙更为简便（彩图72）。

（1）木龙骨骨架：木龙骨架隔墙是由上槛、下槛、立柱（墙筋）和斜撑组成。立柱靠上下槛固定。木料截面视房间高度可分为50mm × 70mm或50mm × 100mm。墙筋间距应配合面板材料的规格而定，一般可分为400～600mm。斜撑间距约1500mm。有门樘的隔墙，其门樘立筋要加大断面尺寸或是双根并用，门樘上方根据需要可设置人字斜撑。

室内隔墙与木龙骨架连接固定，一般没有预埋件，多采用金属胀管、木楔圆钉、水泥钢钉、金属角码等连接紧固做法，如图6-1所示。木骨架的装配形式，有大木方单层骨架及小木方双层骨架和单层的木龙骨架。

1）大木方结构：这种结构的木隔墙，通常用50mm × 70mm或50mm × 100mm的大木方制做主框架，木横撑间距视框架高度而定，一般间距为400～600mm。再用3mm或5mm厚的木夹板作为基面板。这种结构多用于墙面较高较宽的木龙骨隔墙。

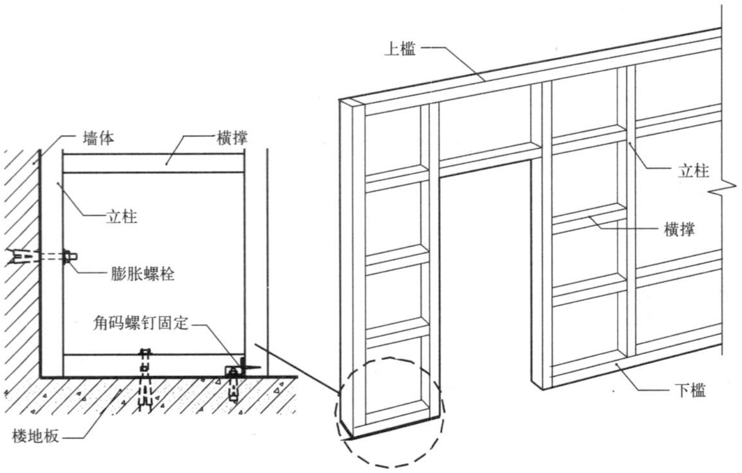

图6-1 木骨架的固定

2）小木方双层结构：为了使木隔墙有一定的厚度，常用 25mm × 30mm 带凹槽的木方作两片骨架的框体，每片规格 300mm × 300mm 或 400mm × 400mm，再将两个框架用木方横杆相连接，如图 6–2 所示。这种墙体通常适用于有一定的功能性的要求，如隔声效果要求、墙壁中埋设管线设备要求及墙壁装饰造型要求等（如壁龛、嵌入式灯箱），如彩图 73。

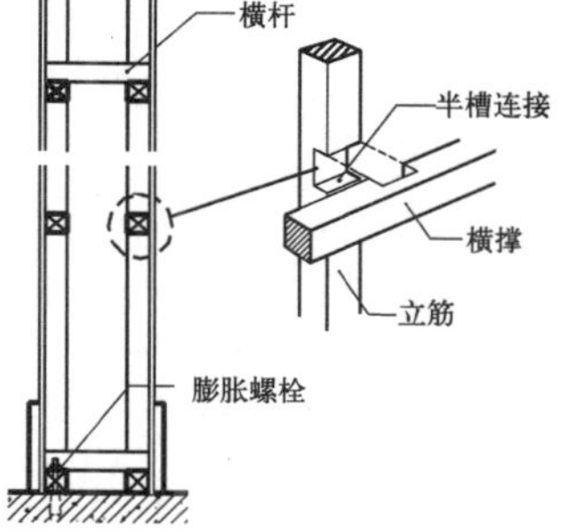

图 6-2　双层木结构骨架

（2）板罩面

室内木质隔墙的罩面板材，使用较多的是三合板、木纤维板。如直接用木质板罩面（清油涂装），应注意选用好板材的纹理和色彩，这一点十分关键。罩面板材视觉效果的强弱与采用的树种（颜色明度）、材质（粗糙与细腻的肌理）有很大关系。

隔墙木罩饰面板的固定通常采用钉固或加胶粘的连接方法。

罩面板的安装方式有两种，一种是将板面镶嵌或用木条固定于骨架中间称为嵌装式；另一种是将骨架全部掩盖故称为贴面式，如图 6–3 所示。贴面式的面板要在立柱上拼缝，常见的拼缝方式有明缝、嵌缝、坡缝、盖缝，采用哪种方法取决于造型风格及形式的要求。

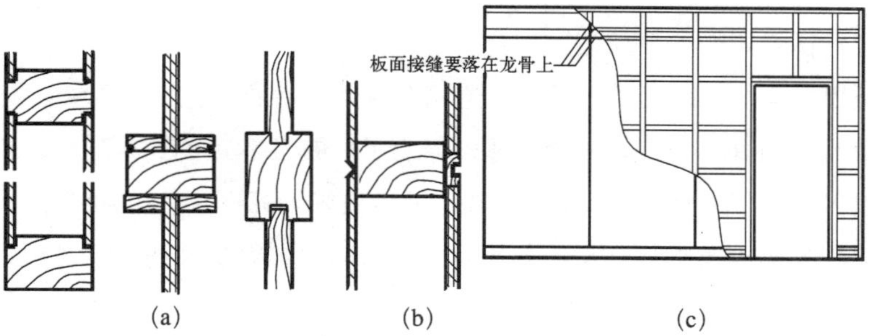

图 6-3　板面固定方式及贴面式隔墙示意
(a) 嵌装式；(b) 贴面式；(c) 贴面式隔墙

2. 轻钢龙骨纸面石膏板隔墙

轻钢龙骨隔墙是以薄壁轻钢骨架做支承龙骨，在龙骨上安装纸面石膏板的做法。它的材料具有来源广泛、工业化程度高、质轻、防火等特点，得到越来越广泛的应用。

轻钢龙骨石膏板做内隔墙，通常采用普通做法隔墙，也可以根据使用要求做有隔声功能的隔墙。由于轻钢龙骨石膏板隔墙可不受楼板荷载的限制，更适合多层建筑的内隔墙，这就给多层建筑分隔各类空间带来很多方便。采用轻钢龙骨纸面石膏板制作隔墙有以下特点：

①较大地减轻建筑物的自重。例如采用轻钢龙骨为墙体骨架，在骨架的两侧各铺一层 12mm 厚的纸面石膏板时，墙体重量为 25～27kg/m^2 左右，而 120mm 厚的

红砖墙体的面质量则为 250kg/m^2 左右，即便是 100mm 厚的加气混凝土重量也为 130kg/m^2 左右，从而不难看出轻钢龙骨纸面石膏板隔墙可以大幅度降低建筑物的基础和承重结构的造价，更显其重量轻的优势；

②增加建筑物的使用面积。以采用 Q75 龙骨两侧各铺一层 12mm 厚的纸面石膏板组成的隔墙为例，其厚度仅为 100mm，与 120mm 厚的非承重砖墙相比，双面抹灰，墙厚为 160mm，两者厚度相差 60mm，可有效地增加使用面积；

③提高建筑物空间布局的灵活性。由于轻钢龙骨纸面石膏板隔墙是轻质非承重墙，可以在不同的平面层中，根据各自空间的需要任意分隔房间的大小组合，以满足不同的功能要求；

④抗震性能好。由于轻钢龙骨纸面石膏板隔墙自重轻，并有一定韧性，能承受建筑物层间较大变形，因而该墙体具有良好的抗震性能。

（1）普通轻钢龙骨面板隔墙

1）材料及特点

①轻钢龙骨：轻钢龙骨是用镀锌薄钢板（带）加工轧制成的。它是由横龙骨即 U 形沿顶龙骨、沿地龙骨、竖向龙骨即 C 形龙骨、横撑龙骨及配件等组成。墙体轻钢龙骨可装配性强，可加工性能较好，具有可锯、可剪、可焊、可铆和可用自攻螺钉固定等优点如图 6–4 所示。

②纸面石膏板：纸面石膏板是以建筑石膏为主要原料，加入适量纤维和某些外加剂等组成石膏芯材与护面纸牢固地结合并经加工制成的建筑板材。它具有质轻、高强、防火、隔声、收缩率小，加工性能良好（可钉、锯、刨、粘）等特点。纸面石膏板品种除有普通纸面石膏板外，还有防火石膏板和防水石膏板。

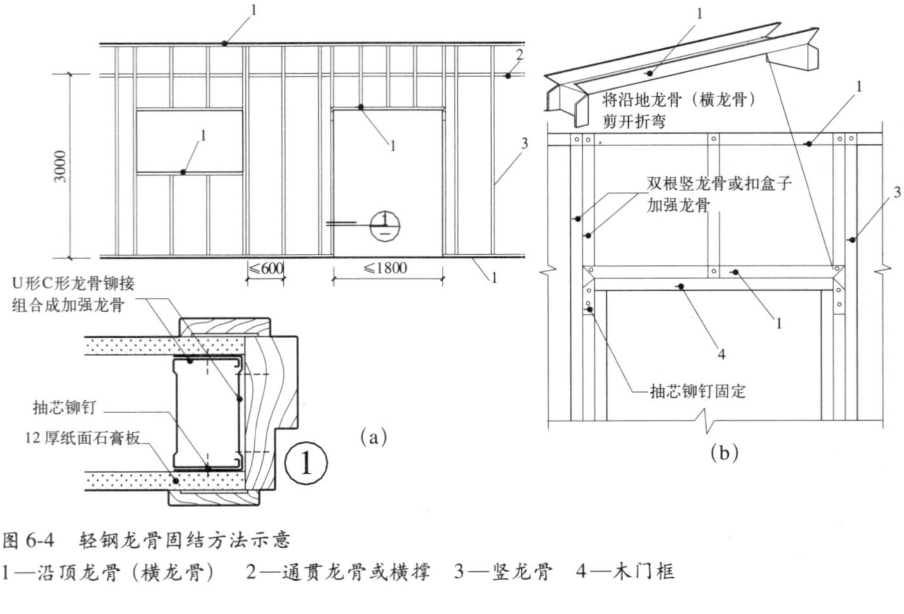

图 6-4　轻钢龙骨固结方法示意
1—沿顶龙骨（横龙骨）　2—通贯龙骨或横撑　3—竖龙骨　4—木门框

纸面石膏板的规格尺寸有多种，最常用是3000mm × 1200mm × 9.5mm和3000mm × 1200mm × 12mm楔形边及直角边这两种规格。

2）构造及做法

①轻钢龙骨的敷设

轻钢龙骨隔墙常用的构造做法是将沿顶、地龙骨固定在顶板的预埋件或用膨胀螺栓将其与顶板连接牢固，固定点间距不应大于1000mm。根据石膏板的宽度设置竖向龙骨，龙骨之间的中距尺寸一般为453mm、603mm，即在石膏板的板边、板中各设置一根。当隔墙面的装饰层材料重量较大时，如镶贴瓷砖，竖龙骨的间距应不大于400mm。竖向龙骨插入沿顶、地龙骨内并用抽芯铆钉固定，如图6—5所示。

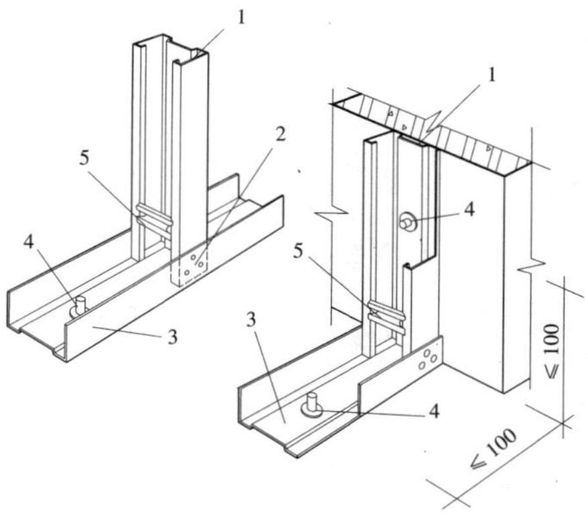

图6-5　竖龙骨与沿地（顶）龙骨的连接
1—竖龙骨　2—抽芯铆钉
3—沿地、沿顶龙骨
4—射钉及垫圈　5—卡托

室内净空高度较大时应加设贯通式横向龙骨，隔墙高于3m时架设一道；在3～5m之间时架设两道；超过5m时应设三道，同时在重要的承重部位，如门、窗框等部位，竖龙骨可双根并用、密排、或采用加强龙骨（断面呈不对称C形，使用时双根扣合）。

如沿顶龙骨悬吊高度位置与建筑楼板有一定距离，除需应有支撑杆外，还应在门框等主要竖龙骨位置用斜角支撑杆与建筑楼板固定，夹角在60°为好（斜角支撑杆在吊顶棚中）。

圆曲面隔墙，应根据曲面要求将沿地、沿顶龙骨剪切成锯齿形，固定在顶面和地面上。曲面墙的半径较大时（大约5～15m），竖向龙骨的间距可为300mm；曲面墙的半径较小时（1～2m），竖龙骨间距可为150mm，如图6—6所示。

②石膏板的安装

纸面石膏板应竖向铺设，长边接缝应落在竖向龙骨上，隔墙两侧的石膏板安装，排列接缝不应落在同一根龙骨上。如龙骨单侧安装双层石膏板，内外两层石

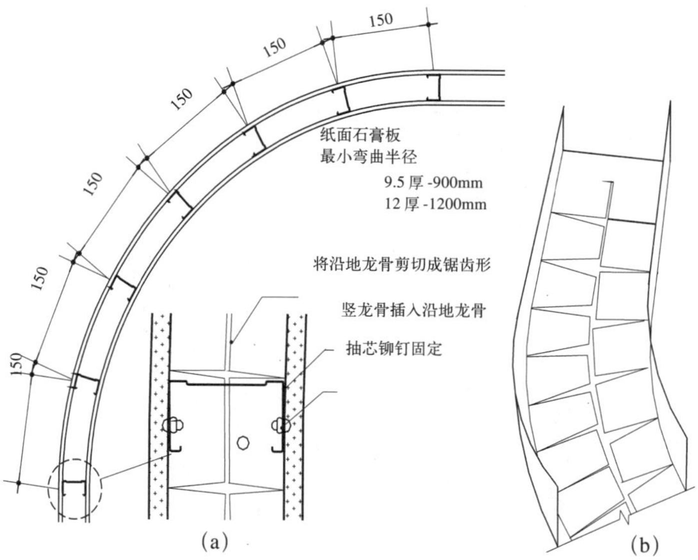

图6-6　曲面墙龙骨固定示意
(a) 曲面龙骨排列示意；
(b) 曲面沿地龙骨切割示意

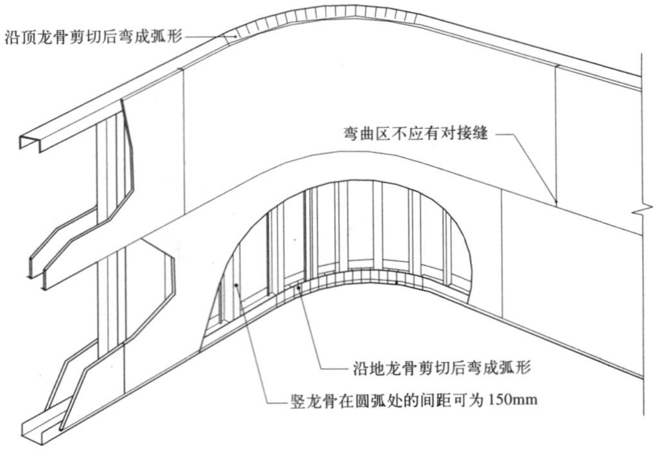

图 6-7　曲面纸面石膏板安装示意

膏板也应错缝排列。

曲面墙所用石膏板通常采用9.5mm厚纸面石膏板，应横向铺设，如图6—7、彩图74所示。当曲面墙体曲率半径比较大时（5m以上），可将纸面石膏板先从一端起安装固定，然后逐渐完成曲面墙。当曲面墙体曲率半径较小时（1～2m左右），可将纸面石膏板两面用清水刷湿至少2h后方可安装，当纸面石膏板完全干燥后仍保持原来的强度。

石膏板应采用自攻螺丝固定。周边螺钉的间距不应大于200mm，中间部分螺钉的间距不应大于300mm，螺钉与板边缘的距离应为10～15mm。

隔墙端部的纸面石膏板与周围的墙或柱应留有3mm的槽口。施铺罩面板时，先在槽口处加注嵌缝膏，然后铺板，挤压嵌缝膏使其和邻近表层紧紧接触。石膏板之间的接缝，一般应为3～6mm缝宽，且必须坡口与坡口相接。

隔墙下端的石膏板不应直接与地面接触，应留10mm左右的缝隙，并用建筑胶嵌严，如图6—8所示。

（2）轻钢龙骨纸面石膏板隔声隔墙

在隔墙中要做到自重轻而隔声性能也好，需要对轻质隔墙的构造做法采取一些措施，如增加墙体两面石膏板之间的距离，增加墙体单位面积的重量及墙体空腔填充吸声材料，都有助于提高隔声效果；在隔墙体内采用矿棉、岩棉、玻璃棉等轻质纤维绝缘物填充，尽量不留有空隙（但应宽松而不是满塞地放入空腔内）能更好的提高隔声效果（彩图75）。同时，应尽量避免在隔声墙上设置穿墙管线、插座、配电箱等。如特别需要，一定要对相关的设施和施工工艺采取相应的隔声措施，比如可以使用吸声材料包裹并使用大尺寸的夹具将管道与支撑结构分开，对

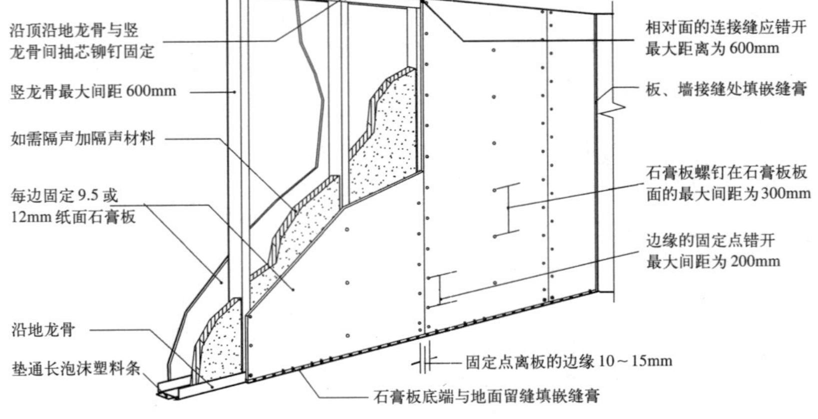

图 6-8　轻钢龙骨纸面石膏板隔墙固定示意

施工中所造成的缝隙采取密封措施，消除有可能造成的声桥部位。

比较有效的隔声措施具体做法为：

①结构上的措施

a.组成隔墙的纸面石膏板层数越多隔声量就越大，如三层石膏板（12×2＋12）比两层纸面石膏板（12＋12）可提高隔声量4～5dB；若再加一层即四层纸面石膏板（12×2＋12×2），可再增加3～4dB。石膏板层数增多也会造成墙的重量增大，应酌情考虑。

b.单排龙骨的纸面石膏板隔墙，龙骨的宽度决定两侧墙板之间空腔的宽度，加大空腔有助于提高隔声效果。同样构造的轻钢龙骨纸面石膏板隔墙，Q75龙骨比Q50龙骨隔墙的隔声量提高1～2dB；而Q100龙骨比Q75龙骨隔墙隔声量提高0～1dB。

c.纸面石膏板的厚度有多种规格，最常用的纸面石膏板的厚度是12mm。当要求增加墙的厚度或重量以满足耐火等要求时，从隔声角度讲，不宜采用单层厚板，而应采用双层板叠合里外板缝错开。在相同重量的条件下，后者的隔声量要高。

d.采用双排龙骨，两边的墙板各自钉在自己一侧的龙骨上，除了隔墙边缘以外，隔墙两侧的墙板之间没有连接，形成分离式双层墙结构，隔声量比单排龙骨的隔声有较大提高。例如两层板（12＋12）双排并列龙骨与单排并列龙骨相比，隔声量可提高6dB，双排错列龙骨比单排龙骨可提高10～15dB。

e.对于两侧板材固定在同一龙骨上（单排龙骨），如果板材和龙骨间垫有弹性条，即金属减振条（中间打孔条状金属片）或弹性材料垫（如改性沥青卷材、毛毡等），比板材直接固定在龙骨上有较大的隔声量。

f.隔墙封闭到顶直接与建筑楼板连接。将沿顶沿地龙骨与楼板、地面及竖龙骨和墙连接处采用弹性材料垫也可提高隔声量。

②绝缘消声措施

隔墙空腔中填充无机纤维绝缘材料（如岩棉、玻璃棉、矿棉），可吸收声能，从而提高墙的隔声性能。单排龙骨空腔中填岩棉可提高5dB左右；双排龙骨空腔填岩棉可提高9dB左右。墙板层数少时，填岩棉的效果比板层数多时的效果要好一些；空腔厚度大时，填岩棉比空腔厚度小时的效果也要好一些，如图6-9所示。

③密封措施

a.施工中所造成的缝隙最容易出现在隔墙的边缘和与楼板、地面及侧墙的连接处，应在这些缝隙处预先放置弹性垫或采用密封膏密封。

b.在隔声墙的空腔内安装尺寸较大的设备或管道时，应在空腔两侧同时设置绝缘材料。特别应引起重视的是隔墙上相邻两室的电器开关盒和插销盒要错位安装和采用隔声处理，即按设计要求安装石膏板隔离框并与龙骨固定，接线盒的四周用密封胶封严。

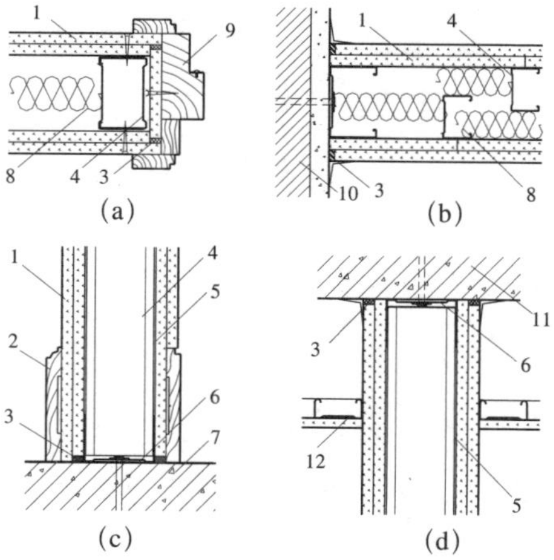

图6-9　隔声墙连接节点示意

(a)隔声墙与木门框的连接；(b)错排龙骨隔声墙与墙柱连接；(c)隔声墙与楼地面的连接；(d)隔声墙与顶板连接

1—双层纸面石膏板　2—木质踢脚板　3—密封膏　4—竖龙骨　5—弹性防振条　6—沿地（顶）龙骨　7—楼地面　8—岩棉等吸音材料　9—门框　10—墙体　11—建筑楼板　12—吊顶次龙骨

(3) 空心玻璃砖隔墙

空心玻璃砖是由两块玻璃经高温压铸成的四周密闭的玻璃砖块，空心玻璃砖从外观上分为正方形、矩形、各种异形等形式，其规格较多，最为常用的规格为190mm × 190mm × 95mm和140mm × 140mm × 95mm两种。在砌筑玻璃砖墙时，四周一定要镶框，框体可以是木制的也可以是金属框。砌筑时一面铺水泥砂浆，一面将玻璃砖砌上，且纵横方向是每隔三四块砖就要放置补强钢筋，尤其在纵向砖缝内一定要灌满水泥砂浆。玻璃砖之间的缝宽在10～20mm之间，主要视玻璃砖的排列调整而定，待水泥砂浆硬化后，用白水泥勾缝。白水泥中如能掺入一些胶水则可以避免龟裂。由于玻璃砖隔墙的装饰性和通透效果很明显，目前被较多用在装饰墙面中（彩图76）。

玻璃砖隔墙构造与做法如下：

1）玻璃砖隔墙适用于建筑物的非承重内外装饰墙体。当用于外墙装饰时，一般采用95mm厚的玻璃砖。用于内墙装饰时，95mm或80mm厚均可以使用。玻璃砖隔墙，高度宜控制在4.5m以下，玻璃砖室内墙面的最大宽度为7260mm，为防止移动和沉降，面积超过$13.72m^2$的墙面，应适当加支撑，支撑可用木材或各类金属材料制作。玻璃砖隔墙用1：1白水泥石英砂浆砌筑，为保证侧向刚度，砌筑玻璃砖墙时，在每条砖缝内部都要埋设钢筋，钢筋与四周框架要连接牢固，如图6—10所示。

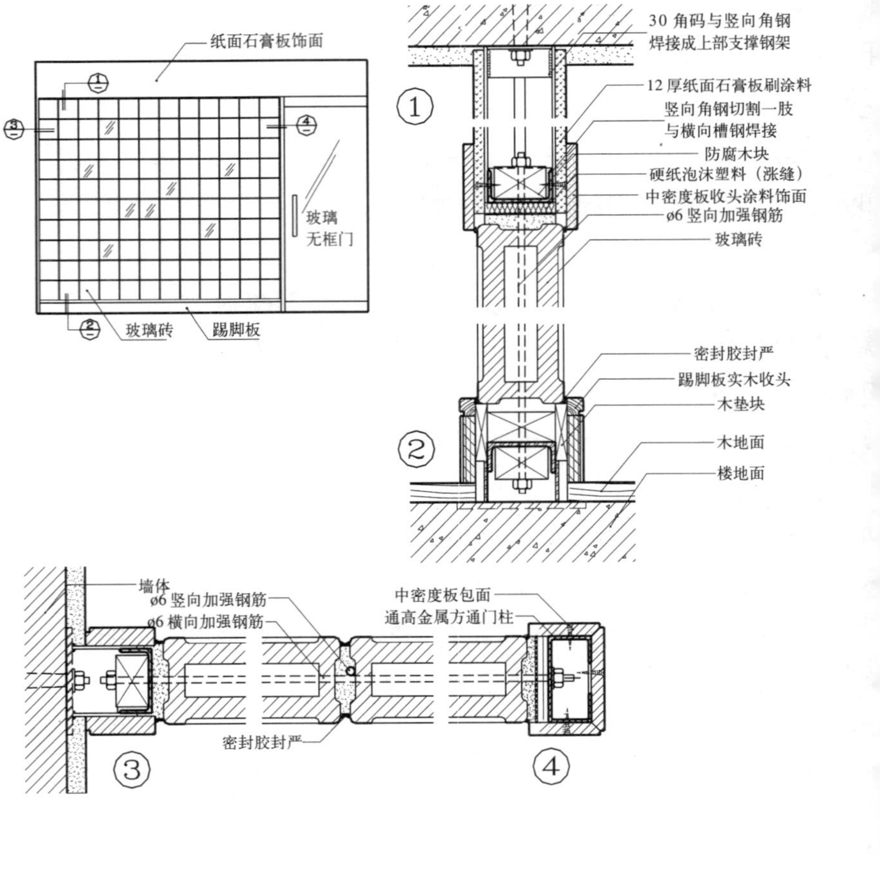

图 6-10　玻璃砖隔墙构造示意

2）不采用增强措施的室内空心玻璃砖隔墙尺寸（砖缝贯通）高度、宽度都不要超过1.5m，砖缝错开方式的隔墙其宽度也要小于6m。另外，玻璃砖还可以用大力胶粘结砌筑成隔墙。

6.3　隔断的种类及构造

隔断的种类很多，从限定程度上划分：有空透隔断和隔墙式隔断（含玻璃隔断）；从固定方式上划分：有固定式隔断和移动式隔断；从隔断开闭方式考虑，移动隔断又有折叠式、直滑式、拼装式等多种；如果从材料角度划分，则有竹、木隔断、玻璃隔断等多种。另外，还有诸如硬质隔断与软质隔断、家具式隔断与屏风式隔断等等。目前隔断以木和金属骨架玻璃隔断、推拉式玻璃隔断、移动式隔断（多为成品）应用较为广泛，因而这里将对这几种隔断做重点介绍。

6.3.1　固定式玻璃隔断

把单层玻璃安装在框架上，即组成玻璃隔断（屏风）。常用的框架为木制架、金属方框架和不锈钢框架等。虽然是用各种框架材料组成的玻璃隔断，而且造型也各有不同，但其连接构造方式大体相同，如木框宜为钉固榫接，金属框架为配件插接和焊接。玻璃板与基架相配有三种方式：一种是挡住法，另一种是粘结法，再有是钉固法。

1.木基架玻璃隔断

木基架玻璃隔断是由木龙骨（40～60mm × 80～120mm）和各种玻璃（如普通平板清玻璃和各种经过处理的艺术玻璃）组成的。以彩图 77 到顶玻璃隔断为例，这种隔断纵、横向龙骨（立梃、横撑）通常采用扣榫连接的方法，上槛下槛既可以用膨胀螺栓，也可以用直钉固定。其固定点间距为600～800mm。沿墙边龙骨安装同样可用膨胀螺栓或直钉与预埋木砖或木楔固定，固定点间距为800～1000mm，如图 6–11 所示。

如用压条安装时先固定玻璃一侧的压条，并用橡胶垫垫在玻璃下方，再用压条将玻璃固定，如图6–12 所示。如采用玻璃胶直接固定玻璃，应将玻璃先安装在小龙骨的预留槽内，然后用玻璃胶封闭固定。此时应注意玻璃与木框的结合不能太紧密，玻璃放入木框后，应在木框的上部和侧边留有 3mm 左右的缝隙（此缝隙是为了玻璃受温度影响变形而留的）。对于大面积玻璃板来说，留缝尤为重要，否则在受热变化时很容易开裂。

2.金属框架玻璃隔断

金属框架玻璃隔断有成品隔断和现场制作的隔断两种。

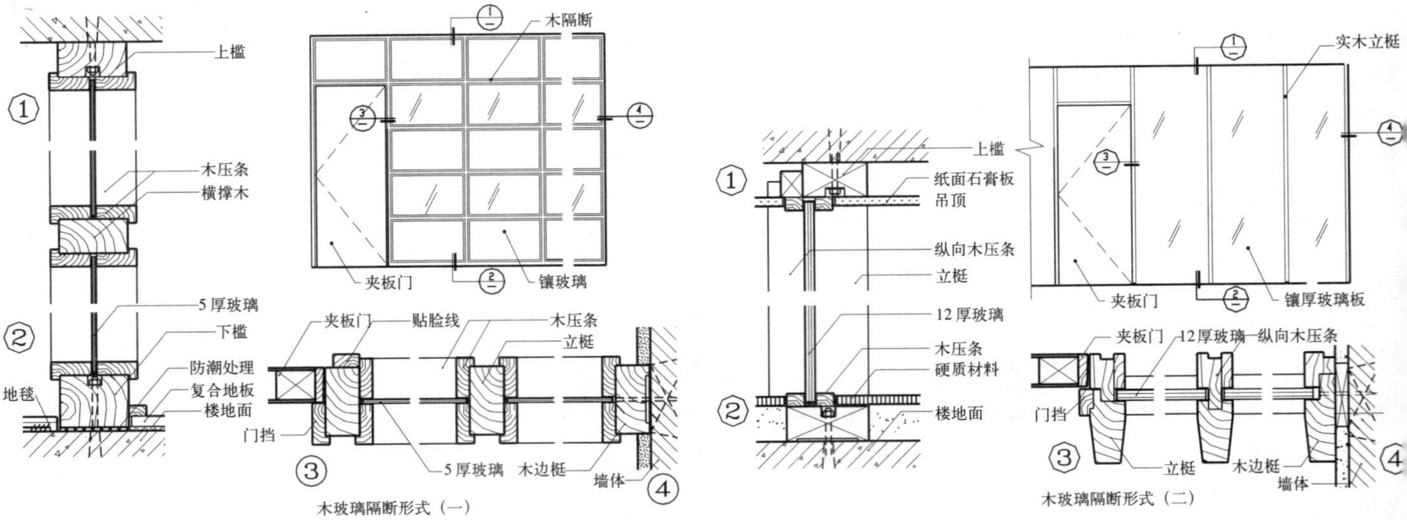

图 6-11　木玻璃隔断构造

（1）金属玻璃成品隔断

成品隔断为专业生产厂家生产的成品模块板，其特点是：

①钢制表面、铝制框架，配件尺寸精确，成形后牢固。

②模块式组合，可随时拆装，随时改变其空间组合。

③所有材料都是不燃物品，具有良好的防火功能。

④重量轻，适合高层建筑承重要求。

⑤隔音功能最高可以达到 50dB。

⑥墙体内部可以进行各种电气连接。

⑦由于是工厂化生产，成本较低，所以价格相对比较便宜。

金属玻璃成品隔断有多种不同形式和颜色，不需再进行装饰，只需进行模块之间的简单组合。这种隔断常用模块规格有 1.2m × 3m，特殊的规格要求还可根据设计尺寸定做，如图 6–13 所示。

（2）普通金属框架玻璃隔断

这种隔断最为常见，它通常由金属矩形管、方形管经焊接成框架与各种规格的玻璃组成，表面可直接喷涂各色涂料（油漆），也可外表包不锈钢薄板、钛金板或彩色薄钢板。由于新的表面处理技术的出现，改变了目前电镀、喷涂、转印、覆膜等表面处理方法，使金属管可直接浸入万能彩色镀液，直接镀出各种木纹、大理石纹等各种所需纹理，使之更适合环境的需要。同时，也使普通金属材料制品的用途更为广泛。

金属框架安装时，沿天、地龙骨，沿墙龙骨与预埋件焊接或打孔用金属膨胀螺栓连接牢固，如图 6–14 所示。骨架成形后安装金属靠线，并用自攻螺钉或电焊固定　安装玻璃前，应在框架下部的玻璃放置面上，垫氯丁橡胶垫再将玻璃就位后

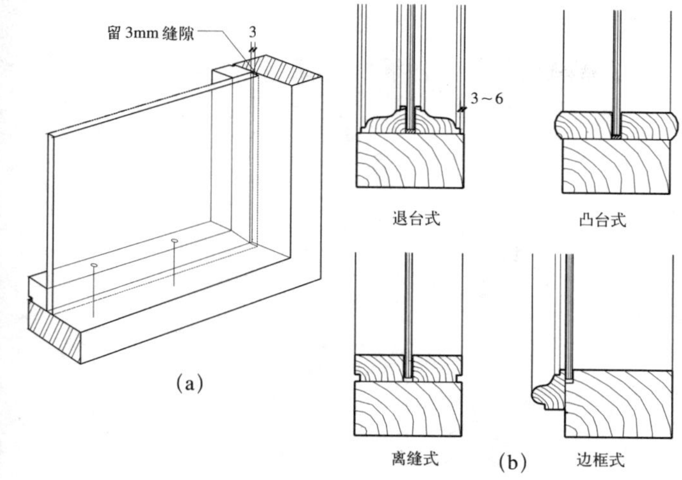

图 6-12　木框内玻璃安装方式
(a) 木框内玻璃安装方式；(b) 木压条固定玻璃板的几种形式

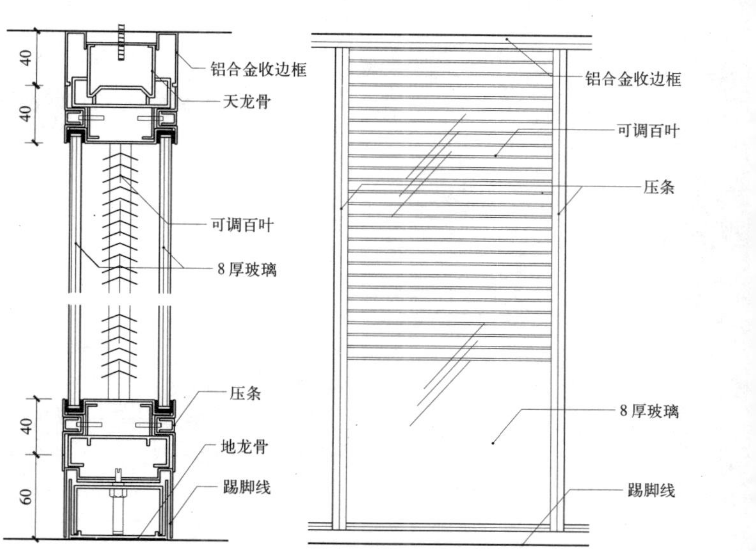

图 6-13　成品金属隔断示意

边压在橡胶垫上，此时玻璃与金属框架之间的缝隙用聚酯发泡剂填充。其目的不仅是固定玻璃，还起到保温和隔声作用。玻璃安装后，玻璃板距金属框两侧的缝隙应相等，并注入玻璃胶，然后安装封边压条。如果封边压条是金属槽条，而且为了表面美观不宜直接用自攻螺钉固定时，可采用先在金属框上固定木条，然后涂环氧树脂胶（万能胶），把不锈钢槽或铝合金槽条卡在木条，以达到较好的装饰效果（彩图 78、彩图 79）。

设计使用玻璃应注意所采用玻璃板面的规格尺寸，才能保证既满足要求又不会造成浪费，设计时应认真查阅相关资料选用。

（3）铝合金框架玻璃隔断

铝合金框架玻璃隔断也是常用的一种金属玻璃隔断形式，铝合金框架也有多种规格的成品型材及配件，安装简便如图6–15所示，设计时可查阅有关材料手册选用。

（4）不锈钢柱框玻璃隔断

采用不锈钢柱框制作玻璃隔断的形式较多，但其构造原理基本相同，连接的工艺手段及配件越来越多，就看如何灵活组合运用。这种隔断的构造关键是要解决好玻璃与不锈钢柱框的连接固定。

玻璃板与不锈钢柱框安装形式主要有三种：一种是玻璃板用不锈钢槽条固定；另一种是玻璃直接镶在不锈钢立柱上；再一种是根据设计形式风格，用各种新型专用的不锈钢紧固件与玻璃通过打孔连接固定。这种方法通常玻璃板用明装的形式，所以对玻璃的加工要求标准较高，玻璃边缘必须磨边，而且必须是安全玻璃，孔位尺寸精确才能完成安装。这种方式的隔断现代感很强（其形式及做法

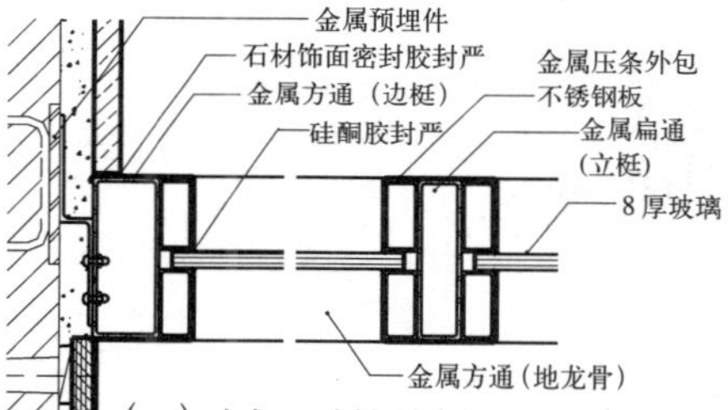

（a）方式一　金属压条与框架(立梃)齐平

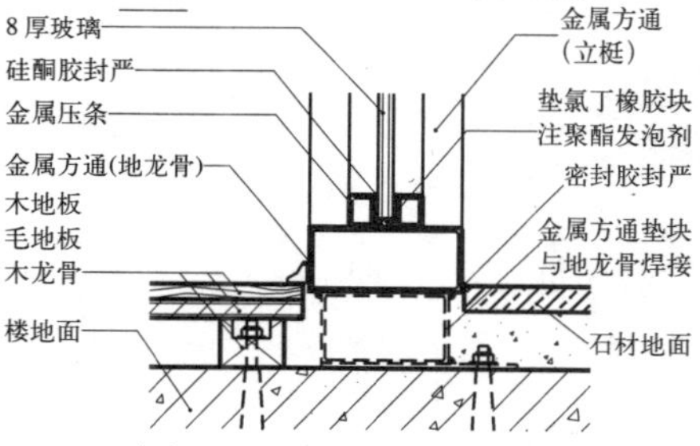

（b）方式二　金属压条小于框架(下槛)

图 6-14　金属框架玻璃隔断构造
(a) 横剖面；(b) 纵剖面

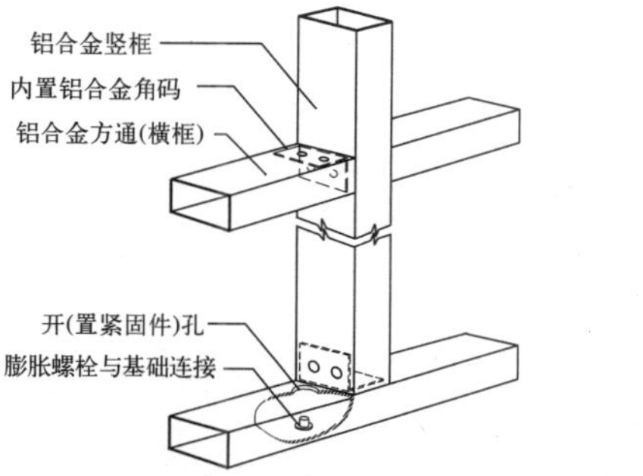

图 6-15　铝合金框架构造示意

很似新型的不锈钢玻璃楼梯护栏)，装饰效果也较好（图6–16、图6～17)。

上述几种金属隔断形式不仅适合用于一般隔断，也适合用于做入口屏风及广告栏等。

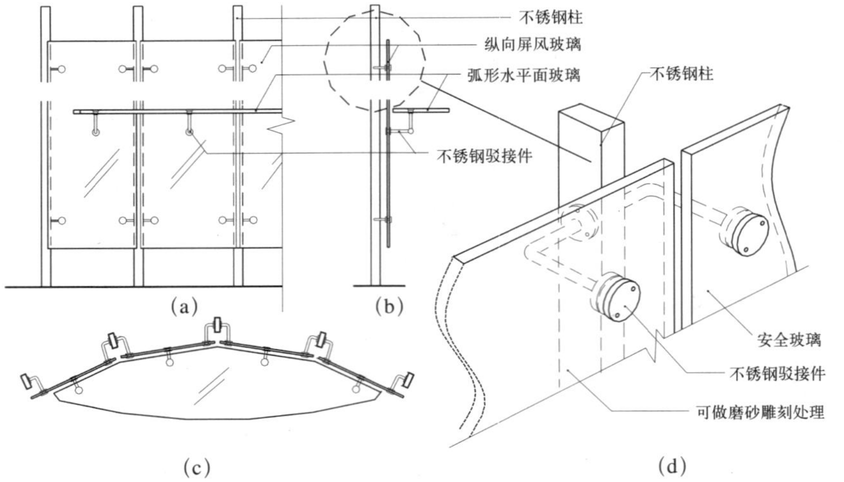

图6-16　不锈钢柱框玻璃屏风
(a) 立面图；(b) 剖面图；(c) 平面图；(d) 细部大样示意图

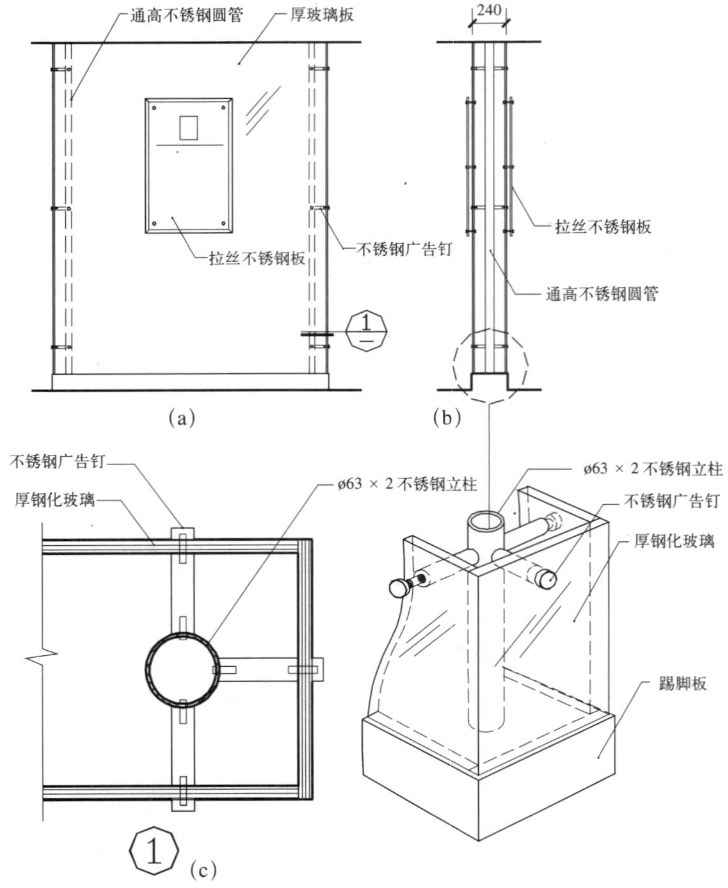

图6-17　箱式玻璃隔断（屏风）示意
(a) 立面图；(b) 剖面图；(c) 节点详图

6.3.2　移动式隔断

室内移动式隔断亦称活动隔断。其具有可开可闭的特点，便于将大空间分成小空间，又可以将小空间恢复成大空间。以其充分的灵活性来适应功能的需要。

移动式隔断按开启方式可分为拼装式、直滑推拉式、折叠式、卷帘式等几种形式；按活动隔断扇的铰合方式分为单对铰合、连续铰合，如图6—18所示；按存放方式分有明露式、内藏式。

常用的室内活动隔断有单侧推拉、双向推拉活动隔断；移动式隔断一般以折叠式和直滑推拉式隔断较为常见，这种隔断使用时比较方便，因此应用广泛。

在建筑装饰中，活动式隔断可分现场制作和定制成品两种。现场制作主要为移动式木制隔断、有框无框金属玻璃隔断，而定制的成品活动隔断多为金属骨架及多种饰面板材。

1.折叠式隔断

折叠隔断有单侧折叠式和双侧折叠式两种类型，采用悬吊导向式固定结构。这种结构将隔断顶部的滑轮和轨道与上部悬吊系统相连，由此承受整个隔断的重量。滑轮作为上部的支撑点，应在固定时与隔断的垂直轴相一致。隔断下部与楼地面安装具有导向性质的固定槽，以使隔断在运动时下部不左右摆动。

折叠隔断按其使用材料的不同，可分为硬质隔扇和软质隔扇两种。硬质折叠式隔断多是由木质隔扇构成的（隔扇较大时为防止变形应考虑用金属作骨架）；软质折叠式隔断是用棉、麻织品或橡胶、塑料等制品制作的。

硬质折叠隔断的隔扇是利用铰链连接在一起，单面折叠式隔断可以像手风琴的

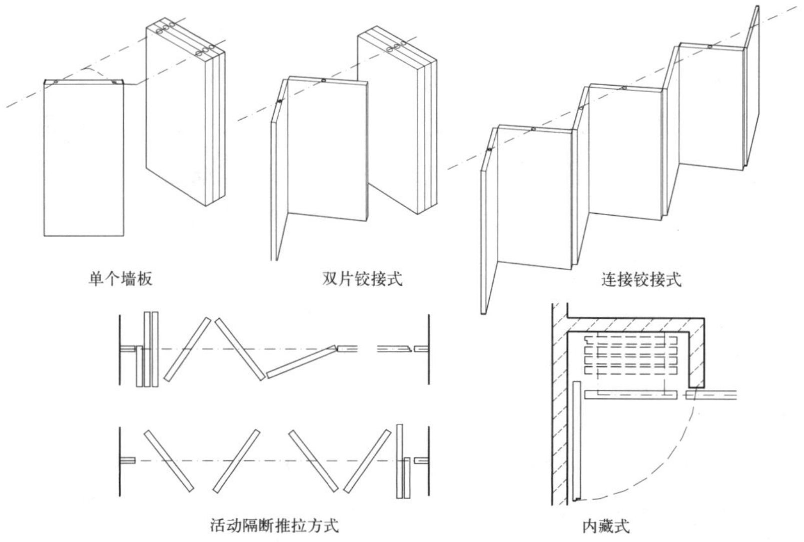

图 6-18　活动隔断的几种结构类型示意

风箱一样展开和收拢。隔断展开和收拢时，隔扇自身的角度也在变，收拢状态时的隔扇与轨道近似垂直或垂直。折叠式隔断的扇面宽度及厚度均比较小，一般在500～800mm，厚度为40～60mm。

滑轮的安装视隔扇大小而定，如果隔扇较窄，可以将隔扇上部滑轮安装在顶面一端，这样隔扇的数目要成偶数，以便使首尾两个隔扇都能依靠滑轮与上下轨道连起来。如果将滑轮设置在隔扇的中央位置，隔扇的数目必须为奇数（不含末尾处的半扇），隔扇之间用铰链连接，也可以两扇一组的连接起来。如隔扇较重，可采用带有滚珠轴承的滑轮，轮缘是钢的或是尼龙的；隔扇较轻时，可采用带有金属轴套的尼龙滑轮或滑钮。

如果隔扇宽度大于3米，可在楼地面上设置导向槽，在隔扇的底面相应的设置中间带凸缘的滑轮或导向杆，隔断的下部装置与隔断本身的构造及上部装置有关，其主要作用是维持隔扇的垂直，防止在启闭的过程中向两侧摇摆。在更多的情况下，楼地面上设置轨道和导向槽，这样可以使施工简便。

要处理好隔扇与隔扇、平顶、楼地面、洞口两侧之间的缝隙，这是为了保证隔断具有较好的隔声性能。隔扇的底面与楼地面之间的缝隙（约25mm），常用橡胶或毡制的密封条。隔扇的两个垂直边要做成凸相交的企口缝，并在槽内镶嵌橡胶或毡制的密封条。隔断两端隔扇与洞口的侧面接触处，可设密封管或缓冲板。若楼地面上不设轨道时，也可在隔扇的底面设一个富有弹性的密封垫，使隔断处于封闭状态时能够稍稍下落，将密封垫紧紧地压在楼地面上。

现场制作移动式活动木隔断应选用木质较硬纹理清晰美观的木材，为防止变形应用氟硅酸钠进行防潮处理。

在预装移动木隔断位置的墙体应预埋防腐木砖；轻质砌体墙应砌好带木砖的预制混凝土砌块；非砌体材料墙应安装好加强龙骨；现浇混凝土楼板在隔断位置的板顶按100cm间距预埋ø6mm钢筋。

木隔扇的吊轨由吊轮和轨道组成。轨道由轻钢制成，吊轮由吊装架、胶轮、回转轴组成。轨道用木螺钉固定在移动式木隔扇的沿顶木楞上，有吊顶时，则固定在木梁上。轨道应水平、顺直，不能倾斜不平，更不能扭曲变形。吊装架用木螺钉固定在活动木隔扇的上梃顶面上。安装时先划出上梃顶面的中心点，固定时要确保吊装架上的回转轴对准中心点，且垂直于顶面，这样在推拉隔扇时，才能使隔扇在合页的牵动下，绕着回转轴，边旋转边沿着轨道中轴线平行滑动。当吊装架位置调整好以后，即可固定吊装架，如图6–19所示。

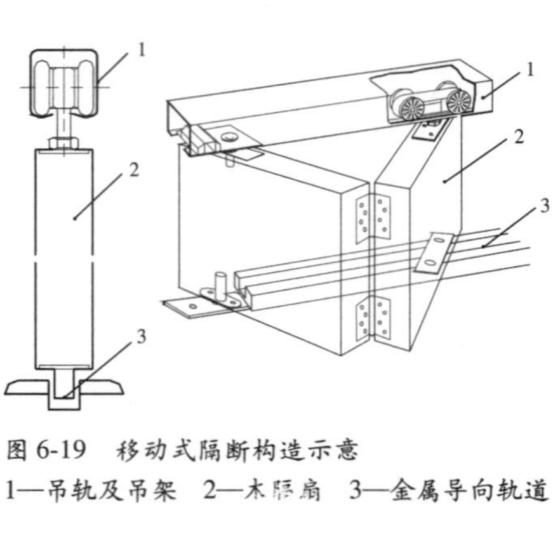

图6-19　移动式隔断构造示意
1—吊轨及吊架　2—木隔扇　3—金属导向轨道

轨道在靠墙边1/2隔扇附近留一豁口，由此处将装有吊装架的隔扇逐块装入轨道中，并推移到指定位置，将各片隔扇都悬挂在吊轨上之后，调整各片隔扇，当其都能自由回转且垂直于地面时，便可用合页将隔扇连接起来，每对相邻隔扇用三副合页连接。连接好的活动隔扇在推拉时，总能使每一片隔扇保持与地面垂直，这样才能折叠自如。否则，移动式隔断在拉开隔扇时就会不平，产生翘曲；折叠时也不会平服，推拉时都很吃力。

作为室内墙体的一部分，移动式木隔断可以根据设计做软包，可以裱糊墙布、墙纸或织锦缎，也可以选用较高档的木材实木木板镶装或用薄木装饰贴面板制作然后做清漆涂饰还可以镶磨砂、刻花玻璃等。

2.直滑推拉式隔断

直滑推拉式隔断一般多为定制成品。直滑推拉式隔断隔扇的构造内芯均由钢制及铝合金框架制成，中间加隔声层并采用双面贴板形式，板的外面盖以饰面板，贴面有薄铁板贴面、石膏板贴面、刨花板贴面。隔扇即可独立，也可以利用铰链连到一起。独立的隔扇可以沿着各自的轨道滑动，但在滑动中始终不变其自身角度，沿着直线开启或关闭，板上设有摇动手柄，能使隔板机械装置可上下活动，可固定和推动隔板。直滑推拉式隔断单扇尺寸较大，一般高度为3000～6000mm，宽度为900～1200mm，厚度为60～120mm。隔扇的两个垂直边，用螺钉固定铝镶边。镶边的凹槽内，嵌有隔声用的聚乙烯泡沫密封条，使隔扇之间密封性能好，并且具有防火功能。直滑推拉式隔断完全收拢时，隔扇可以隐蔽于洞口的一侧或两侧。当隔扇关闭时两端的隔扇自然的嵌入槽形补充配件内。配件的两侧各有一个密封条，与隔扇的两侧紧紧的相连。靠墙的半扇与边缘配件用铰链连接着，中间各扇隔扇侧是单独的，根据需要隔扇中可带有小门，更增加了使用上的方便，这种直滑式推拉隔断常用于宴会厅、多功能厅、展览厅、多功能厅等大型室内空间，如图6–20、彩图80、彩图81所示。

直滑推拉式隔断的固定方式有悬吊导向式固定和支撑导向式固定。支撑导向式固定方式的构造相对简单安装方便，因为支撑式构造时滑轮固定在隔扇下端，与地面轨道共同构成下部支撑点，并起转动或移动隔扇的作用，而上部仅安装防止

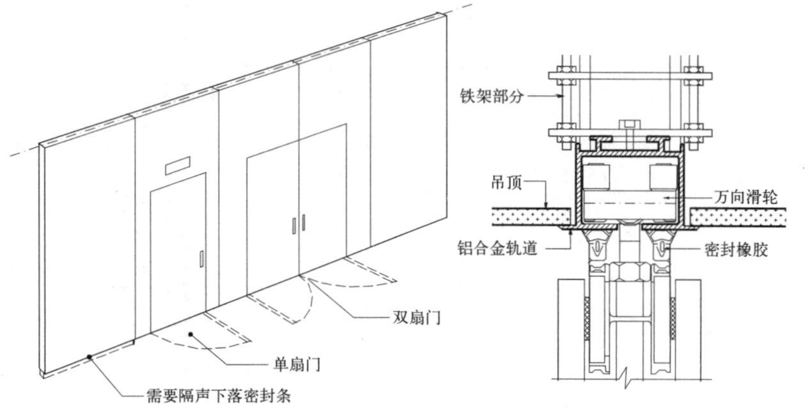

图6-20 直滑式活动隔断示意

隔断晃动的导向杆，以保证隔扇受力运动的严稳性。这种方式完全省去了一套悬吊系统，其构造和安装更加简便。但这种构造的轨道和滑轮安装在楼地面上，容易使转动部分脏污，应经常打扫。轨道的断面多为凹槽形，滑轮多为两轮或四轮一个小车组。轨道和滑轮的形式有很多种，可根据需要选用。小车组可以用螺栓固定在隔扇上，隔扇与轨道之间也应用橡胶密封刷密封。轨道和滑轮安装在下部的支撑导向式结构，应将密封刷固定在隔扇上，而悬吊导向式结构，则应将密封刷固定在轨道上。

3.直滑式无框玻璃推拉隔断

这种隔断通常由12mm以上钢化玻璃同金属上下冒头及金属滑轨组成。这种无框玻璃活动隔断即有分隔空间的作用，移动又比较方便，而且十分通透不阻碍视线，很适合用于商业广场（店中店）、机场候机大厅等大型商业空间。

无框玻璃隔断的上部安装一个通长的固定金属滑轨，用螺钉固定在吊顶棚中。金属滑轨一般是配合吊顶固定在通用槽钢或铝合金型材上。无框玻璃隔断的隔扇是独立的，隔扇可以沿着各自的轨道滑动，沿着直线开启或关闭，收拢时每扇均是平行排列的状态。直滑式玻璃隔断单扇尺寸不宜过大，通常规格为扇高2400～2800mm、扇宽600～900mm，单扇玻璃上下两端与金属配件连接固定（同不锈钢玻璃无框门相同），隔扇下部均安装金属插销与地面孔位固定。设计时也可与固定玻璃隔断结合使用，如图6-21、彩图82所示。

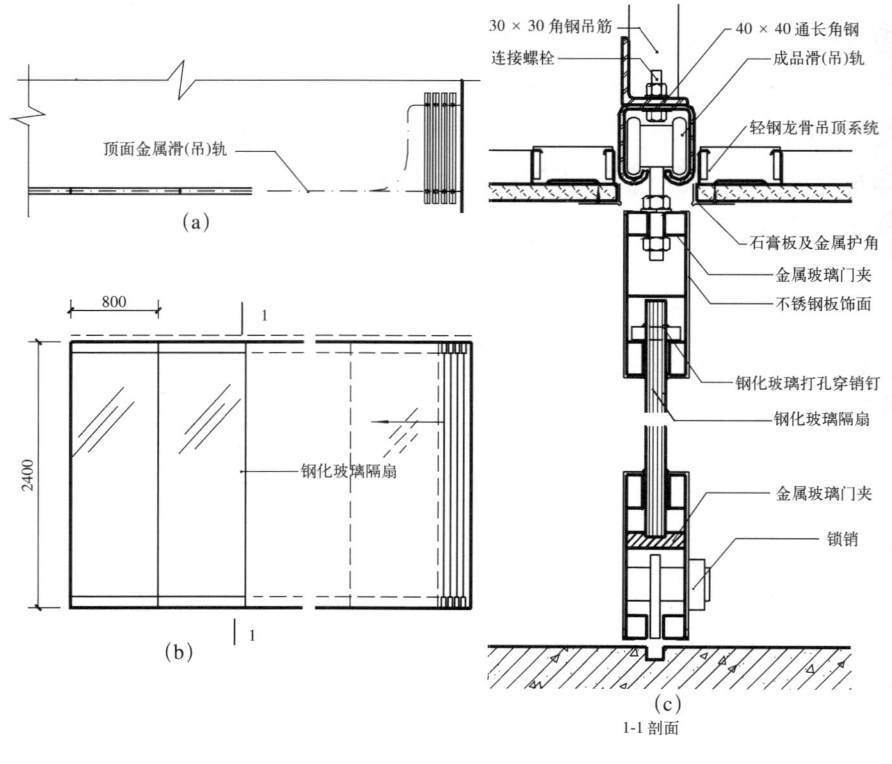

图6-21　直滑式活动无框玻璃隔扇示意
(a) 顶平面图；(b) 立面图；(c) 剖面图

4.弧形活动推拉隔断

弧形活动推拉隔断在室内设计工程时常被采用，而材料可以单用钢化玻璃或钢化玻璃与其他材料搭配组合（如木饰面、薄金属板饰面等）。这种圆弧形式的隔断，一种形式是到顶，其形式及做法与前边直滑式推拉玻璃隔断相同，可与吊顶结合起来，使空间具有封闭性。另一种常用在较高大的空间，隔断可不到顶，隔断两端分别有金属滑轨，利用固定隔扇做支撑与金属滑轨连接固定（此材料可用玻璃也可用其他材料），留出可移动的部位启闭。弧形活动推拉隔断，更丰富了空间的变化，常用于办公空间及展览大厅等（彩图83、彩图84）。

弧形活动推拉隔断的构造同前面无框玻璃隔断的构造基本相同，但各自有独立的滑轨，滑轨之间用金属件连接固定牢。活动隔扇可根据各自的固定滑轨移动，打开时隔扇重叠，关闭时隔扇依次就位。隔扇尺寸通常为高2400mm左右，宽可根据要求自定。隔扇上部的滑轮通常安装两个，但弧形隔扇尺寸较宽时应增加滑轨以保证隔扇的稳定性，如图6-22所示。

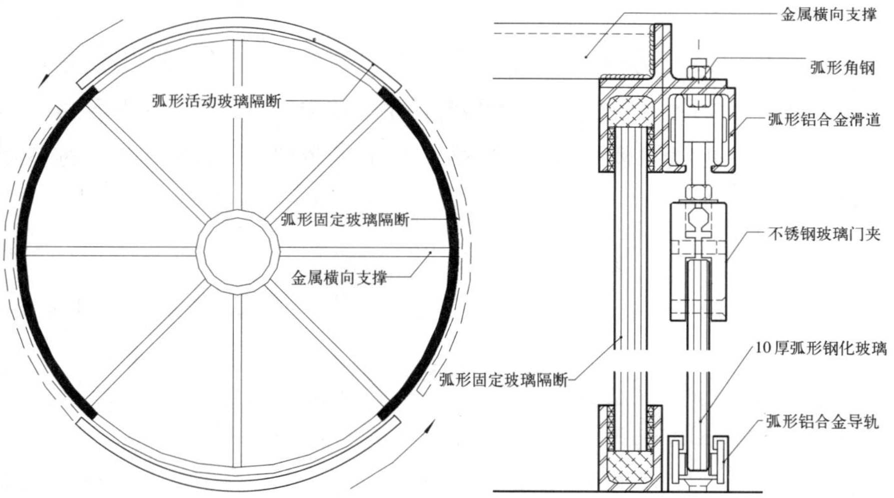

图6-22　弧形活动推拉玻璃隔断示意

6.4　楼梯装饰构造

楼梯是多层建筑中上下通行疏散的交通设施，也是室内重点的装饰部位，比较常见的楼梯有单跑楼梯、双跑楼梯、多跑楼梯、螺旋楼梯及弧形楼梯等。楼梯主要由楼梯段、平台和拦杆扶手组成。楼梯的大步面层和栏杆扶手属于装饰范围。

6.4.1　楼梯踏步面层

楼梯踏步表面要求耐磨、防滑、便于清洁和具有良好的装饰效果。它的饰面面

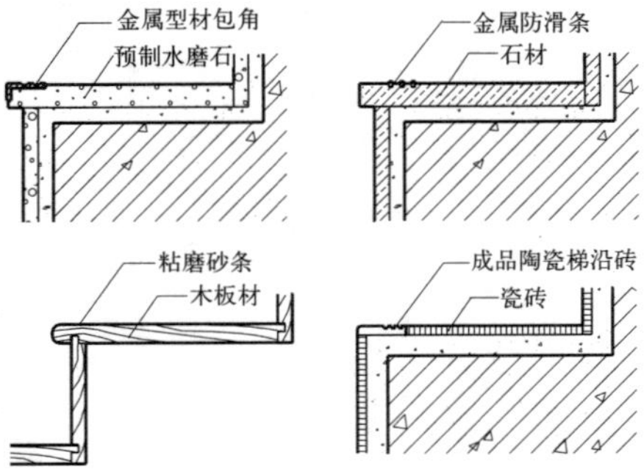

图 6-23 楼梯踏步防滑构造

层做法与楼地面基本相同，一般可为水泥砂浆、水磨石板，标准较高的建筑物可以用挑刺面砖、大理石、花岗石或木材、地毯等材料作为踏步面层。

采用上述水泥砂浆、水磨石、陶瓷面砖天然石材的踏步面层虽然耐磨和便于清洁，但在行走时容易滑倒，故此踏步表面应做防滑处理。一般可在踏步口做防滑条、防滑凹槽、防滑包口或防滑贴面，如图 6-23 所示。

6.4.2 楼梯栏杆扶手

楼梯栏杆、栏板、扶手是梯段与平台边所设的安全设施，也是建筑装饰性较强的构件。栏杆栏板上沿为扶手，做行走时依扶之用。较宽的楼梯（梯段净宽度达三股人流时）在靠墙一边还要设靠墙扶手。楼梯拦杆、拦板和扶手的基本要求是安全、可靠、造型美观。其安全体现在栏杆、栏板应具有一定的高度、一定的强度和抗侧推能力，空花栏杆的杆件应具有一定的间距密度，玻璃栏板应采用安全玻璃等。栏杆的安装常分为面上安装和侧面安装两种，其固定方式可分为与预埋件焊接、拴接、开脚预埋及膨胀螺栓固定等，如图 6–24、彩图 85～彩图 87 所示。

栏板扶手主要由顶扶手、中间立柱或立板和下部梯帮（基座）组成。栏杆、栏板按材料构成分为全木结构扶手、金属管扶手、玻璃栏板、石材扶手等。

需要指出的是，无论何种材料的楼梯扶手，对于造型来说做好起步点的收头处理，都是十分重要的。

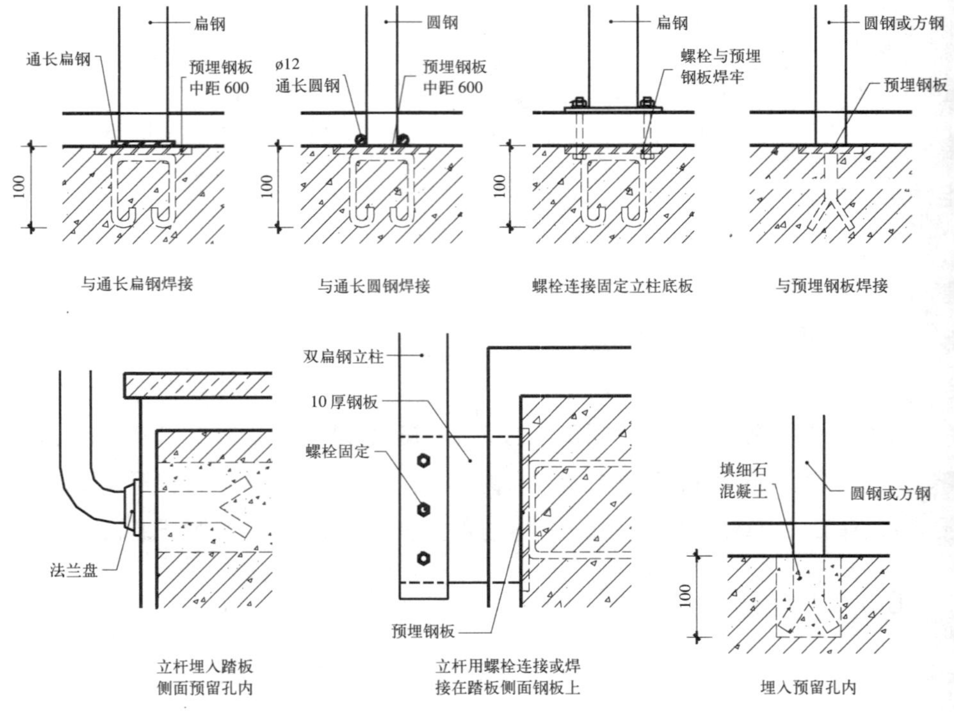

图 6-24 栏杆的固定

1.木栏杆和木扶手

木栏杆和木扶手是传统装饰制作工艺，形式较为单一，大多都为立杆纵向排列。它通常都是由木工机械铣镟加工出多种形式的木栏杆和立柱，只需在现场安装。木扶手由于具有加工简便、扶手手感好等优点，尽管各种金属栏杆应用已较为广泛，仍不能将其完全取代。

木栏杆和木扶手的构造分别是：

（1）木扶手与木立柱的连接通常采用木方中榫安装。

（2）木扶手与金属立柱的连接应采用扶手底部通长扁钢木螺栓固定。

（3）木扶手末端与墙或柱的连接必须牢固，不能简单将扶手伸入墙内，应采取扶手底部扁钢与墙柱内预埋铁焊牢或将通长扁钢直接插入墙体预留洞内，再用水泥砂浆补牢，如图6–25、图6–26所示。

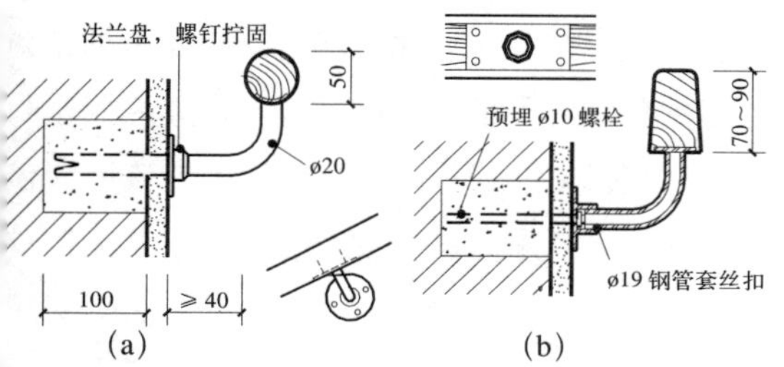

图6-25　木扶手与墙（柱）的连接
(a) 圆木扶手；(b) 高木扶手

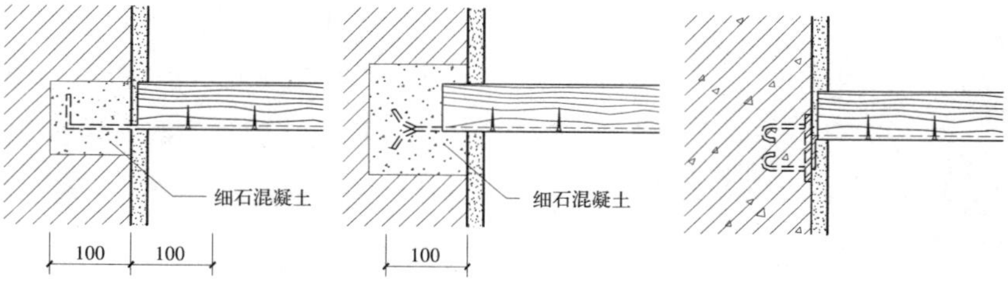

图6-26　木扶手与墙（柱）的连接

2.金属栏杆扶手

楼梯栏杆一般由扁钢、圆钢、方钢、管料及钢丝绳等材料组成的。它们的组合多为电焊或螺栓连接，栏杆立柱与梯段的连接一般用电焊或螺栓的方式预埋件连接，也可以用水泥砂浆埋入混凝土构件的预留孔内。为了加强栏杆抵抗侧推力的能力，栏杆与扶手的立柱也可以从侧面连接。

金属管栏杆扶手是目前采用比较广泛的一种形式。设计中要注意：如果原土建结构上未设置合适的预埋件，则需要补做，钢板的尺寸和厚度以及选用的锚栓都应经过计算；如采用尼龙膨管锚钉固定立柱底板时，装饰面层下的水泥砂浆结合层应饱满且有足够的强度；一般大立柱和扶手的管壁厚度不宜小于1.2mm，以防止刚度过小，及管材煨弯时容易发生变形及凹瘪；应尽量采用工厂成品及同一类别和牌号的配件，以防止管件需要镀钛时表面色差大。

3.玻璃栏板

玻璃栏板又称为栏河，它是采用大块的透明安全玻璃固定在地面或踢脚上，上面加设不锈钢管、抛光铜管及大理石扶手。从立面的效果上看，通常玻璃板给人一种通透、简洁的效果。

（1）玻璃栏板构造的形式

楼梯玻璃栏板有全玻式和半玻式两种构造类型。全玻式一般采用12mm以上通长的钢化玻璃代替常用的金属立柱，除了具有一定的装饰效果和围护功能外，同时也是受力的构件，所以选用的玻璃应是安全玻璃，如图6—27、图6—28所示。半玻式中的玻璃仅起围护装饰作用，受力构件主要由金属主柱和栏杆组成，一般采用8～12mm厚的普通平板玻璃，玻璃嵌装在两金属立柱之间或与专用紧固件连接，如图6—29、彩图88所示。

（2）玻璃栏板设计要点

1）楼梯玻璃拦板其单块尺寸一般采用1.5m宽；楼梯水平部位及跑马廊所用玻璃单块宽度多为2m左右。

2）楼梯玻璃拦板通常为0.9m左右，多层走廊部位的栏板或扶手高度应比楼梯拦板要高些，高度应在1.1～1.2m内。

3）栏板玻璃的块与块之间，宜留出8mm的间隙，间隙内注入硅酮胶系列密封胶。栏板玻璃与金属扶手、金属立柱及基座饰面等相交的缝隙处，均应注入密封胶。栏板玻璃的边缘一定要磨平，在高级装饰中玻璃的外露部分还应该磨光倒角。栏板玻璃周边切口必须平整，这不仅是为了施工操作安全，也可以减少玻璃的自爆。

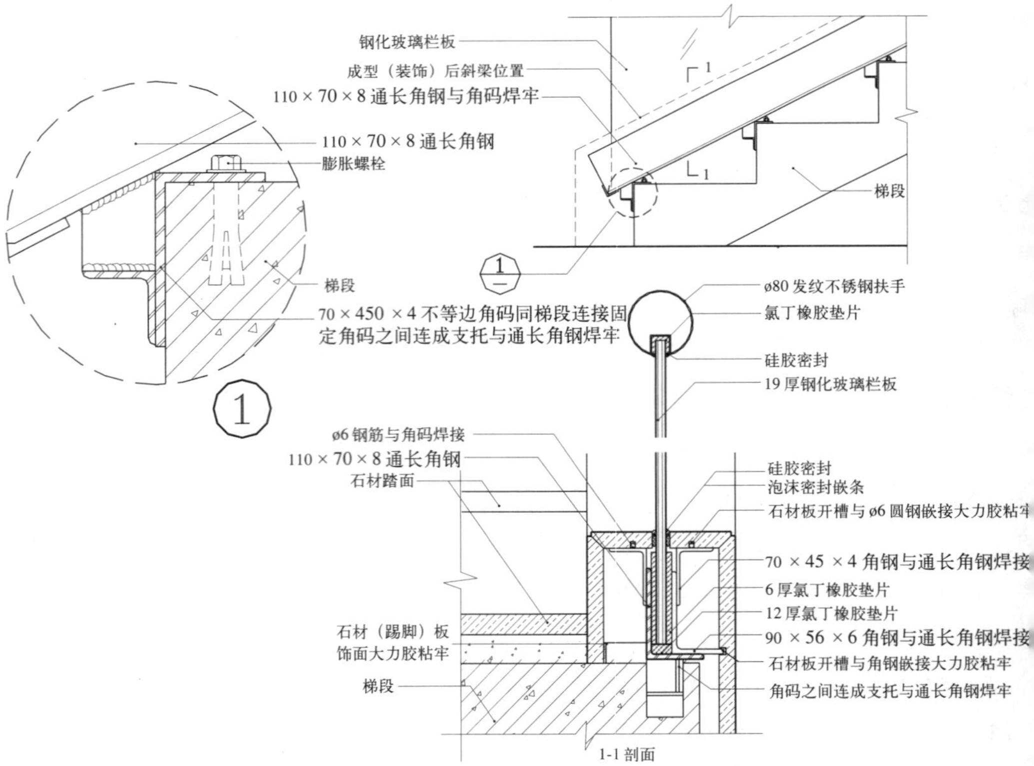

图 6-27　楼梯上设置全玻栏板的构造示意

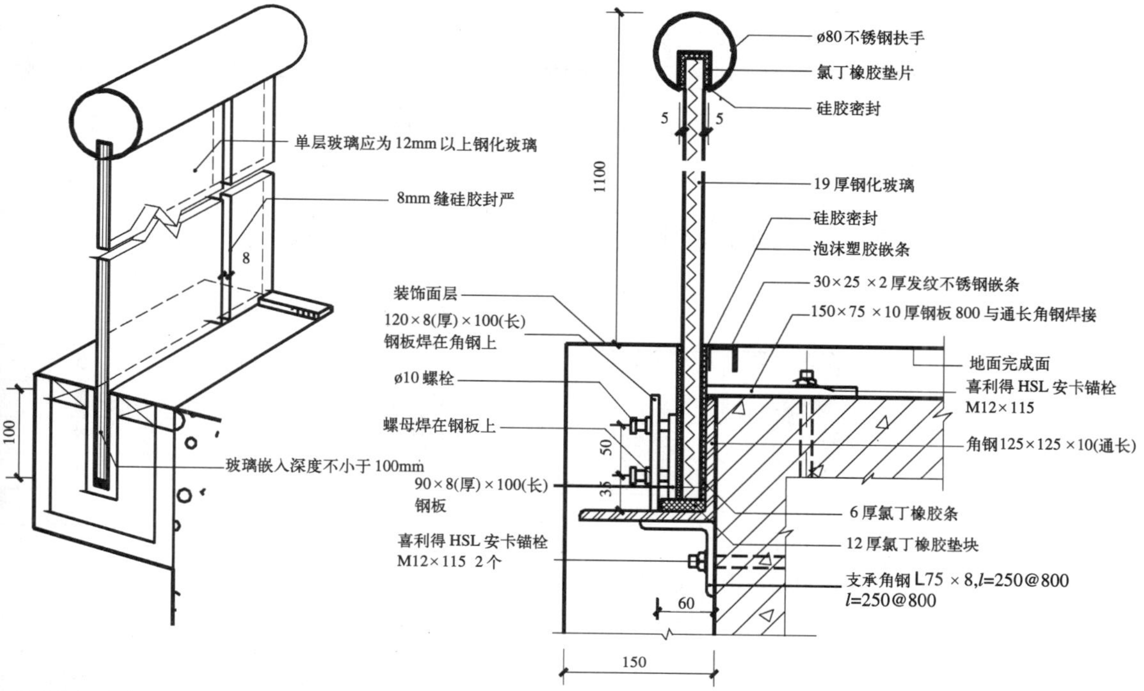

图 6-28　走廊玻璃栏板的构造

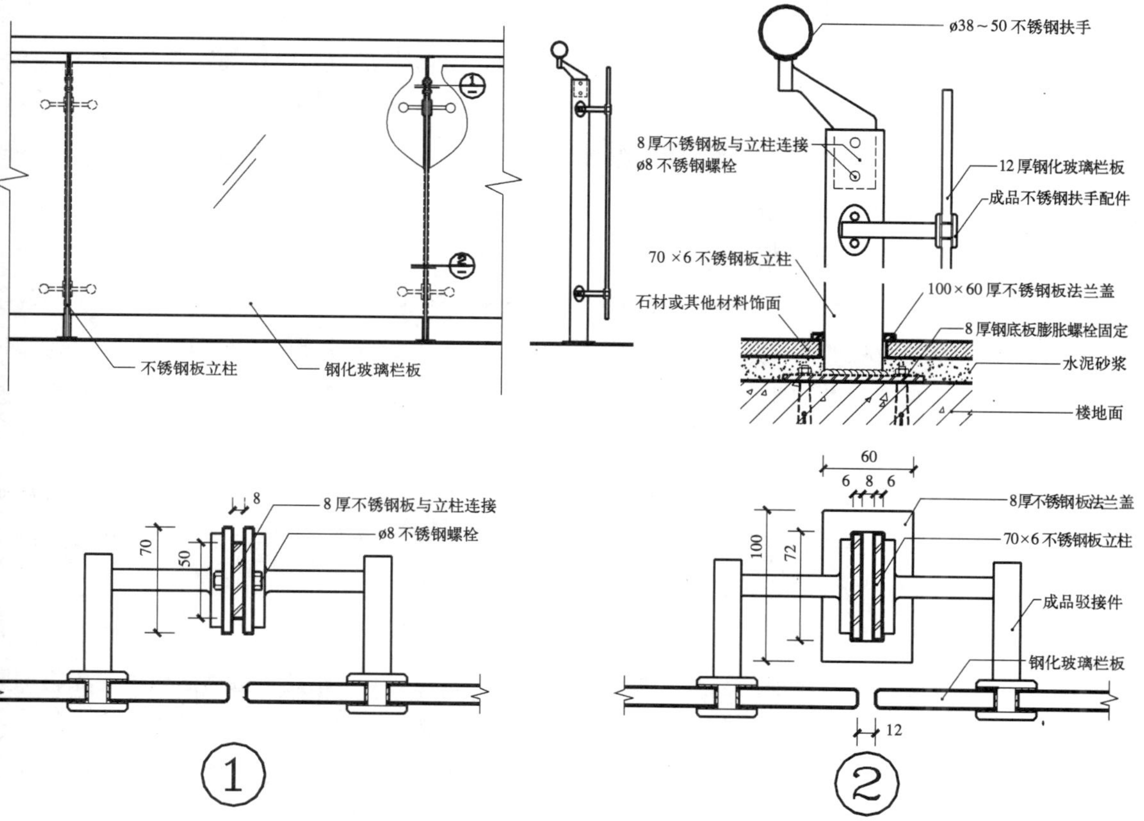

图 6-29　不锈钢立柱玻璃栏板（半玻）构造

4）玻璃的安装尺寸应符合《建筑玻璃应用技术规程》(JGJ113) 中的规定，参见表6-1。立放玻璃的下部要有氯丁橡胶垫，玻璃与边框、玻璃之间都要有空隙，以适应玻璃热胀冷缩的变化。玻璃的上部和左右的空隙大小，应便于玻璃的安装和更换。

单片玻璃、夹层玻璃的最小安装尺寸（单位：mm） **表6-1**

玻璃公称厚度	前部余隙或后部余隙		嵌入深度	边缘余隙
	②	③		
10	3.0	3.0	10	5
12	3.0	3.0	12	5
15	5.0	4.0	12	8
19	5.0	4.0	15	10
25	5.0	4.0	18	10

注：1.本表摘自《建筑玻璃应用技术规范》表6.1.1-1。
2.表中②适用于塑料填料、密封剂或嵌缝材料的安装。
3.表中③适用于预成型的弹性材料（如聚氯乙烯或氯丁橡胶制成的密封胶）的安装。

5）固定玻璃通常采用角钢焊成的连接固定件，可使用两条角钢，也可以使用一条角钢，如图6-30所示。底座部位设两条角钢留出间隙以安装固定玻璃，间隙的宽度为玻璃的厚度再加上每侧3～5mm的填缝间距。固定玻璃的铁件高度不应小于140mm，铁件布置的中距不宜大于450mm。拦板底座固定铁件只在一侧设角钢，另一侧采用穿螺孔钢板焊接在角钢的一肢上，利用螺栓加橡胶点或其他填充材料将玻璃挤紧。玻璃下端不得直接落在金属板上，应用氯丁橡胶将其垫起。玻璃两侧的间隙也用橡胶条塞紧，缝隙外边注密封胶。

4.石材楼梯和扶手

楼梯踏步石材饰面板的铺砌方法和要求基本上与楼地面做法相同，但水泥砂浆结合层的厚度应比楼地面稍大。由于楼梯踏步的尺寸要求比对楼地面的要求更高，所以对装饰要求较高的工程，对楼梯的土建结构施工误差应有更严格的规定，这一点对旋转曲线楼梯就格外重要。装饰设计应尽早与土建设计配合，更好的把握楼梯构造的总厚度和楼地面的整体关系。如当石材选用40mm厚时，才发现土建施工仅按50mm厚预留装饰层厚度，这不仅造成现场大面积凿除混土层，也会削弱楼梯结构的实际承载能力或加大楼地面的荷载。

粘贴石材贴面拦板用水泥砂浆粘贴法（湿法）。用这种方法施工必须注意受力基体要有足够的强度，基体表面应为毛面且干净，粘贴石板饰面板时要先将饰面板校准位置并作临时固定，然后再逐次分层灌入30mm厚1：3水泥砂浆，主要是防止饰面板空鼓和脱落。有弧形变化扶手，侧立板的板宽不宜太大（近似尺寸块料砌筑），使其有渐变形态，然后在现场磨切和抛光，如图6-31所示。

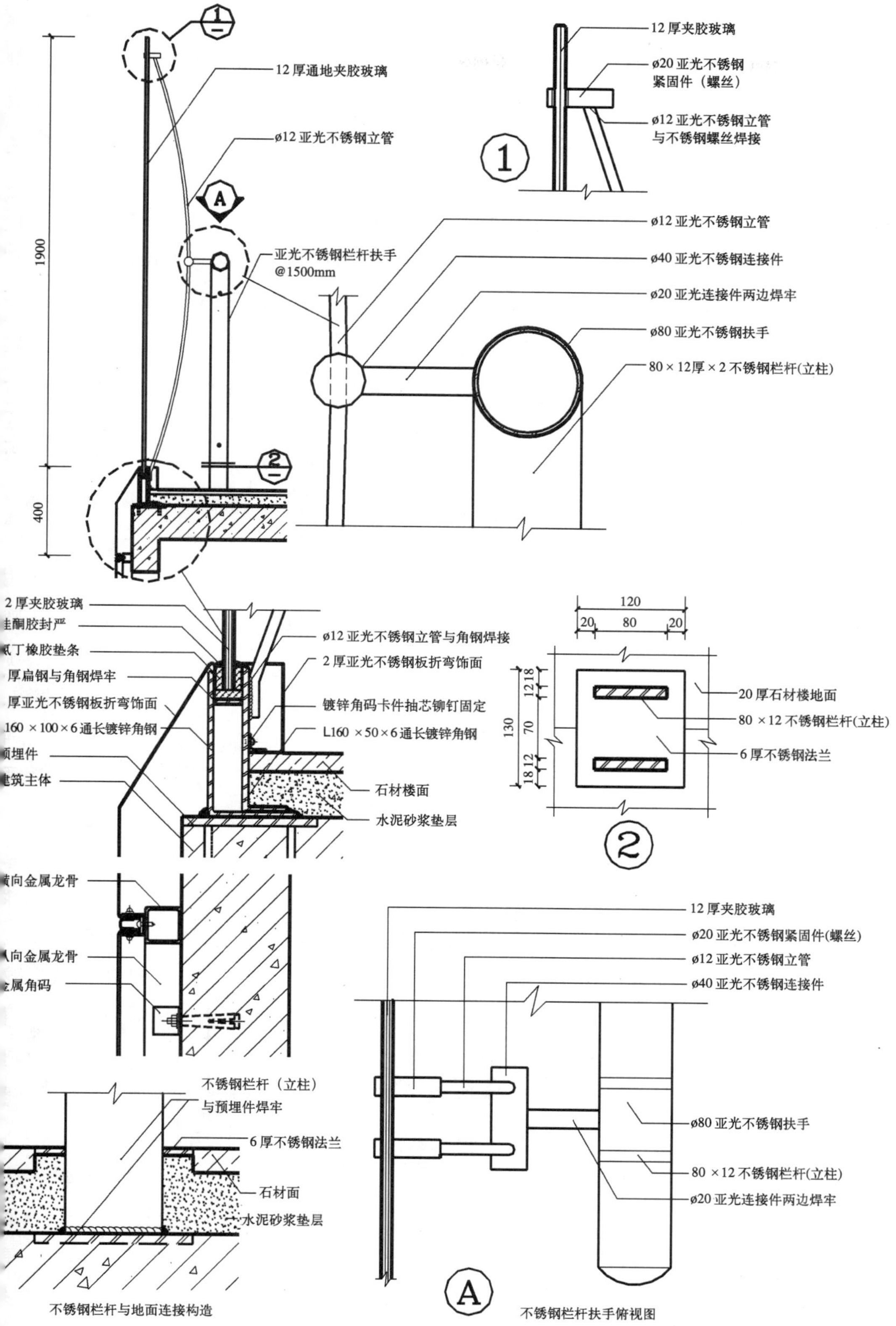

图 6-30　不锈钢玻璃栏板形式及构造首都机场玻璃栏板扶手剖面图

采用结构胶粘结石材拦板扶手是比较便捷的一种方法，以图6–32长春名门饭店大堂旋转楼梯的栏板剖面图为例，原设计也是有钢筋混凝土承重栏板，但因承重栏板仅设单层配筋，且配筋截面过小，在栏板的顶部也没有设置预埋件，无法固定扶手立柱。还有，实际弧形栏杆石材最厚处达40mm，（弧形石板切磨所需）承重栏板施工又有偏差，所以实际设计尺寸已难以用湿法施工固定栏板饰面板。在装饰施工时只能将原有钢筋混凝土承重栏板凿除，改用L50 × 50 角钢作为承重骨架，实际施工间隙仍很小，难以采用不锈钢干挂件固定。所以采用在石材后背开切“L”形槽口，使槽口对准横向支撑短角钢上，对侧立板较薄处，用附加（粘结）小块石材来局部加厚，以免切口穿透。在实际操作中用此方法施工速度较快。扶手立柱间距约850mm，ϕ 145 大理石扶手很重，它实际操作是靠 ϕ 10 钢筋支撑。大理石扶手的连接点设在钢筋支点处200mm以内，彼此用 ϕ 10短钢筋串连。施工中最困难的是栏板顶板的粘贴，将每两立柱间的顶板分成两段，为了使盖板内实缘连续平顺，盖板实际施工成圆锥台曲面，即外突缘逐渐上翘。建议类似设计上盖板宜采用厚板，两侧不要外突，粘贴后现场磨削抛光成扭曲面。

当然，如果用前述介绍的采用大力胶干粘石材的方法来粘结石材扶手，承重结构一些限度会稍加宽松，粘结强度会更高，同时施工会更加简便快捷，效果会更好。

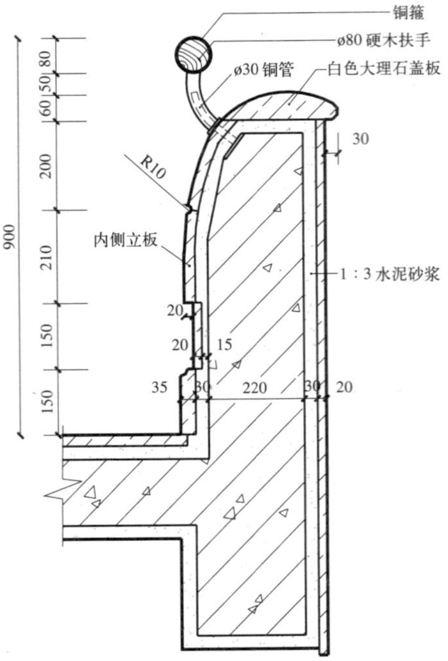

图 6-31　石材楼梯栏板扶手湿贴构造
北京钓鱼台大酒店大堂主楼梯剖面

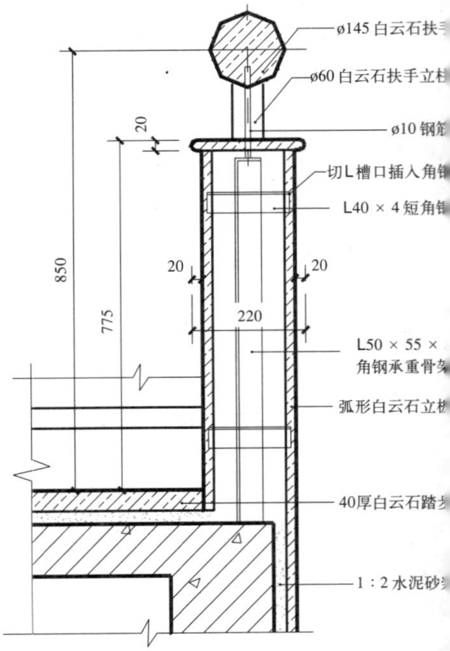

图 6-32　石材楼梯栏板扶手粘结构造
长春名门饭店大堂旋转曲线楼梯剖面图

石材扶手的安装：用石材加工成的扶手确实豪华气派，但由于加工机械能力的限制，目前还只能加工直线型和圆弧曲线形的扶手，还不能加工螺旋曲线形的扶手。所以在旋转曲线楼梯中，还只能用圆弧曲线形扶手来近似替代螺旋曲线形扶手，相当于平面几何中用多边形来近似圆形一样。这时，应当注意的是圆弧曲线形扶手的分段尺寸不宜太大，否则在安装扶手时会出现明显的死弯硬角。扶手立柱支点的排列要均匀美观，其间距的大小和石材扶手的直径有关。在旋转曲线楼梯，内外圈栏板（杆）和扶手要分别绘制出内外立面展开图，才能确定扶手等石材的安装定位尺寸。图6—33是长春名门饭店回廊云石栏杆扶手的节点详图。

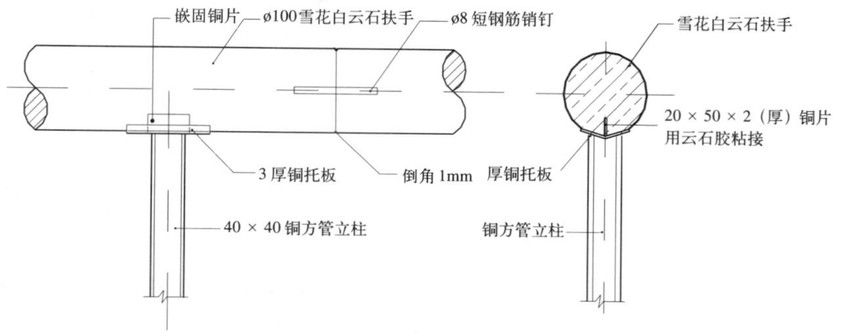

图6-33　长春名门饭店回廊云石栏杆扶手

6.5　固定家具和设施

在装修工程中，固定家具和设施往往是室内装饰的重点部位。固定家具的质量好坏及各种材料搭配的合理与否，将影响到室内装饰的整体效果。固定家具和设施主要包括台柜及暖气罩等。

6.5.1　台柜

台柜是指服务台、接待台、酒吧台、快餐台、收银台等设施。

1.台柜主体结构特点及材料组合

台柜主体结构一般采用混合结构较多，所谓混合结构主要指固定的台、架、柜由木结构、钢结构、砖结构及玻璃结构混合构成。

在固定家具设施中采用混合结构，主要是针对其形式和功能的要求恰当地使用材料，达到形式与功能的完美统一。如抛光微晶石饰面表面既光亮又耐磨、不锈钢材既华贵又防腐、防弹玻璃既通透又安全、钢材做骨架既适宜做较复杂形体又防火等。

台柜的组合形式是根据功能的要求和材料的特点来确定。在混合结合中，一般常以钢架或砖石结构、混凝土结构为基础骨架，来保证台柜的稳固性。用天然大理石、花岗石及人工微晶石、可丽耐板、金属板等材料作为固定家具设施的表面，除具有富有华贵的表面外，使用和维护更加方便。

2.台柜构造工艺

在服务台、接待台、酒吧台、快餐台、收银台等设施配件工程中，虽然其混合结构的形式不同，但其工艺构造却都有共性之处。

（1）基础骨架

1）木骨架：木骨架常用于全木结构的台柜，主要由木方框架及板片框架组成，是台柜装饰中应用最广泛的一种形式。木骨架依据台柜形式通常用40mm×40mm木方分档做两侧边框、底框、及顶框，木框立梃与横向贯通龙骨连接方法宜用交叉半槽搭接形式及端部半搭接形式，然后组成整体框架，如图6–34、彩图89所示。

2）钢结构骨架：在悬挑结构较长的台、架中，宜用钢结构骨架，它强度高、组合方便。钢骨架通常用角铁、方管等材料焊接或通过螺栓紧固件连接成框架，后再进行定位安装固定。钢骨架与石材板连接时可开槽直接用角钢插挑、打孔插销钉、大力胶粘接或用成品石材干挂件连接固定等方法。与木结构连接时通常采用垫木过渡的方法连接，用螺栓或自攻螺钉将木龙骨固定在钢骨架上，然后再将木

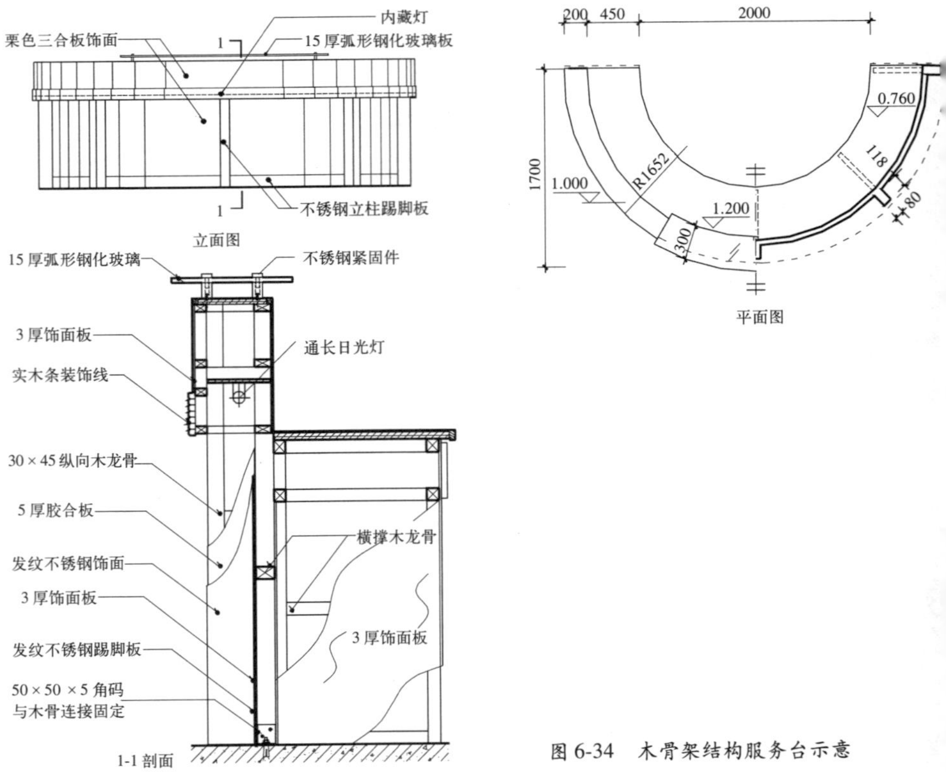

图6-34 木骨架结构服务台示意

结构固定在垫木上。钢骨架与地面的连接用 ϕ 8mm 膨胀螺栓固定，如图 6—35 所示。钢结构骨架不但能形成坚固的整体，也可以组成灵活的小单元形式拼装组合。

3）混凝土、砖石骨架：在特殊功能要求（如银行营业柜台的防爆要求等）且悬挑不大的各种台架中，常用混凝土或砖石结构作为基础骨架。在混凝土或砖石结构的骨架上，可直接镶贴大理石或花岗岩饰面板。如与其他材料连接，应预埋连接件，如图 6—36 所示。

混凝土、砖石骨架有墙体自重，适合在地面砌筑，如应用在楼面时应首先考虑其荷载，要有坚固的支撑结构。

（2）连接节点构造

1）混凝土、砖石骨架与木结构连接

在混凝土或砖石骨架内预埋的木砖，应不小于60mm × 60mm，并斜锯成梯形。当然也可用打孔塞木楔方法作连接固定节点，如图 6—37 所示。

混凝土、砖石骨架与钢结构连接可做预埋件，也可以用膨胀螺栓固定金属件。

2）钢骨架与其他材料连接

钢骨架与木饰面结合，可用略宽于角钢的木方靠紧角钢用螺栓固定或用厚木夹板固定在角钢上。在钢骨架上通常用平头螺栓固定木方或厚木板，或用自攻螺丝将木龙骨与角钢固定（钻稍小于自攻螺丝直径的孔，再用自攻螺丝将木方或木板

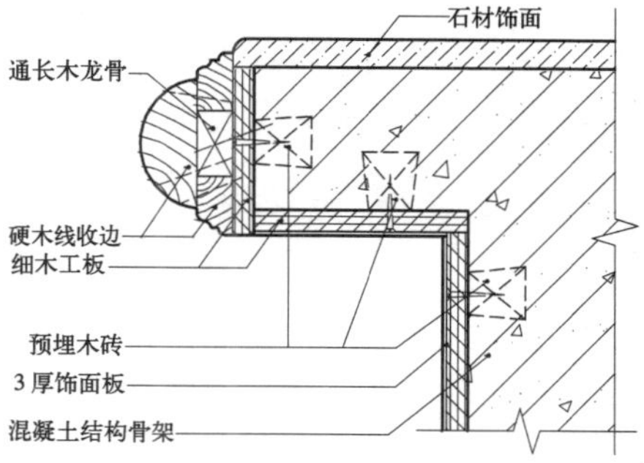

图 6-37　混凝土结构骨架与木做连接节点

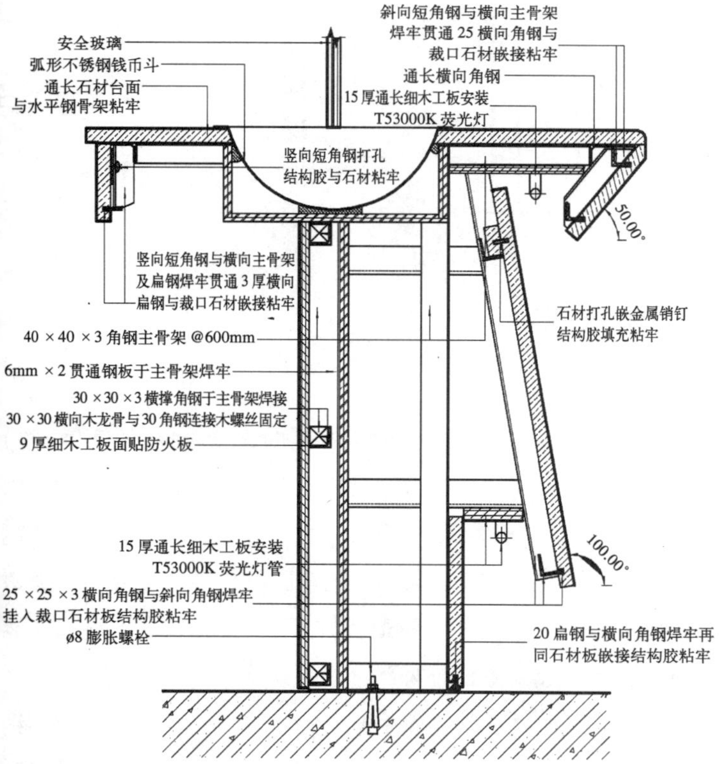

图 6-35　钢结构骨架示意

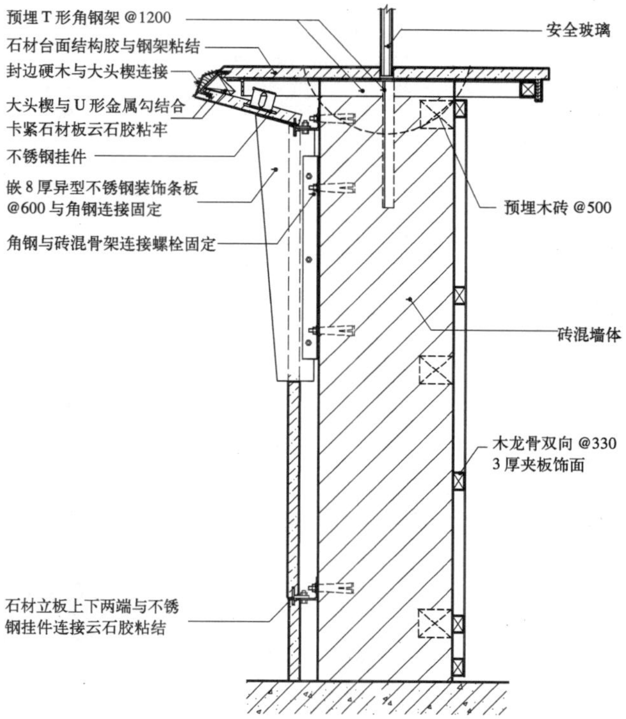

图 6-36　砖石结构骨架示意

紧固），其他木结构或饰面板再与固定在钢骨架上的木方（板）连接。

如果钢骨架与石材板饰面结合，则需在石材结合部用角钢及其他金属件预制勾挂件，以利于拼装石材。施工时结合云石胶、销钉施工更方便钢骨架与金属挂件连接。在室内台柜的钢骨架上镶贴石材可以采用直接用金属配件勾挂石材面板，再加云石胶及销钉铺助固定，装饰效果令人满意（极似于石材干挂做法）。这种方法既避免了湿做法时石材泛碱的现象，又便于安装调整，如图 6–38 所示。

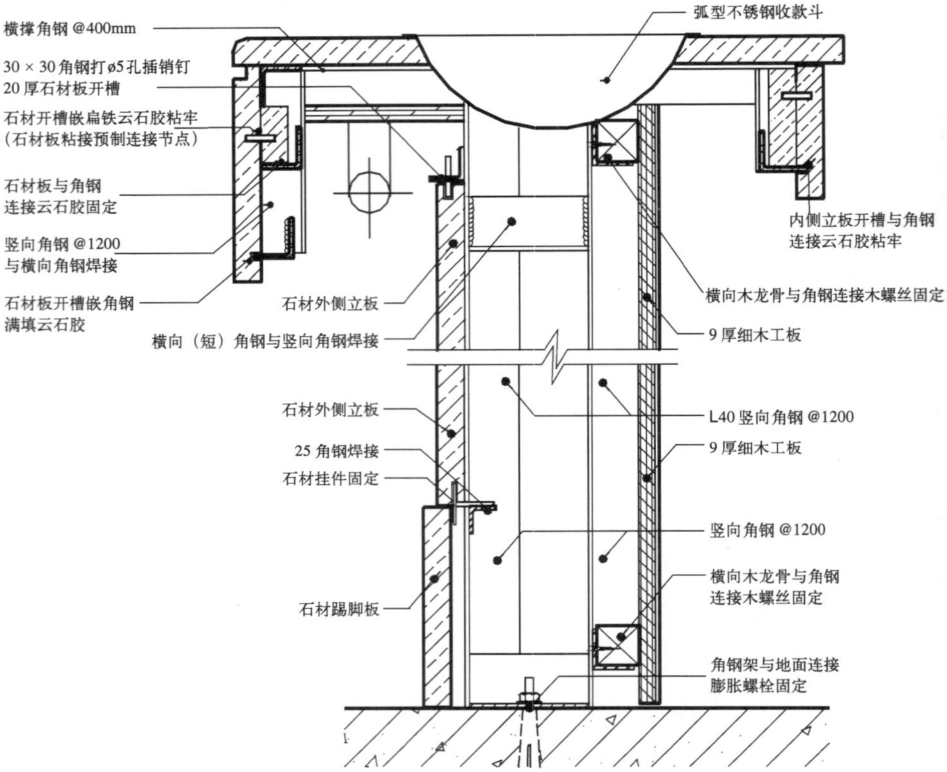

图 6-38　钢结构骨架连接节点

3）管（柱）的连接

台柜与管（柱）的连接通常有垂直向连接和侧板水平向连接两种。不管管（柱）外表形式如何，但其构造方式是相同的。如方柱（外包金属装饰板）与石材台面结合，在做基础骨架时（混凝土、砖石骨架），在拟立柱的位置预留埋件，用角钢或方管焊出方柱所需骨架与预埋件焊接牢。再用衬板与方柱骨架连接固定（厚木夹板或薄钢板做衬板连接方法），然后用不锈钢薄板饰面。台面预留出方柱的孔洞待立柱安装完毕后，固定好台面板，密封胶封严，如图 6–39、彩图 90 所示。

对于一些酒吧台、接待台，有时须在其侧面用悬臂的方法安装水平方向的不锈钢管或铜管。 这类装饰管往往有受力管和不受力管两种。不受力的纯装饰管与台

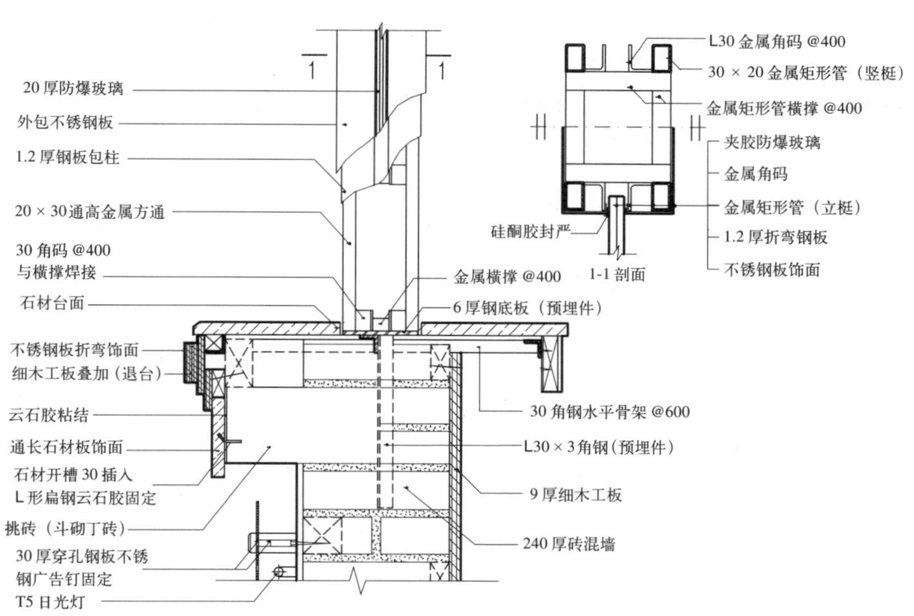

图 6-39　方柱与台面固定示意

柜可用螺钉联接的方法安装。对于有受力情况的管型材料，一般都采用埋入式安装固定。

若是混凝土骨架，可将一截普通钢管预埋在混凝土中，但该钢管的外径必须与装饰管材的内径相吻合，安装时再将内径与预埋钢管外径相配合的装饰管套装在预埋管上，在装饰面上同法兰盘口后用螺钉与预埋管固定。

如果装饰管受力不大，也可用圆柱杆作预埋件，装饰管材可紧套在木圆柱杆上。

骨架是钢架时，需将预置钢管先焊接固定在角钢架上，再在装饰面上用法兰盘封口，如图 6—40、彩图 91 所示。

另外在台柜中还有一些采用内部打光并用较薄的天然半透明石材板（10mm 厚）或人工石材板（如薄可丽耐板）及夹胶磨砂玻璃或特制玻璃做立面，使台柜散发出朦胧色光，这种间接光线既能够充分显示出台柜的肌理质感又给人一种神秘微妙的感觉，从而更加烘托出室内环境气氛。透光台柜多采用立面透光的形式，如图 6—41 所示，也可以是整体台柜都成为透光体。立面透光的台柜与普通台柜构造做法近似，但台柜内部需要一定空间距离，为了使台柜体表面透光均匀其内部空间距离至少要有150mm，且还要设置反光板（采用白色防火板贴面或用普通板磨平抛光涂白色漆）。对于通体透光的台柜其内部骨架应采用厚无色透明有机玻璃板作支撑骨架，与透光石材板连接处采用硅树脂胶密封，如图6—42、彩图 92 所示。

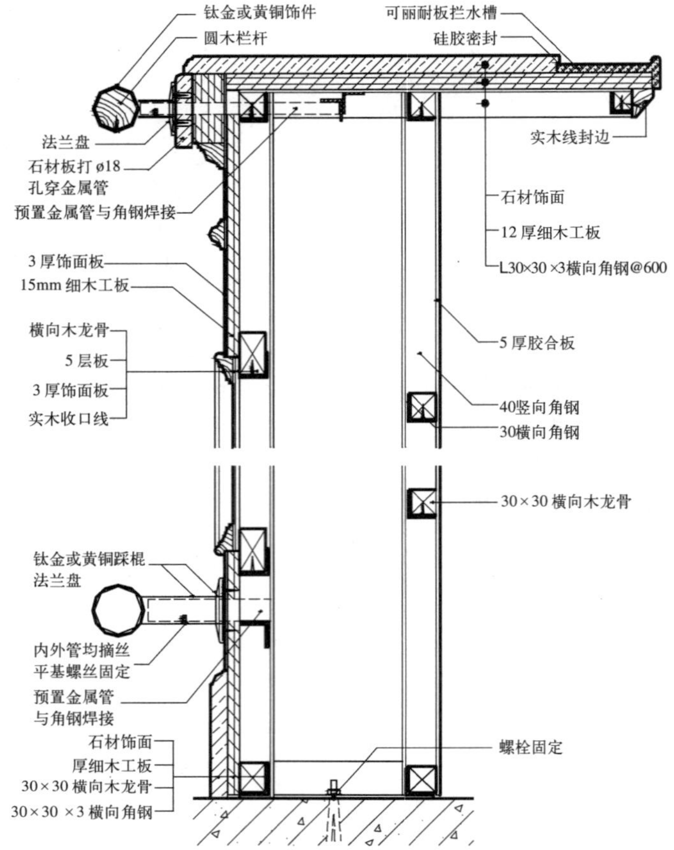

图 6-40　酒吧台侧面安装金属管

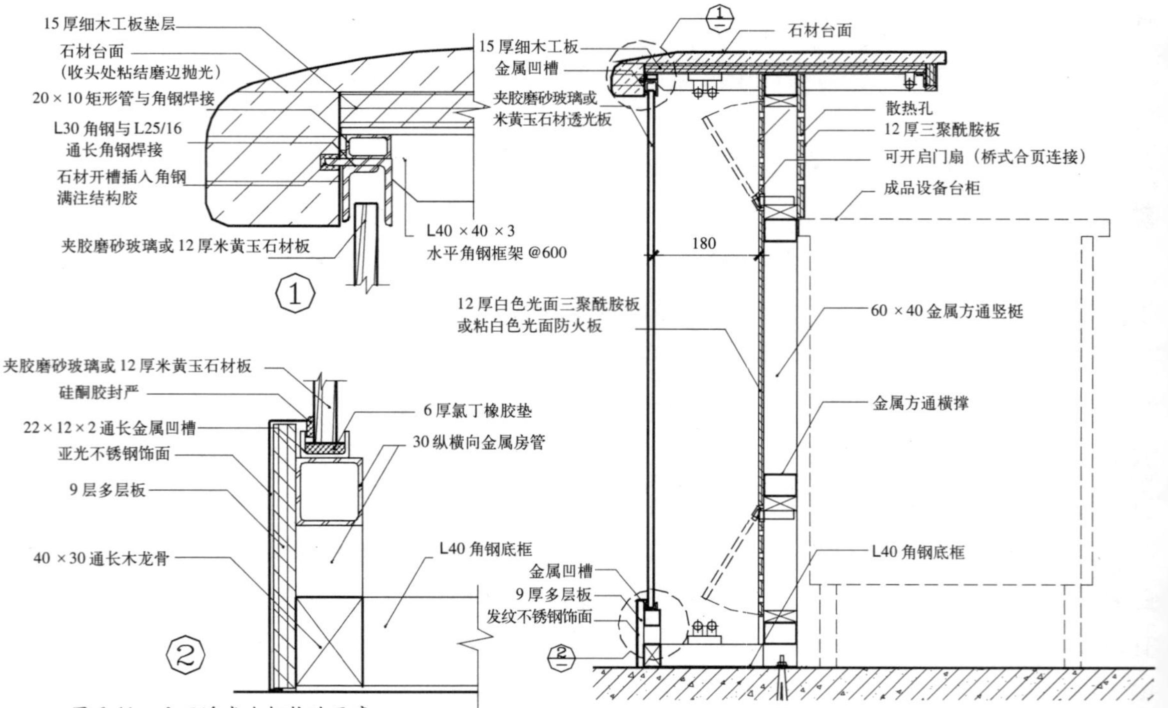

图 6-41　立面透光台柜构造示意

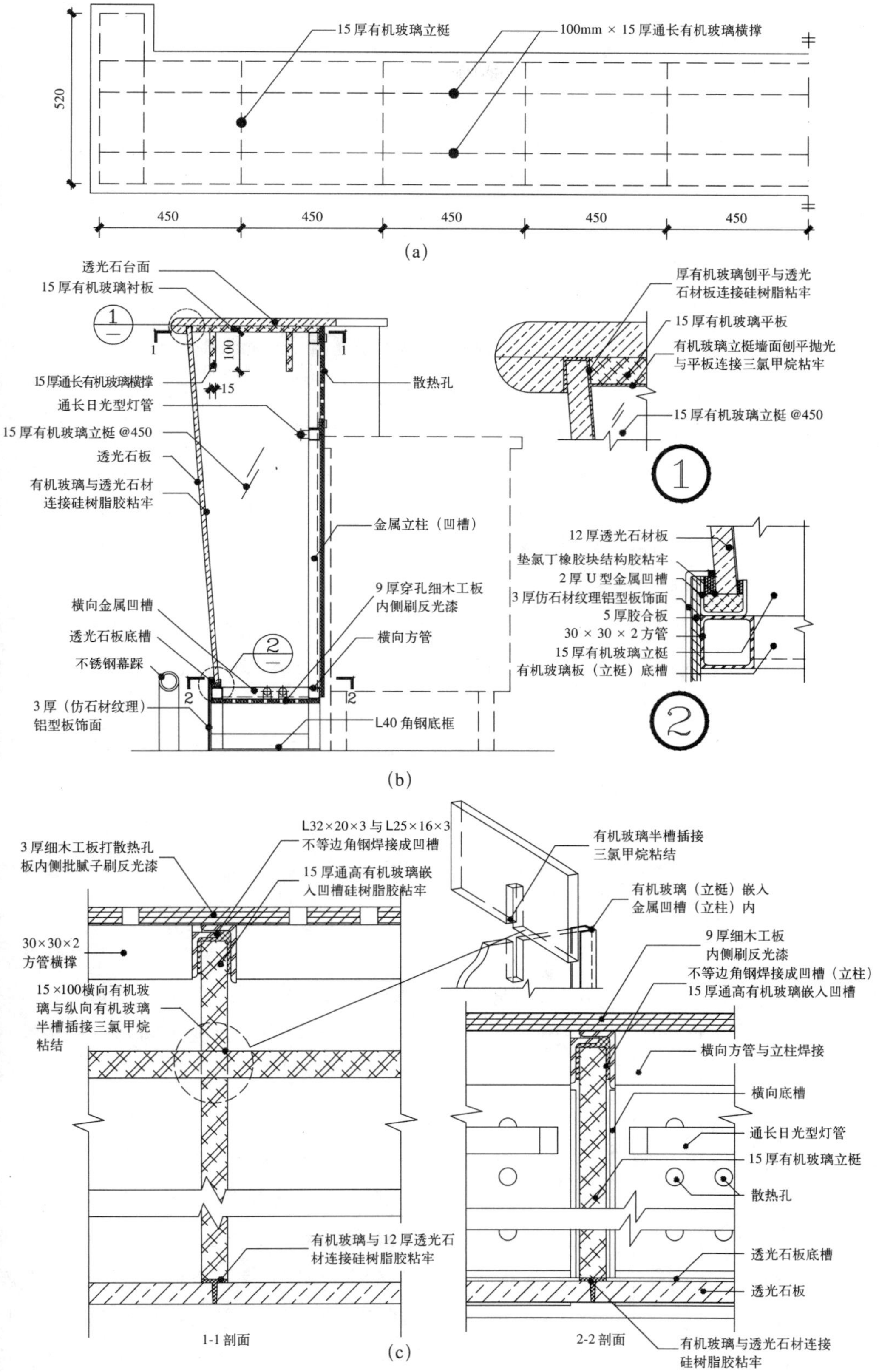

图 6-42　通体透光台柜构造示意
(a) 发光吧台平面；(b) 发光吧台剖面；(c) 发光吧台局部剖面

6.5.2　暖气罩

暖气罩是我国北方普通建筑室内特有的设施，它不仅具有防护普通金属散热器过热灼伤人员的功能，同时也兼有美化和装饰环境的作用，已成为北方普通楼宇及住宅室内装饰的重要组成部分。

1.暖气罩制作原则

在对流供暖器中，热量并非通过辐射传导，而是由于温度不同的各部分流体之间相对运动、互相掺合而传递热能。通常温差形成的对流运动，不需要任何外力，这种“自然对流”温差越大则对流越强，这就是通常见到的散热器一般放在室内最冷位置附近的原因（如在窗户之下或靠近较冷的外墙边），如图6—43所示。因此暖气的装饰不可以阻碍此对流，还应尽可能帮助对流。所以根据各种暖气片种类的不同，暖气罩装饰设计不仅要从建筑美学上着眼，更主要的应从导热原理的因素上来考虑。

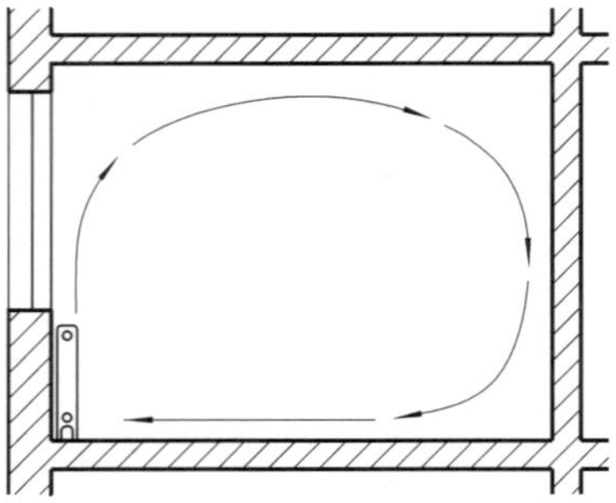

图6-43　对流散热空气流动示意

供暖器可以罩盖或制成嵌入式，但装饰板与散热器的散热片边缘的距离应达到40mm。暖气罩的进风与排风剖面尺寸要保证足够大，一般应不小于100mm。这样不致因此而降低热效率，如图6—44所示。

另外，闭合的装饰板有利于对流作用。而多孔装饰板由于冷热源流动紊乱而可能减少对流和造成热值损失。再有在暖气罩内安装有利于空气流动的导流片会对热值有较好的作用。

暖气罩的设计制作原则是既要保证美观、安装牢固，又要拆装方便，以利暖气散热片和管道的维修。

2.暖气罩的形式、材料和构造

应根据墙体、窗台和散热器的相对位置关系，采取沿墙设置、嵌入式设置和独立式设置等形式。

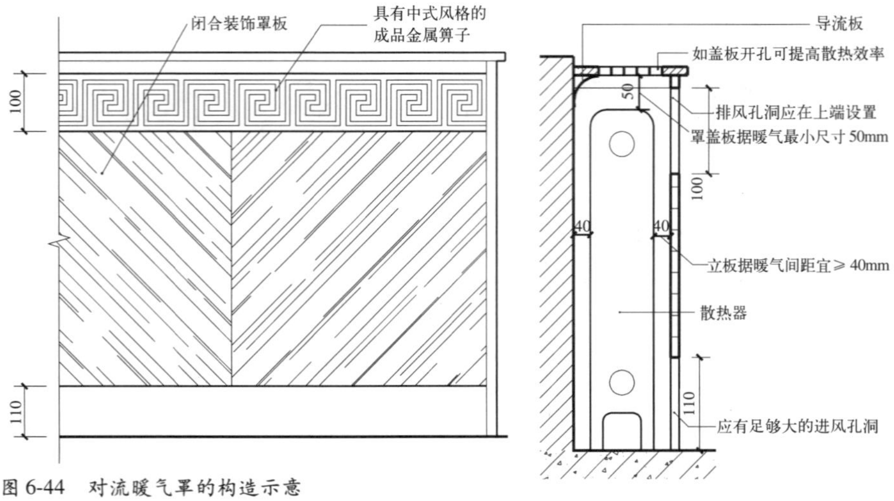

图6-44　对流暖气罩的构造示意

独立式暖气罩为独立式的管状构件或是呈五面箱体，将暖气散热片前后左右均罩起来。暖气罩上面设有百叶片，为热空气出口，下端设有开口，为冷空气进口。暖气罩本身有独立支点，支撑暖气罩落地。

木材和金属是制作暖气罩的常用材料。木质暖气罩既可单独制作，也可以根据室内环境特点组合在家具之中，与室内环境比较容易协调，美感舒适，加工方便。金属暖气罩坚固耐用，较适合安装在公共空间。用钢木结合方法制作的暖气罩，可取其两种材料的优点，用金属作支撑骨架，木材作罩面板，既减小了变形又保持了与环境的完美统一，其效果更为理想。

3.钢木结合拼装式暖气罩

图6–45所示的这种钢木结合拼装式暖气罩，由金属立柱（可用方管预制成

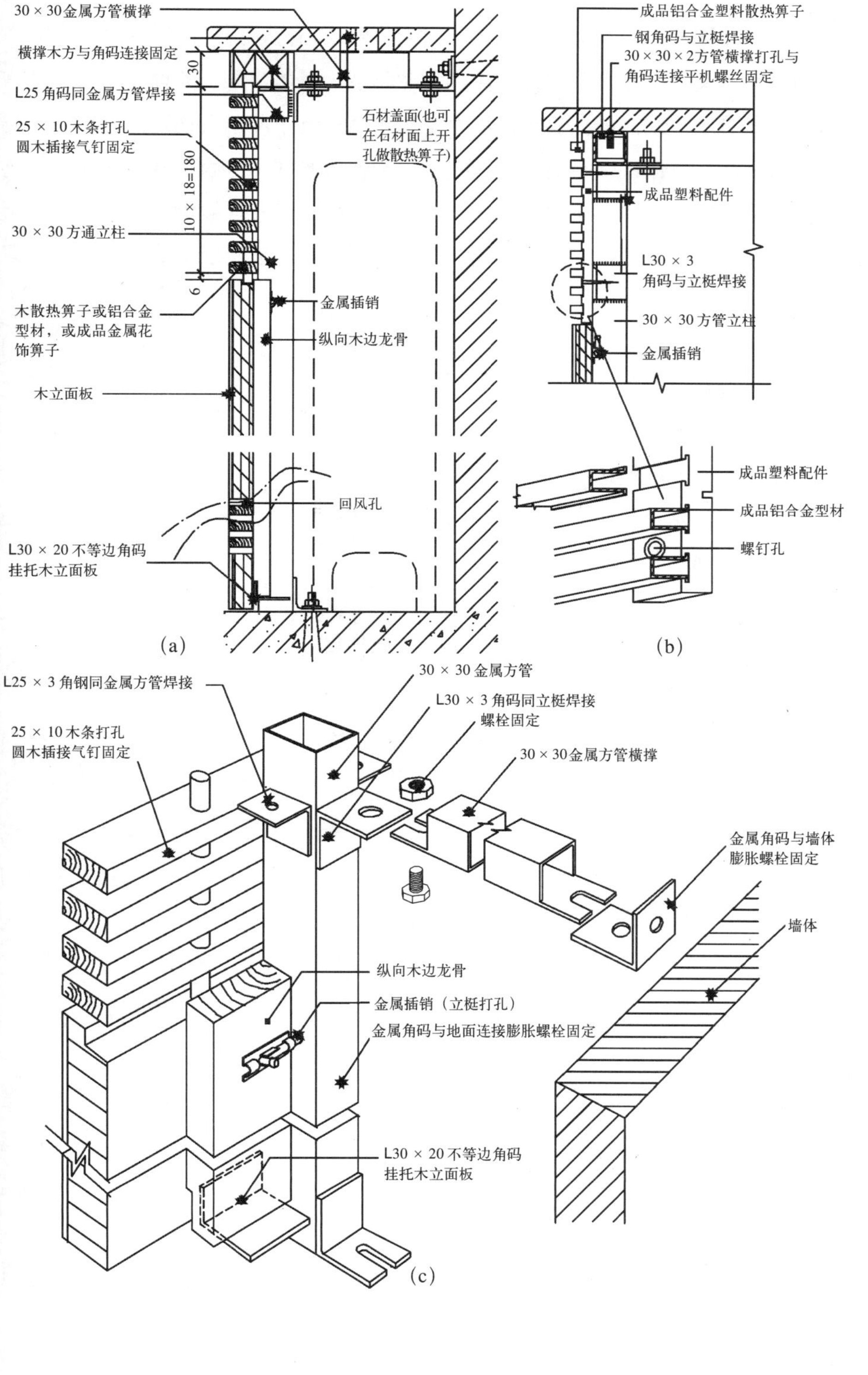

图6-45　钢木结合拼装式暖气罩安装示意图
(a)、(b) 剖面图；(c) 拆装示意图

型)、纵横方向上的金属横撑及通贯木横撑组成基本骨架，立面的挡板用木材饰面，石材作台面，散热箅子可以用木制品及金属制品。在本着拆装轻巧，方便灵活的前提下(特别是有些暖气常使用排气阀)，还可以根据室内设计的形式及风格的需要，采用与之相吻合的纹饰图案、成品构件组合成散热箅子，从而更能烘托环境的整体气氛(图6-44)。由于这种暖气罩骨架采用金属材料，面层板分别用石材或木材等材料作饰面，同其他单一材料制作的暖气罩相比，既能防止木暖气罩遇高温容易变型，又比金属暖气罩外观更加自然和谐，整体效果十分理想。它与通常的木制暖气罩所不同的是，每个连接部位都用螺栓及金属挂（插）片（钩）连接固定组合，而且可以调节距墙尺寸，现场安装不用胶粘、钉固或嵌固死，只需定位钻孔，依据水平线将金属立柱、横撑用膨胀螺栓及普通螺栓调节固定，然后再装配台面和立面挡板。拆装快捷方便，改变了传统的嵌装及固定成柜架式暖气罩形式。

复习思考题

1.隔墙与隔断一般特征是什么?

2.简述木质隔墙的构造做法。

3.简述轻钢龙骨纸面石膏板隔墙的构造做法。

4.简述玻璃空心砖的一般做法。

5.简述常用隔断的几种形式及做法。

6.简述楼梯扶手有哪几种并绘出其中一种楼梯扶手的构造节点图。

7.简述并绘出台柜钢骨架与木结构的连接。

8.按照拼装式暖气罩安装示意图的剖面图试绘出立面图形。

第七章
建筑外部环境装饰构造

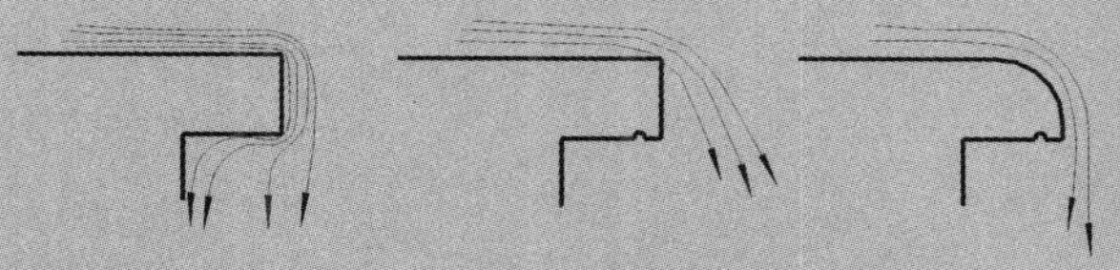

第七章　建筑外部环境装饰构造

建筑外部环境装饰即围绕建筑体周围所建的装饰设计与施工。其不仅限于建筑物外立面的建筑装饰设计，还包括庭院道路、水景、公共设施、环境绿化景观等。

外部环境装饰涉及的范围很广，使用的各类材料很多，细部构造变化也很大，在篇幅有限情况下不过多展开赘述，只介绍一些围绕着建筑外部环境的装饰工程中常见的构造作以介绍。

7.1　雨篷装饰构造

7.1.1　雨篷的特点及设计要求

雨篷作为建筑室内外的过渡空间，是建筑不可缺少的部分，对建筑而言它不但有标志性的诱导作用，同时也是建筑规模及空间文化理性精神的体现，因此，入口雨篷装饰构造设计应满足以下要求：

（1）入口雨篷的构造设计应体现建筑场所的性质和特征，比如商业性、文化性和娱乐性等。

（2）应与建筑整体和周围环境相协调，既要考虑雨篷的装饰特色，又要使建筑整体及其环境协调统一。

（3）应满足必要的功能要求，如遮挡雨水、入口照明等，应有适宜的尺度，并配备相应的照明设施。

（4）应保证雨篷结构和构造设施的安全，并考虑适当耐久年限；应根据使用者的投资情况和使用性质合理地设计、选材及选择适当构造措施，使入口雨篷的装饰构造设计美观、经济、实用、安全。

7.1.2　雨篷的类型及构造

（1）钢筋混凝土雨篷的构造：钢筋混凝土结构雨篷具有结构牢固、造型厚重有力、坚固耐久、不受风雨影响等特点。该雨篷按结构受力特点分为板式和梁板式，板式结构一般用于小型入口雨篷，梁板式结构用于大中型入口雨篷。钢筋混凝土结构雨篷一般应与主体结构同时施工。

（2）钢结构悬挑雨篷：钢结构雨篷由雨篷支撑系统、骨架系统、面板系统三部分组成。它具有结构与造型简练轻巧的特点，且组装灵活、施工也比较方便快捷，很富现代感。钢结构的支撑系统可以做成不同的形式，有的做支撑钢柱，也有的与原水泥柱相连接，还有的是悬拉结构。钢结构悬挑雨篷在现代雨篷装饰中使用越来越广泛，在现代装饰工程中尤其是门面改造工程中常用的结构形式如图7−1、彩图93、彩图94所示。

钢结构雨篷的缺点是构件表面容易生锈，因此钢结构及连接件必须考虑采取镀锌、刷防锈漆等防锈措施。

(3) 玻璃采光雨篷：用夹胶钢化玻璃、阳光板作采光雨篷是当前新的透光雨篷做法，采光雨篷具有结构轻巧、造型美观、有着极富现代感的装饰效果。采光雨篷其构造是，透光材料与钢构架（由槽钢、角钢、钢索组成，或采用钢管、空心球等组成球节点网架）采用悬吊的方式与主体结构相连接，如图7−2、彩图95～彩图98所示。

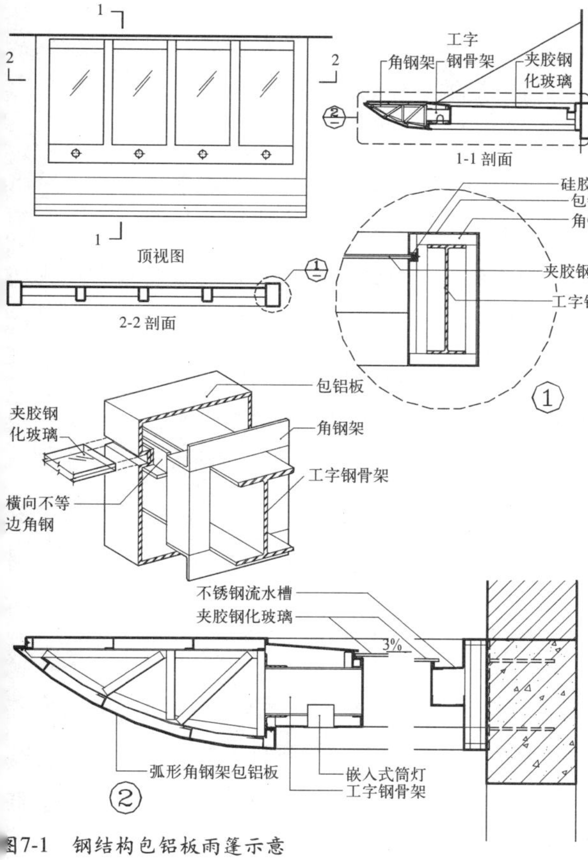

图7-1　钢结构包铝板雨篷示意

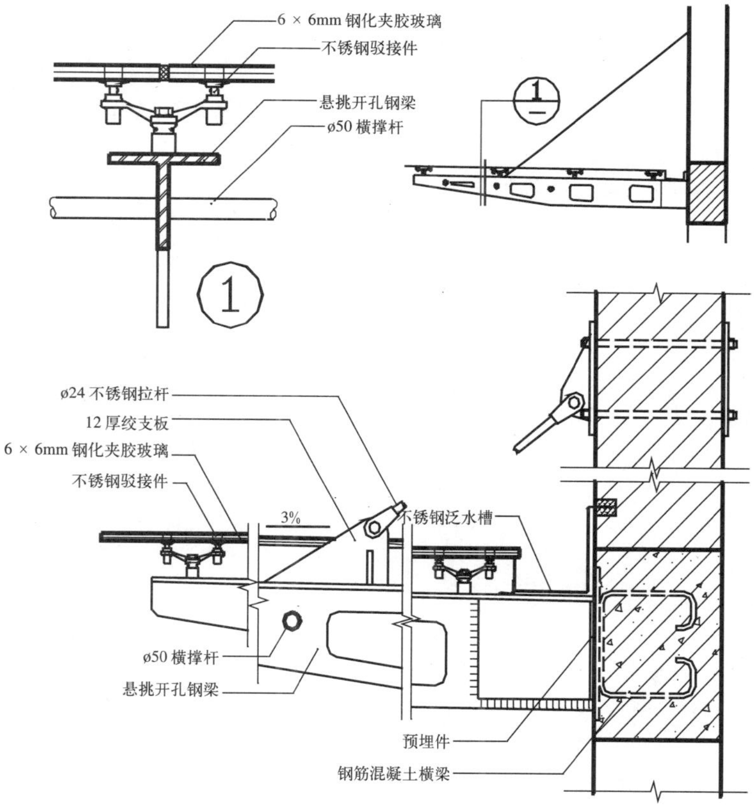

图 7-2　悬拉式采光雨篷

7.2　环境及设施装饰构造

7.2.1　地面铺装

为便于人的交通和活动而铺设的地面，具有耐损防滑、防尘排水、容易管理的性能，并以导向性和装饰性服务于整体环境。铺路材料的使用是为了排除泥砂干扰以形成便于通行的光滑表面。

地面铺装的形式很多，有混凝土、石块、缸砖等硬质材料铺装，塑胶、塑料、混合土等软质铺装以及草坪灌木等植物覆盖等。这里主要介绍硬质地面的铺装。

1.地坪层次的构成

一般来讲可分为面层、基层和地基三个层次。根据不同使用功能的要求和结构上的需要，基层中往往设结合层、构造层和垫层等构造层次。

（1）面层：面层是地面中直接与人接触的部分，它直接承受各种物理化学作用。一般分为整体面层、块料面层、碎料面层等几类。由于这一层经常受到诸如磨损、撞击、浸湿、高温、酸碱腐蚀等外界作用，而其使用直接影响到地面质量和装饰效果，因此对设计及施工都有较高的要求。

（2）结合层：结合层是面层和下一层连接层，用以粘贴面层材料。例如水泥浆、水泥砂浆、沥青等。面层底和结合层的表面必须平整、洁净，以保证充分发挥结合层的作用。

（3）结构层：结构层承受地坪上的重量并将其传向垫层和地基。一般可采用C10混凝土制成，厚度为100～150mm。

（4）垫层：垫层是承受地面荷载将其传递至地基的构造层，分为刚性和非刚性两类。刚性垫层整体刚度较好，如混凝土、三合土等；非刚性垫层由松散材料组成，受力后产生塑性变形，如砂石、碎石（卵石）、炉渣等。

（5）地基：地基是垫层下的基土层，要求有一定的承载力，坚固、密实。一般以素土夯实，如受力达不到要求，还可采用添加骨料、换土等方法加强。

应当指出的是，并非所有铺装地面均包含以上构造层次，视材料及结构要求不同，可能有一定差别。

2.地面铺装的构造

（1）石板面层铺地

石材是一种最古老的铺地材料之一，与其他铺地材料相比，具有耐久、耐磨的表面，且需要最小的维护。石材种类相当多，色彩自然而且丰富，表面质感视需要可光滑、可毛糙，肌理效果变化相当繁多。石材不仅可以单独铺设地面，还可以与其他材料混合铺装地面。

石材按用料规格可分为板、块（条）卵石、碎石等。

1）石板面层地面

石板面层地面的石板材规格大小不一，形状可破碎或呈规格形，碎石和石板是用来铺路的两种石板，碎石板多用于庭院中的铺装路面。石板缝中可种植草皮或用水泥勾缝。石板地面相对平整，找平层砂浆宜用干硬性砂浆，板块在铺砌前应先浸水湿润，阴干后备用，具体构造如图7–3所示。

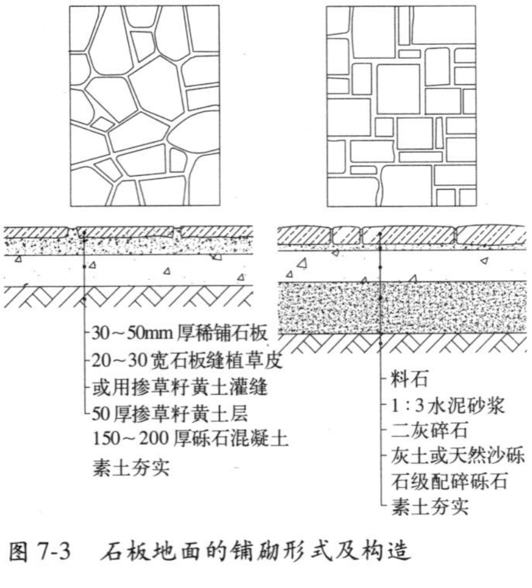

图7-3　石板地面的铺砌形式及构造

2）石料面层地面

石料面层多用于道路广场的地面铺设。其形状有条石形状及块石形状，厚度分别为80～120mm和100～150mm，强度等级也分别为不小于MU60和MU30。不导电的料石面层石料应采用辉绿岩加工而成。

铺砌块石面层做法为：在处理后的基层上将砂铺筑在基土上并洒水刮平压实。砂垫层压实后的厚度不应小于60mm。铺砌块石应大面朝上，铺砌时缝隙应相互错开通缝不超过两块石料。板块间的缝隙一般不超过25mm并分别用5～15mm的碎石和中砂捣实填缝，如图7—4所示。

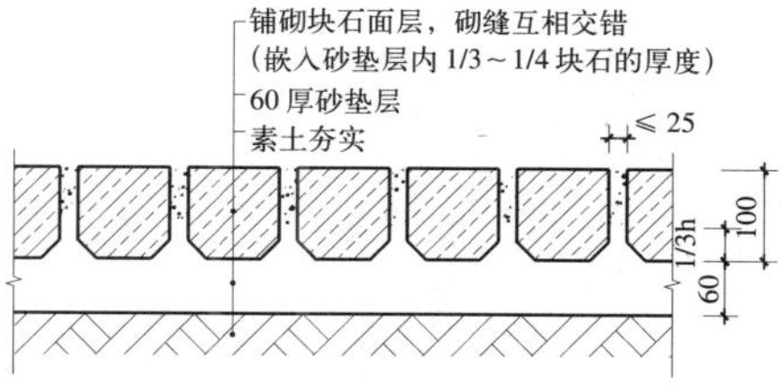

图7-4　石块面层铺砌示意图

铺砌条石板块面层做法有两种，一种是在混凝土垫层上铺砌条石，其构造做法为：在基层上刷聚合物水泥浆（水灰比宜0.4～0.5，随刷随铺）粘结层用1：2.5～3.0的干硬性水泥砂浆，其厚度为30～50mm，如图7—5所示。条石铺砌时不易出现十字缝，缝隙宽度一般不应大于5mm，相邻两行的错缝应为条石长度的1/2～1/3。另一种构造做法为用砂作为条石板铺砌的结合层，结合层厚度为30～50mm，其铺贴方法同石块面层铺砌。条形石板的嵌缝应根据结合层的类型分别采用细砂、水泥砂浆等。用砂填缝时，宜先将砂撒于面层上，再扫入缝中。用水泥砂浆填缝时，应预先用砂填缝至1/2高度，后再用水泥砂浆灌缝，勾缝抹平。

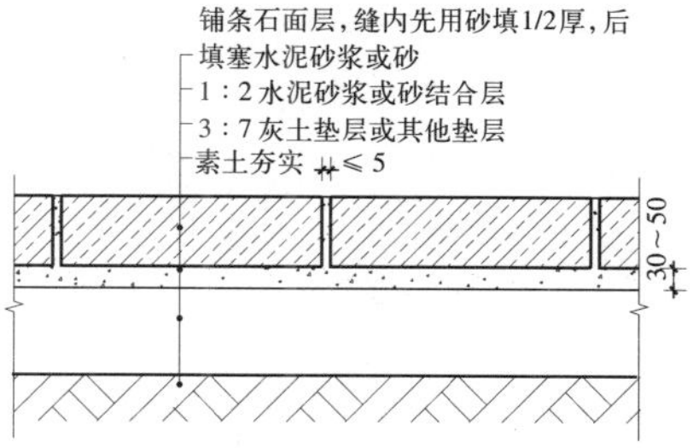

图7-5　条石面层铺砌示意图

3）卵石、碎石地面

卵石碎石地面排水性能好、耐久、耐磨、色彩丰富、装饰性强，并常与其他材料配合使用，卵石碎石多作拼花，会得到有趣的质地结构，卵石嵌砌路面主要用于庭院、公园的路面。这种地面主要强度是依靠石料间的嵌固锁结而形成的，其构造如图7—6、图7—7所示。

（2）地面砌块砖的铺设

用于铺装的地面砖种类很多，从传统的青砖铺地到水泥砖、缸砖、陶瓷地砖，色彩多样，规格大小不一，有些材料还可做成拼花图案。表面质感有的光泽如同玻璃，有的凹凸不平，可供各种不同场合选择使用，但材料均应耐磨、坚牢，施工简单。

砌块砖类的构造做法有两种，区别是用1：3水泥砂浆还是用中砂做垫层。中砂做垫层更有利于雨（融化雪）水渗透地下，地下水不仅能得到一定的补充，而且地面还不易积水，特别是北方的冬天雪融化后雪水渗透地下，地面不易结冰，给行人带来方便。被广泛用于人行道、公园小路、居住小区。

1）缸砖

缸砖有有釉面砖、无釉面砖等规格，铺地做法也有两种：

①采用干硬性水泥砂浆铺贴时，厚度一般为10～15mm。其砂浆配比一般为

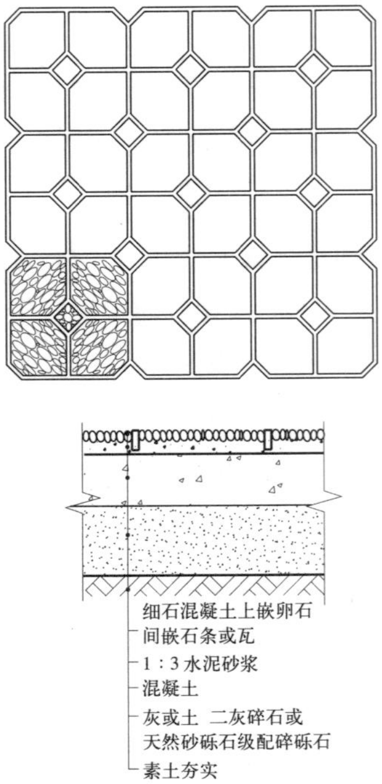

图 7-6 卵石地面构造

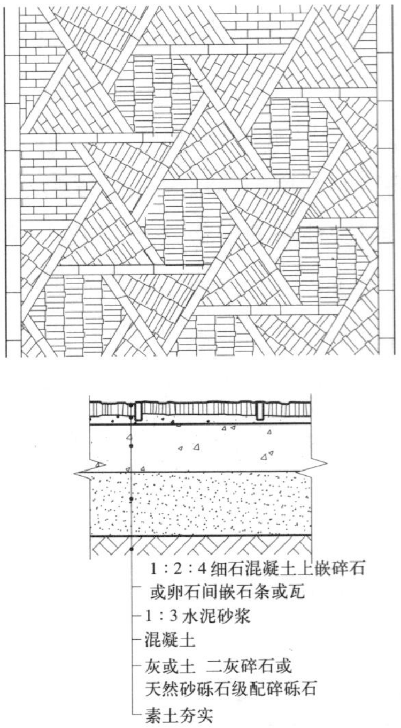

图 7-7 碎石地面构造

1：2.5～3（水泥：砂），应随拌随用，初凝前用完，以免影响质量。铺贴时，先经干硬性水泥砂浆试铺后，在砖背面抹粘结砂浆 1：2 水泥砂浆并拍实。

②采用干铺时，应在已处理后基层上先垫厚度25～3mm干砂，再铺砖并夯实。砖缝处理如无具体要求，通常用干砂填灌密实，如图 7–8 所示。

2）连锁块路面

连锁块是新型的混凝土连锁性面砖制品，能够充分利用其齿形或曲线形边部在铺设后互相咬合，形成单项或双向连锁而组成整体的铺砖路面。连锁块铺砖路面在受力状态下有一定的拱壳作用。连锁块路面标准结构有两种，车行道通常为80mm 厚锁块砖的路面，另一种锁块砖为 60mm 厚的人行道路面。铺装可采用1：3 水泥砂浆或用中砂垫层，其构造如图 7–9 所示。

3）嵌草砖路面

嵌草砖路面是在混凝土预制块或砖砌块的孔穴中栽培草皮，使草皮免受人、车踏压的路面铺装，一般用于广场、停车场等场所。采用嵌草砖路面等透水性强的路面铺装，无论对雨水返还，还是对环境共生是极为有益的，但不宜用在通行过高的停车场公用通道和广场的进出口处，以免影响草皮的生长发育，嵌草砖的基本构造如图 7–10 所示。

4）木板路面

木板路面因其具有独特之感，较强的弹性和保温性，而且无反光，可提高步行

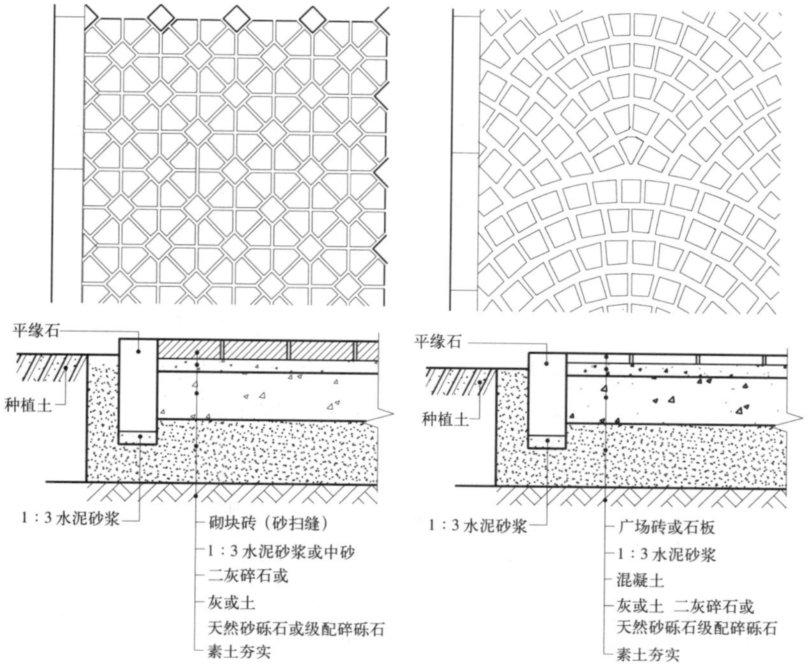

图 7-8　缸砖、广场砖地面铺装构造

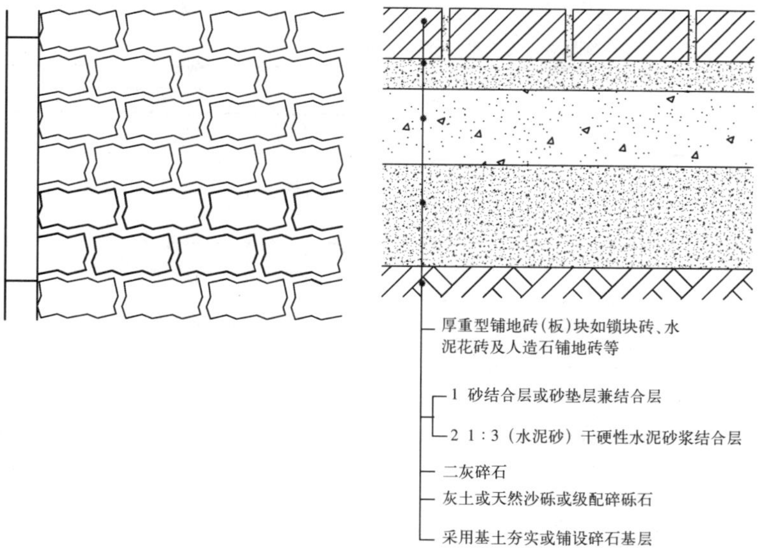

图 7-9　连锁块砖地面铺装

的舒适性而被广泛地用于露台、广场、园路的地面铺装。木板除均应经过防腐处理外，还应有耐久性、耐磨损性强的性能。木板一般适于步道和小平台铺装，常以松、杉、桧木为主。铺装时，由于天然木材的收缩、膨胀变化大，应根据实际情况以大于 2mm 的间隔设置伸缩缝，其构造如图 7-11 所示。

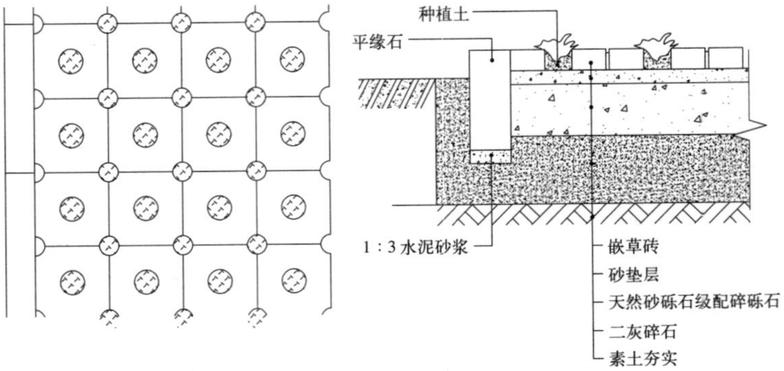

图 7-10　植草砖地面铺装构造

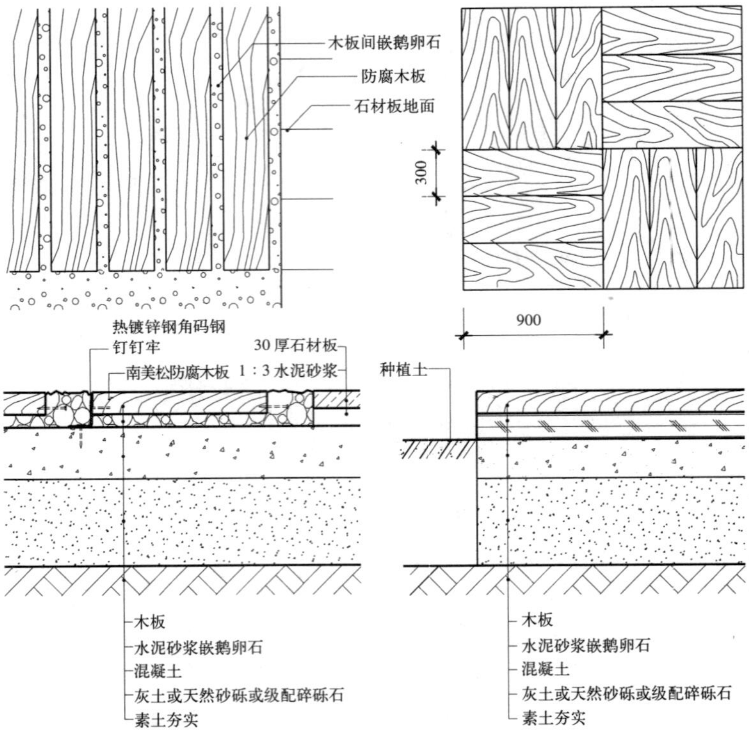

图 7-11　木板地面铺装构造

7.2.2　水景观构造

人造水景是建筑空间与环境创作的一个重要部分。水景不仅美化环境，湿润和净化空气，改善小区气候，水景的水池还可兼为其他的水源（如消防用水）。

人造水景其形式一般为流水、水池等类型。流水型水景通常结合水池布置，常用的形式有流水墙、流水帘、流水台、瀑布等。水池单独成水景时，常配以小桥、汀步和湖石，并因池岸的形式不同而形成不同的景观。

1.流水构造形式

(1) 人造跌水构造

人造跌水通常是通过溢流堰来实现。溢流顶的表面应为水平面，以保证水流均匀流下，如果流量小，在堰顶落水口处可嵌一条金属带，以保证落水口的平整和光滑，并应在挑檐下设一个小的沟槽，以破坏水的张力，防止水黏附在池壁上，使水自由垂直下落，如图 7—12 所示。跌水堰顶及池底的构造如图 7—13 所示。

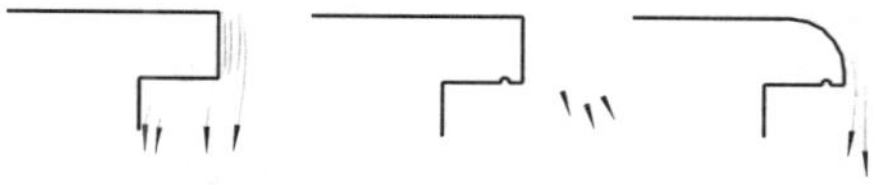

图 7-12　堰顶石形状示意图

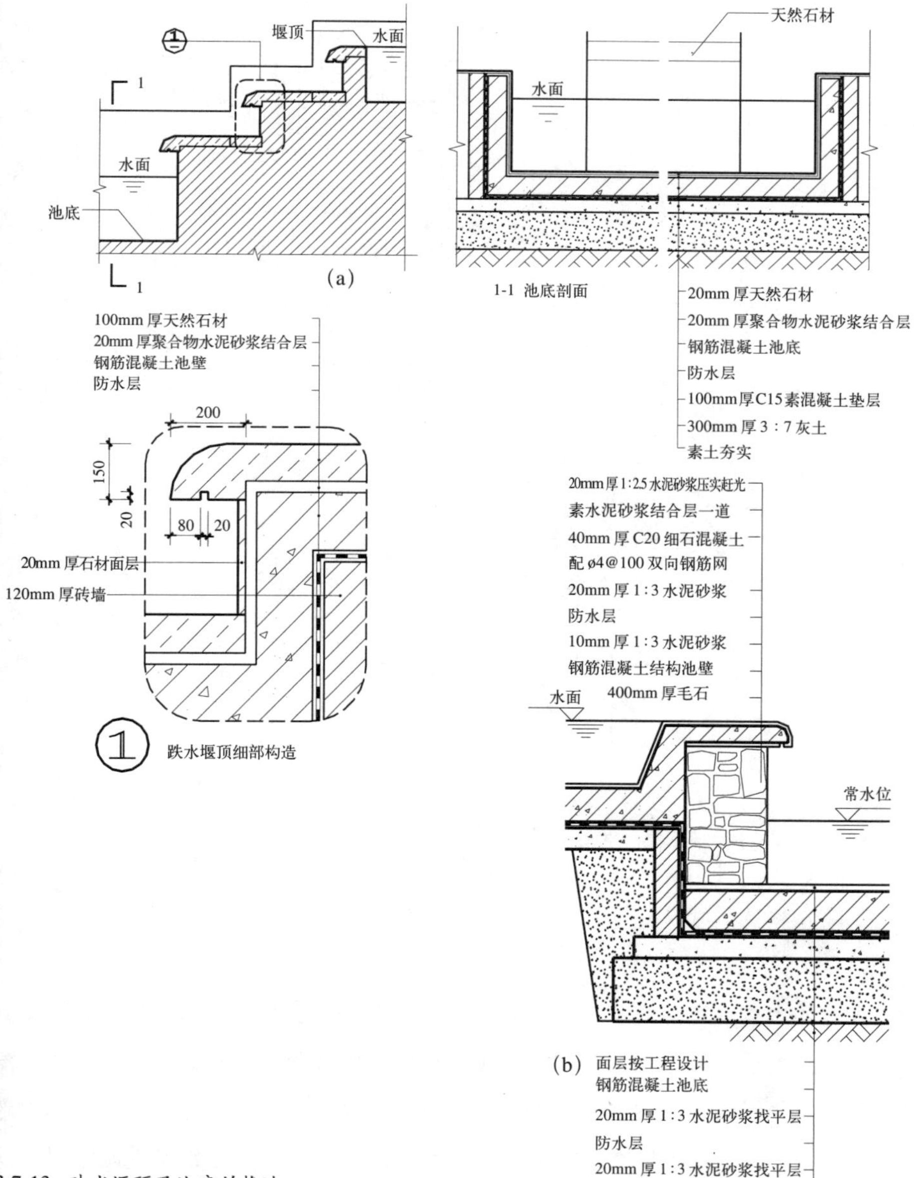

图 7-13　跌水堰顶及池底的构造
(a) 构造形式一；(b) 构造形式二

(2) 人工瀑布构造

人造水幕与瀑布是运用同一原理的水景工程,也是跌水形式的一种,不过突出瀑布的幕帘效果而已。砌石瀑布通常采用较粗糙石料做墙体,瀑布效果较为突出。如采用平整石面的白色花岗岩作墙体,因墙体平滑没有凹凸,使人不易察觉瀑身的流动,影响观赏效果。堰口处的石料虽然在一个水平面上,但水际线伸出、缩进有所变化,这样的瀑布形成的景观有层次感。用石料铺砌墙体时,应采用密封勾缝,其墙体构造如图 7–14 所示。

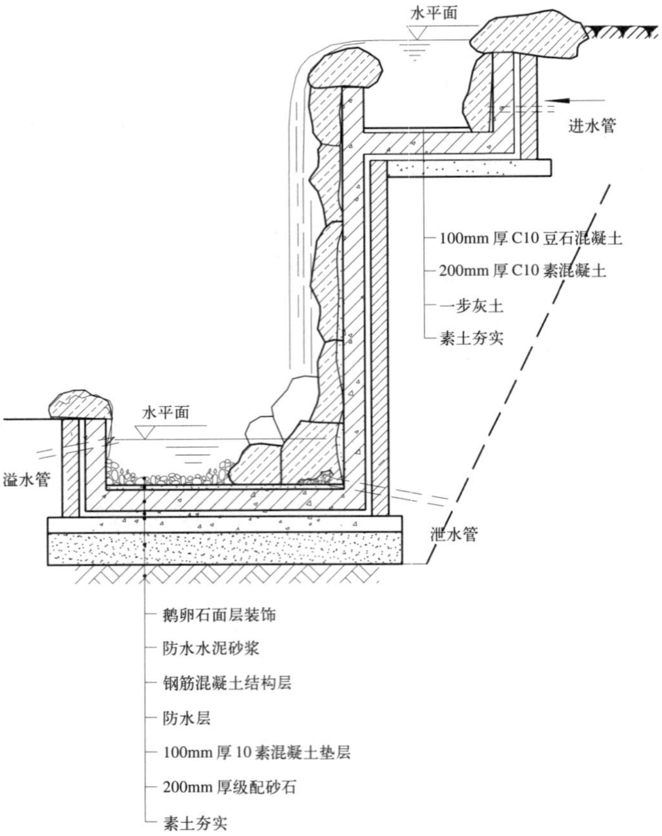

图 7-14 *砌石瀑布构造*

2. 喷水构造形式

(1) 人造涌水构造

人造涌水构造有涌泉和珍珠泉两种形态。涌泉是在水面下 300mm～400mm 处用关口和直流式喷头在低压中向上喷射,模仿天然泉眼,在水面上制造出静水涟漪的效果。为了使涌泉达到较好的预期效果应根据流速、压力和净吸真空高度选择适当水泵型号,这一点尤为重要。涌泉做法如图7–15所示。珍珠泉是通过水中气泡自下而上的翻涌,形成别致的效果,其装置如图 7–16 所示。

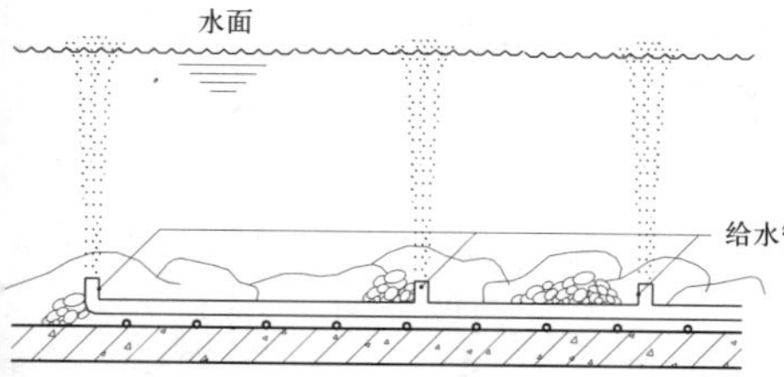

图 7-15　涌泉示意图

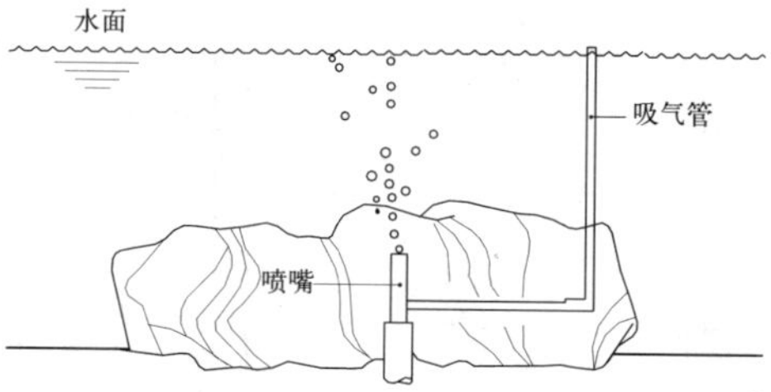

图 7-16　珍珠泉装置示意图

（2）人工喷水

喷水是将水向上喷射进行水造型的水景，其水姿多种多样，如蜡烛形、蘑菇形、冠形、莲花形、喇叭花形，以及喷雾形等。喷水高度不一，有的可垂直喷水高达数十米的高大喷泉，也有高约10cm左右的微型喷泉。喷水的水姿和高度因喷头形态及工作水压而异。而且喷头所设置位置不同。如水上或水下，其出水形态也会有所不同。另外，喷泉还可以与铺地相结合，铺地表面预留孔洞或与不同形态的金属箅子结合组成各种几何图案，喷头设置其内，这种形式的喷水使其所铺装的地面，时而干枯而空荡，时而湿润而富于生气，人们还可以在喷泉之间自由穿梭嬉戏，它便是常见于广场间的旱喷（泉），其构造如图 7–17、图 7–18 所示。

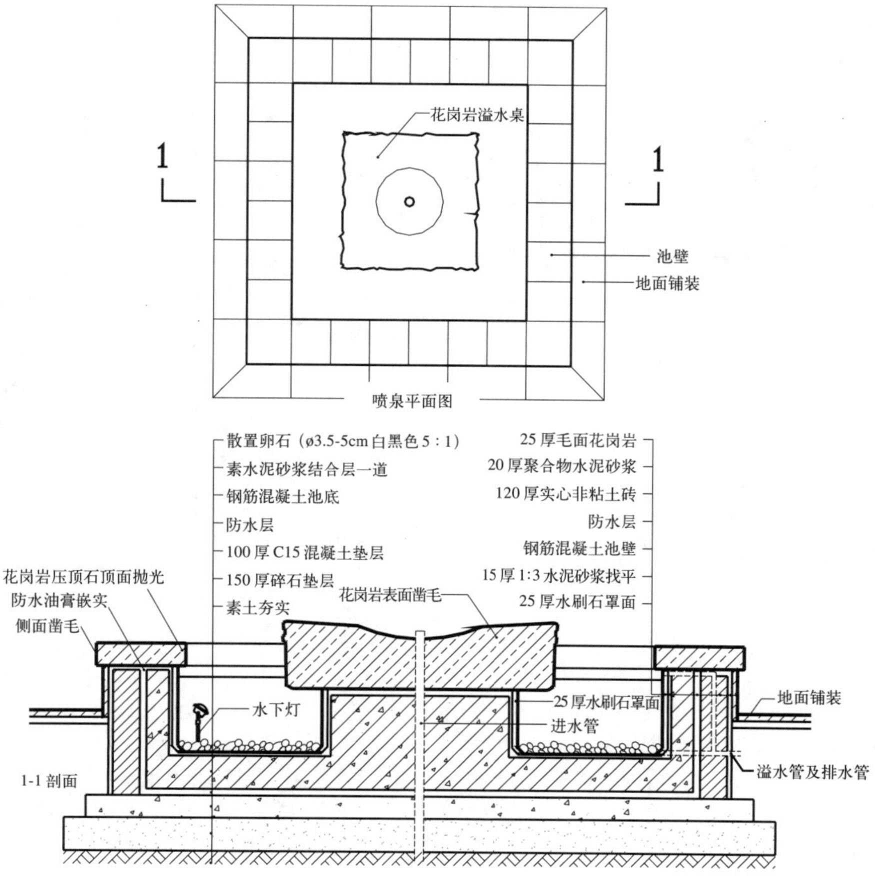

图 7-17　喷泉及池壁构造

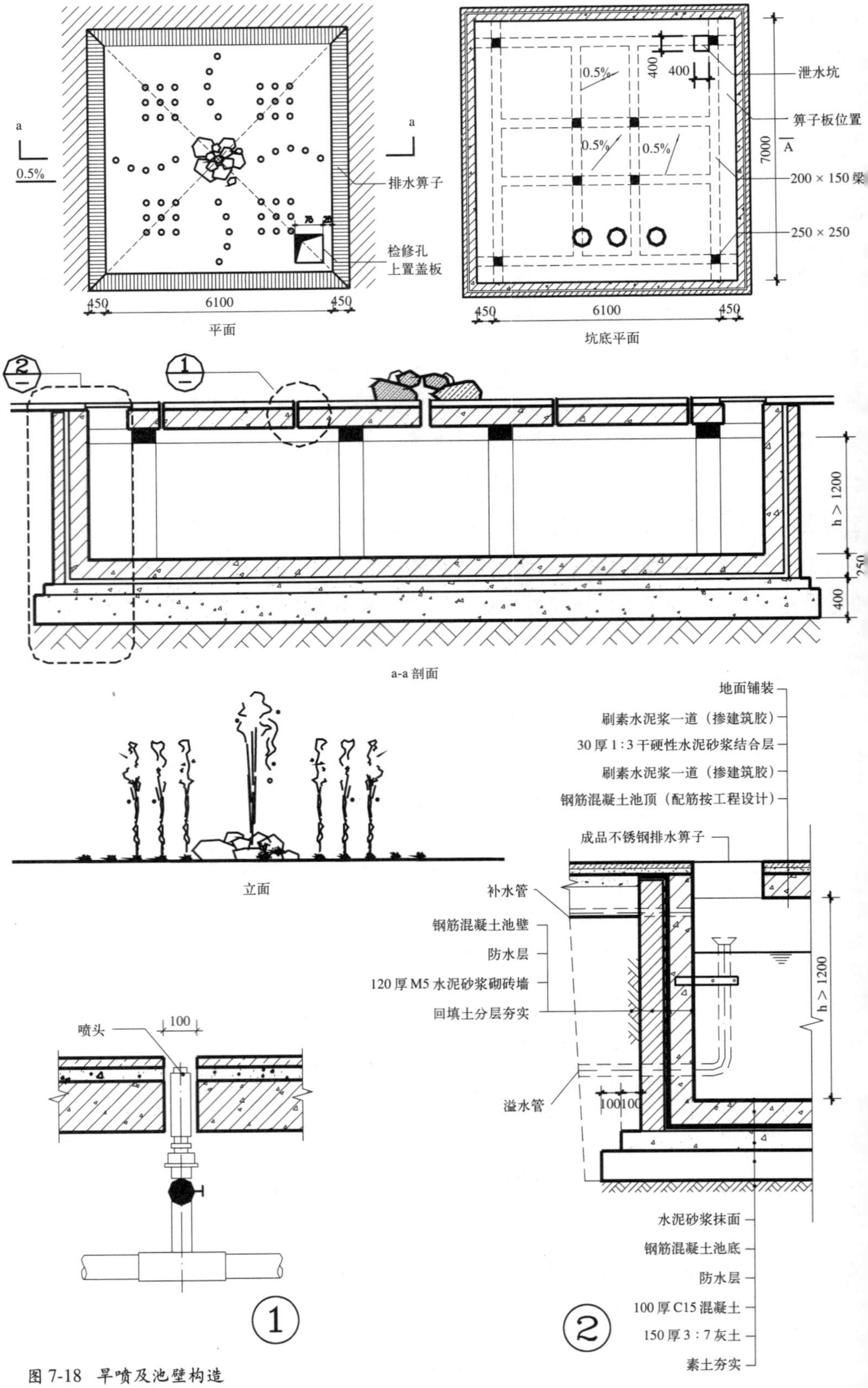

图 7-18　旱喷及池壁构造

3.水池池底或池岸构造形式

(1)溪流底、岸构造:水景中设计中的溪流形式多种多样,其形态可根据水量、流速、水深、水宽、建材以及沟渠等自身形式而进行不同的设计。由于水深大多在100～150mm之间或更小,所以其中砂砾是清晰可见的,而水体则在石间或隐或现,人可涉水而过,与水体亲切自然,富有情趣。其构造如图7-19所示。

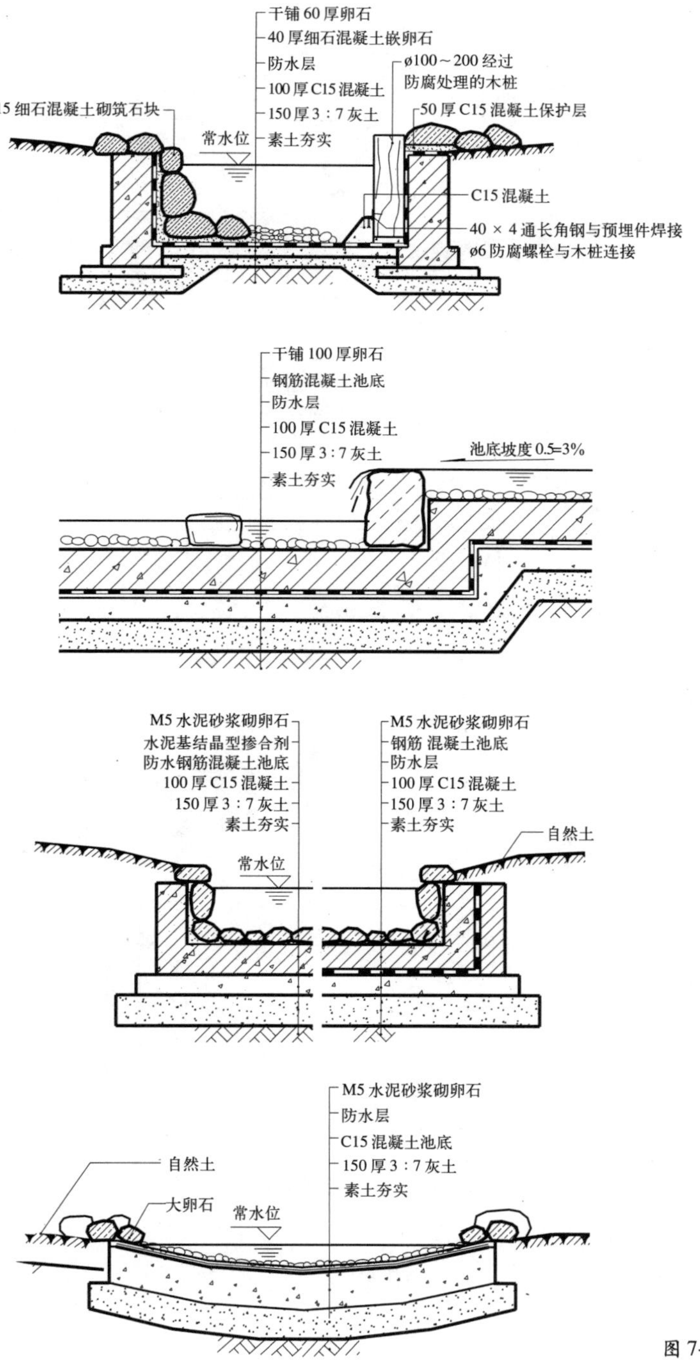

图7-19　溪流岸、底构造

（2）滩式池壁构造：水池驳岸的自然山石，应按园林假山堆砌法施工，同时，水底应做防滑处理，可选用大卵石、砾石、水洗砾石、砖瓦、石料等处理，以美化景观，如图 7–20 所示。

（3）石滩式池岸构造，如图 7–21 所示。

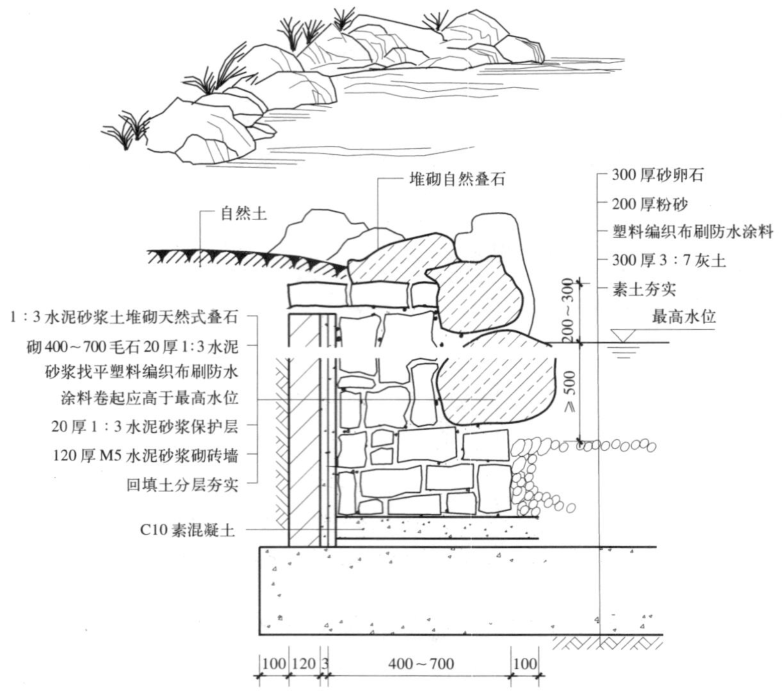

图 7-20　石滩式池壁构造

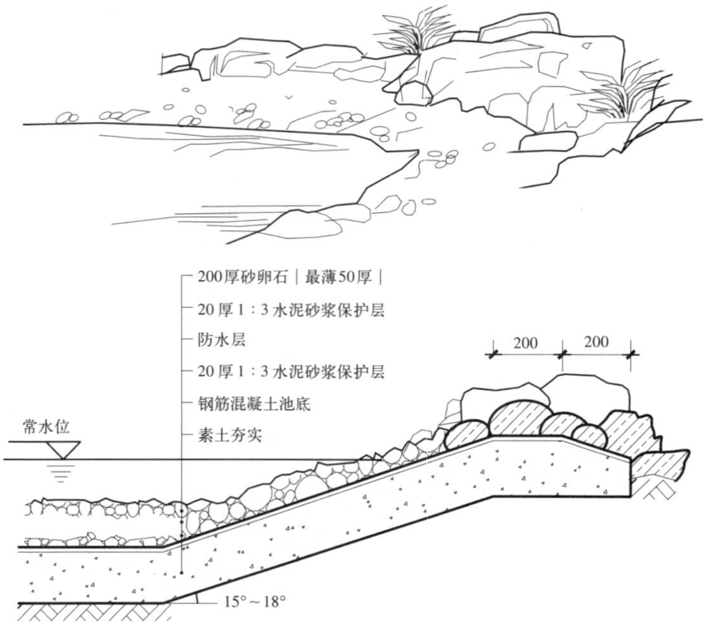

图 7-21　石滩式池岸构造

（4）石砌筑池壁构造，如图 7—22 所示。

（5）桩或灰塑桩池岸构造，如图 7—23 所示。树桩可以是杉木，也可以是钢筋混凝土模仿木桩做为池岸，内配构造筋；或是在岸壁下部以水泥砂浆砌筑块石至接近水面标高处改用混凝土，做成仿树桩式。直径一般控制在 100～150mm 左右较为得体。

（6）其他水池构造与瀑布、溪流一样，池底处理如水深 30cm 的水池，其池底清晰可见，应考虑对池底做相应的艺术处理。潜水池一般采用与池床相同的石面处理或贴锦砖。普通水池常采用水洗豆砾石或嵌砌卵石的处理。在这里需要注意的是：瓷、砖石料铺砌的池底如无过滤装置，存污后会很醒目。铺砌大卵石虽然耐脏，但不便清扫，所以应先确定水池的用途，比如是用于观赏、嬉水还是养鱼，然后再确定其使用的材料及做构造法，如图 7—24 所示。

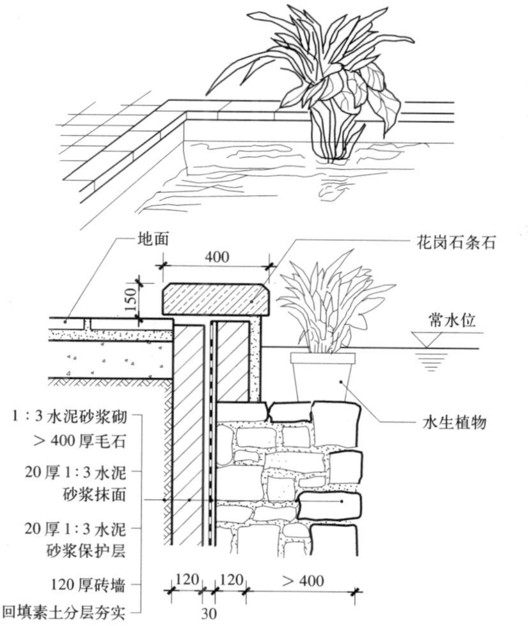

图 7-22　毛石砌筑池壁构造

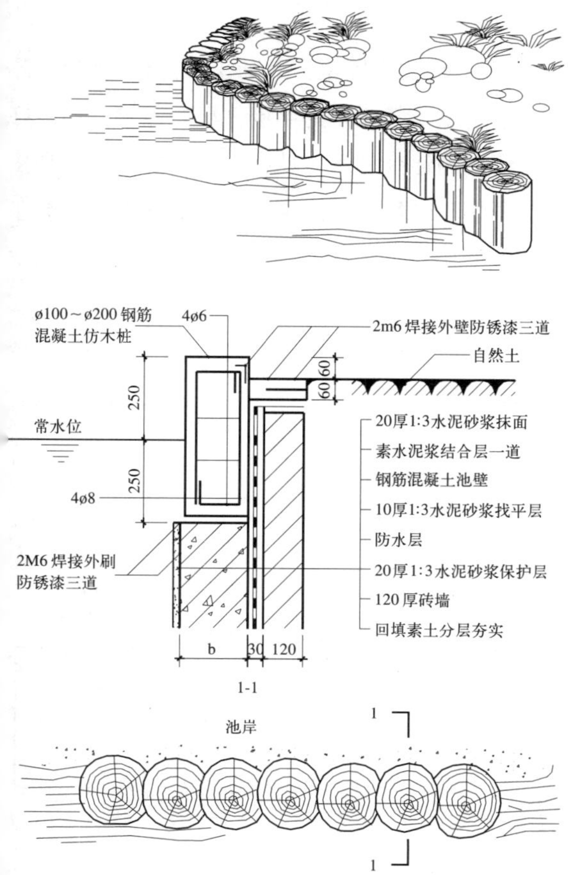

图 7-23　灰塑树桩池岸构造

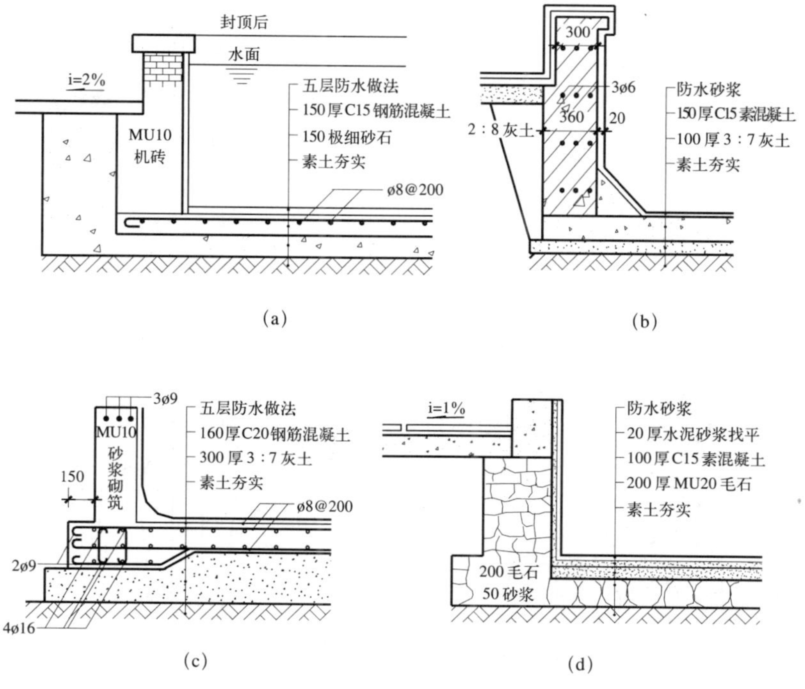

图 7-24　其他水池砌筑构造

（a）砖壁水池；（b）混凝土壁水池；（c）砌砖结构水池；（d）毛石砌筑喷水池池底构造

7.2.3 雕塑与环境及构造

雕塑是景观中的要素之一，可在户外起聚焦作用，它改善了一个地方的感观特征，有助于创造人们喜欢的环境。

雕塑的颜色常常与材料颜色类型有关，如：花岗石、铜、不锈钢或防风雨侵蚀的钢。金属还可以被漆成各种颜色。由于雕塑可以从几个角度或方向来体味，在安置雕塑时，应考虑其前后背景的处理。与雕塑毗连的应有足够空间供人们从不同角度来观察它，人们可绕其步行或坐观其景。

在放置雕塑时，其朝向也一定要认真研究。在每天的不同时间里随季节更替，照射到雕塑上的阳光和雕塑投射到地面的阴影图案也各不相同，因此一个雕塑的放置应最大程度地利用阳光和阴影图案，这样可以充分展示雕塑的内涵和烘托气氛。

雕塑放置的位置对于鉴赏作品来说是很重要的。雕塑可从基面上展开，也可放在高出地面的基座上，还可放入植物园中或喷泉里，偎依在一个建筑物身边也是一个很好的选择，在这些不同的地方都可以使鉴赏者对雕塑作品产生不同的理解和感知。

雕塑基座是雕塑与环境连接的重要环节，也是雕塑安装的关键部位，雕塑主体结构应有预埋铁件、支撑的连接件，它们要与基座上的连接件牢固连接。连接施工，主要是保证牢固，无论是雕塑主体上的连接件还是基座上的连接件，其搭接焊缝的长度宽度、螺栓的坚固程度、预埋入深度都应严格把关，确保连接后基座与雕塑成为一体，如图 7—25、图 7—26 所示。

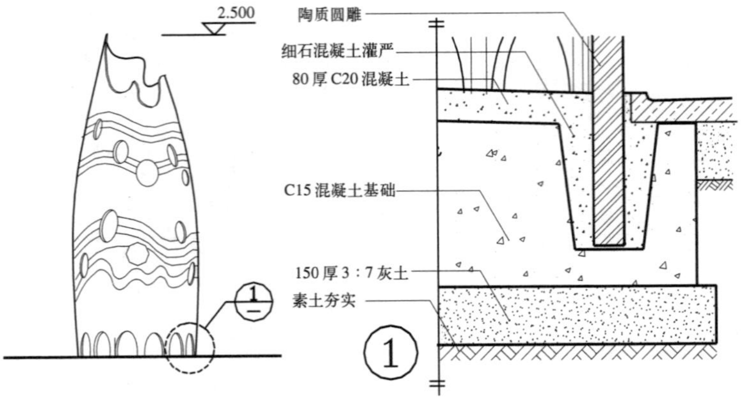

图 7-25 圆雕固定详图

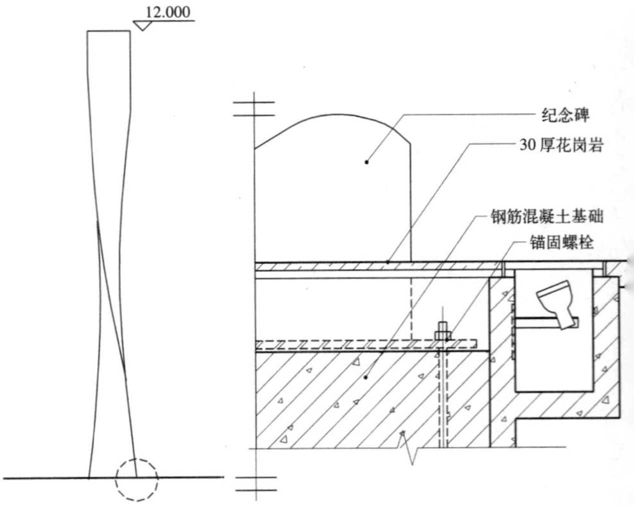

图 7-26 金属纪念碑固定示意

7.2.4　公共设施及环境小品

公共设施及环境小品是在城市各种公共场所为人们游憩、活动提供直接服务，创造亲切环境的要素之一。

1.椅凳的构造

户外的座椅有各种设计方式，但主要分为有靠背的和无靠背的两个种类。它们通常由木头、混凝土或石头做成。混凝土或石头椅凳，尤其那些没有后靠背的，亦可以成为雕塑元素，易保存、不易破坏。那些有后靠背的椅凳则较为舒适。通常椅凳在地面之上的高度应是400mm左右，椅凳与地面基础的连接构造如图7–27～图7–28所示。

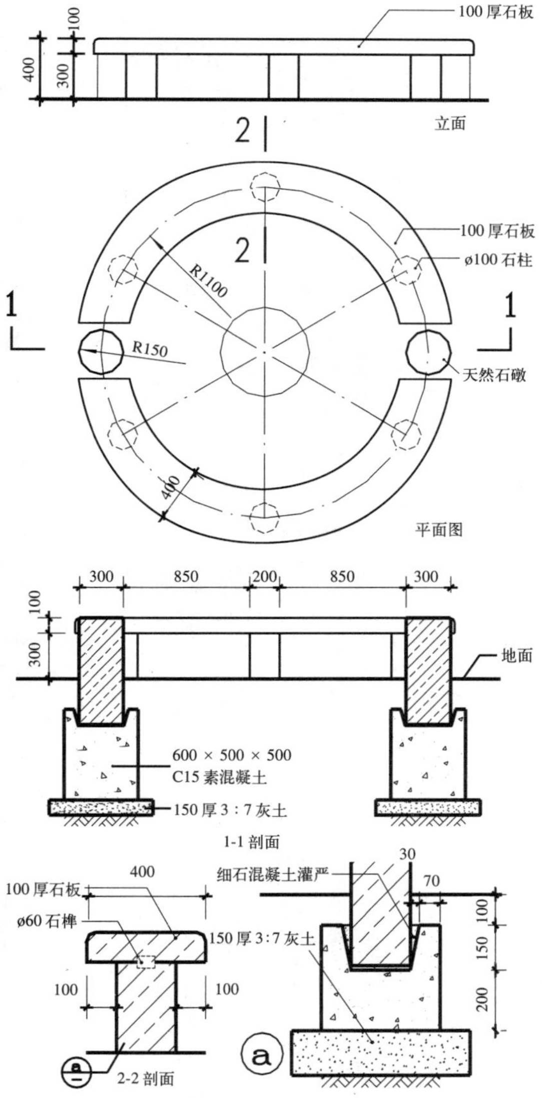

图7-27　天然石围树椅详图

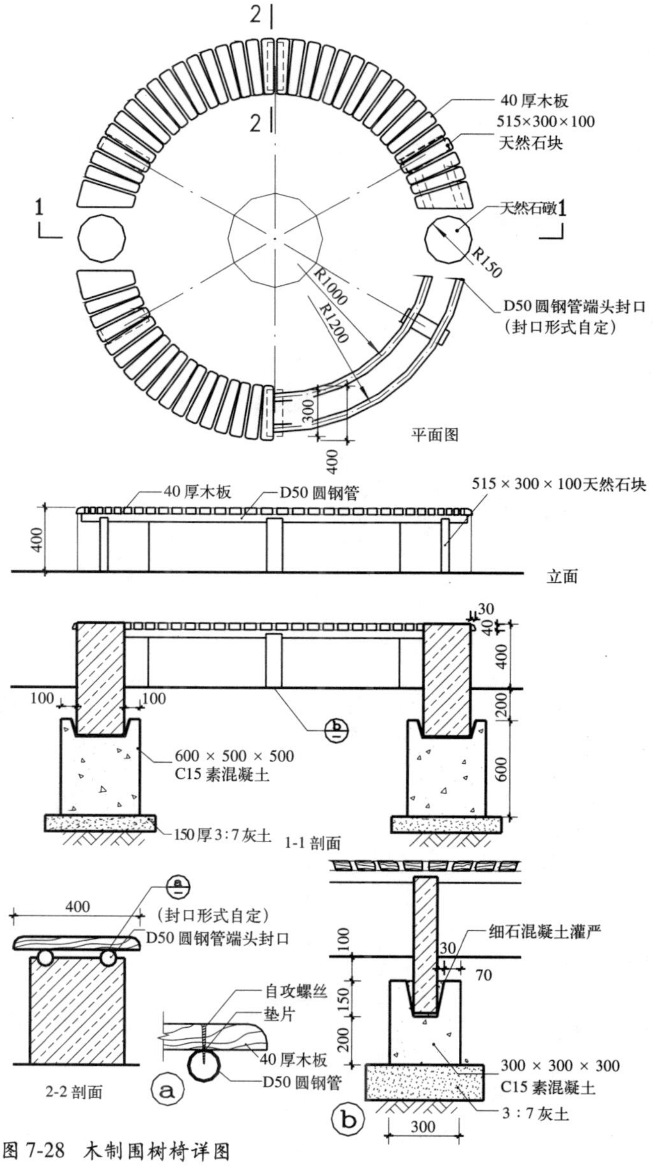

图7-28　木制围树椅详图

2. 步廊及路亭的构造

1）廊、亭

廊、亭这些设施通常用于都市中的街道、广场、商业街、公园绿地、建筑组群之中。它的主要部件是顶子、铺地和休息椅。廊、亭所使用的材料有许多种，造型也各异，其规模视环境条件而定，它的基本构造如图 7–29、图 7–30 所示。

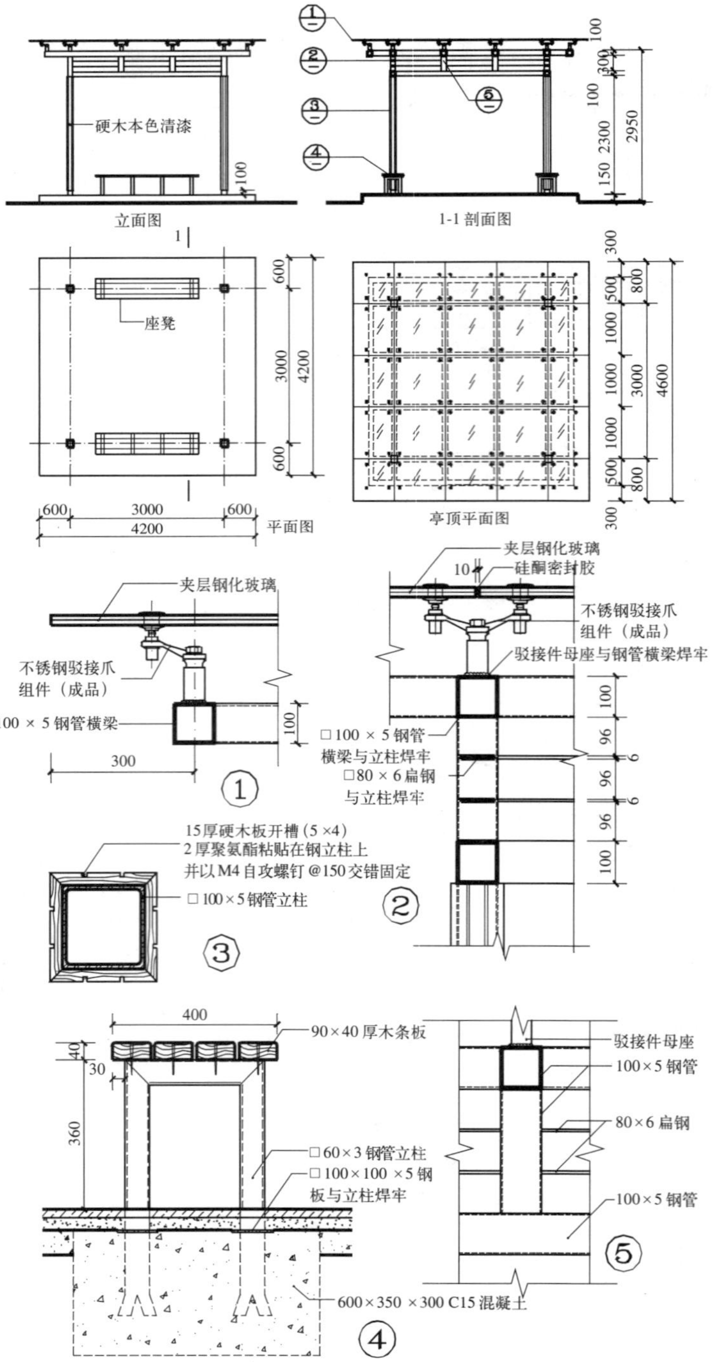

图 7-29 玻璃亭构造详图

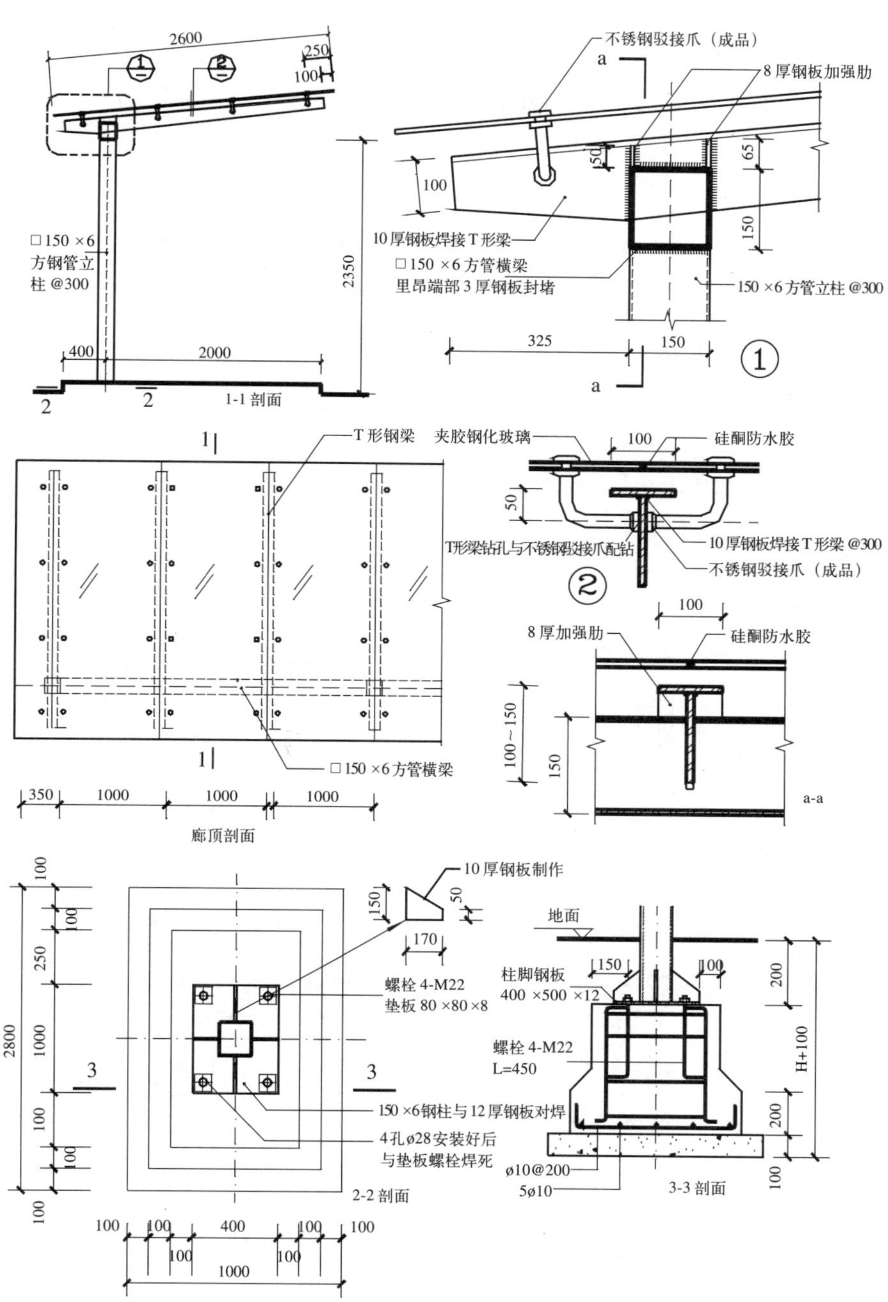

图 7-30　玻璃透光廊构造详图

2）张拉式膜结构小品的构造

张拉式膜结构通过柱及钢架支撑或钢索将膜张拉成型，其造型非常优美灵活。

近几年来，我国膜结构建筑业得到迅猛发展，特别是张拉式膜结构的应用较为广泛，从几万平方米的体育场罩篷，到公园小品都能见到其应用。

张拉式膜结构的小品应用在景观设计中极为广泛，其形式多种多样，本节以环境小品为例，介绍简单的张拉式膜结构亭的组成及构造。

3）拉膜结构亭的组成构造

拉膜亭的薄膜部分由6块预先确定形状的薄膜（在工厂加工而成）组成。由垂直立柱、撑杆、和拉索共同组成了一个刚性支撑，使整个空间得以组成。由边索构成了膜织物的边界，加之承重索约束使其更加稳定。

膜结构的连接构造包括膜节点、膜边界、膜角点、膜脊和膜谷。膜节点指膜裁剪片之间的连接，膜边界是指膜材与支撑结构之间的连接，膜角点是指膜边界交汇的点，膜脊、膜谷是指支撑结构最高和最低处膜的连接，如图7-31、彩图99～彩图105所示。

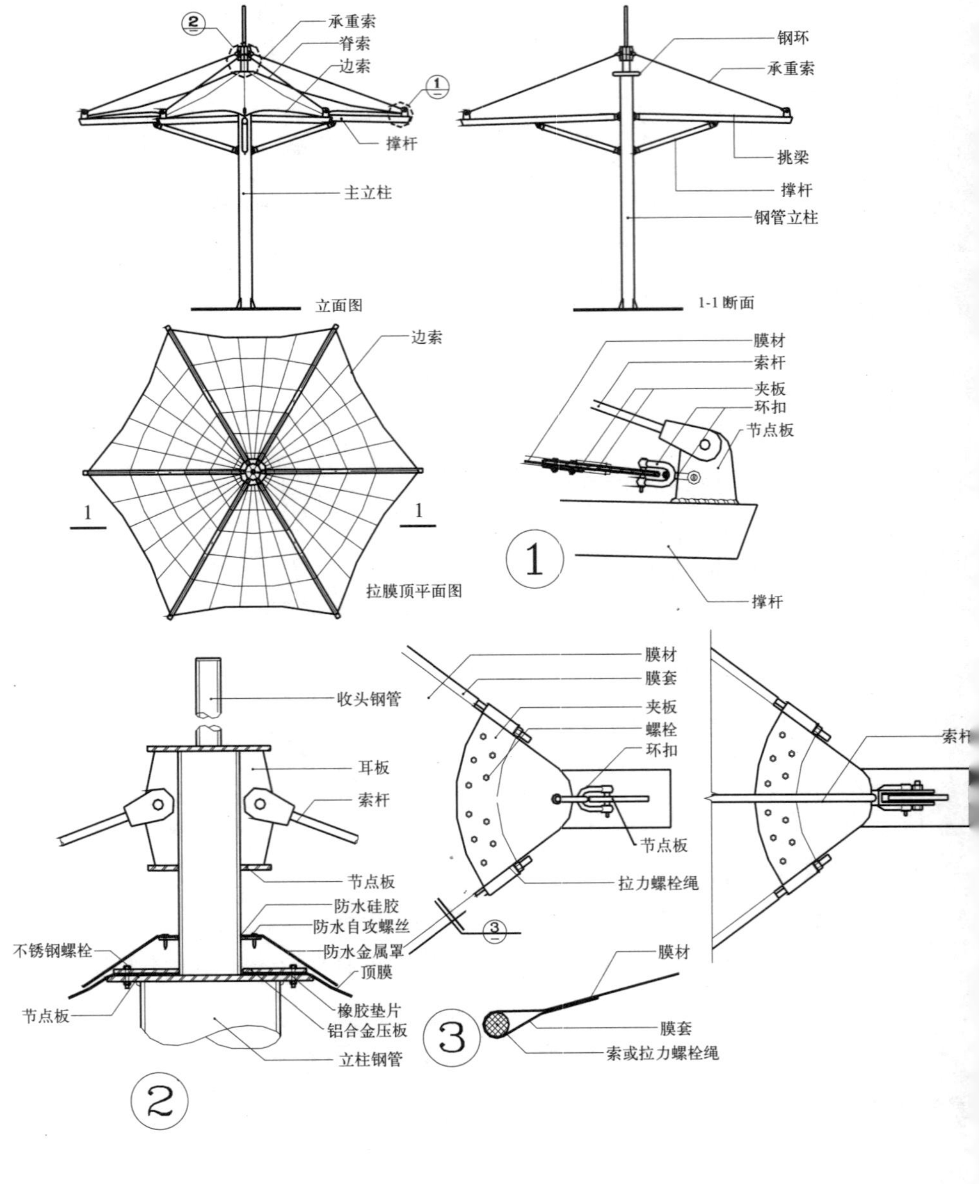

图7-31 （正伞式）拉膜亭构造示意

由于膜结构设计有别于其他建筑小品，需要膜结构专业公司密切配合，通过专业软件计算出所需钢构架及基础，确定所需膜材强度及型号等才能保证其得以实施，展现出其独特的艺术效果。

复习思考题

1. 雨篷从装饰结构上分为哪几种形式？
2. 举例说明车行路和人行路的区别。
3. 举例说明透水性路面的特点。
4. 简述水景观的构造做法。
5. 张拉式膜结构有哪几部分组成？

参考文献

1.朱赛鸿主编.建筑装饰构造.北京：机械工业出版社，2002

2.张建敏，马怡红，陈宝胜编.建筑装饰构造.北京：中国建筑工业出版社，1995

3.韩建新主编.建筑装饰构造.北京：中国建筑工业出版社，1996

4.赵西安编著.建筑幕墙工程手册.北京：中国建筑工业出版社，2002

5.北京城建集团编.建筑装饰装修工程施工工艺标准.北京:中国计划出版社，2004

6.[日] 丰田幸夫著.风景建筑小品设计图集.北京：中国建筑工业出版社，2004

7.周英才，张爱云，张雪峰主编.建筑装饰构造.北京：科学出版社，2003

8.[德] 沃尔夫冈・努茨著.室内装修设计手册.北京：中国建筑工业出版社，2002

9.美国建筑师协会.建筑标准图集.大连：大连理工大学出版社，2002

10.项端祈等著.演艺建筑声学装修设计.北京：机械工业出版社，2004